U0467653

孟宪承文集

·卷二

教育概论
孟宪承 编

教育通论
孟宪承 陈学恂 编

主编 瞿葆奎
副主编 杜成宪

华东师范大学出版社

孟宪承(1894—1967)

雲五先生：

　　嚻字四五七二號敬奉悉。"高等教育"一稿，前經約定於九月底奉上，承示出書期迫自當努力從事勉如所約，請勿為念。

　　再拙編"教育概論"不知月內能否出版，如出版，乞早以樣書賜示尤深盼幸。敬復即頌

著安。

孟憲承敬上。

二一、八、一五。

孟宪承就《高等教育》与《教育概论》两稿给王云五的信（1932年）

云五先生大鉴 总字第四一○○号

函奉悉 拙编「教育概论」为排印迅速起见 尚以

函由贵馆负责校对 查原稿中有「悟然不悟

生计艰难……」句「悟」字被误抄为「眈」字故乞

即以此函交负责校对之先生注意改正为幸

耑此奉复 即颂

道安

　　　　孟宪承敬上 二二、七、一四。

原稿中所附英文原名恳校对先生特别费神为祷!

孟宪承为校对《教育概论》给王云五的信(1933年)

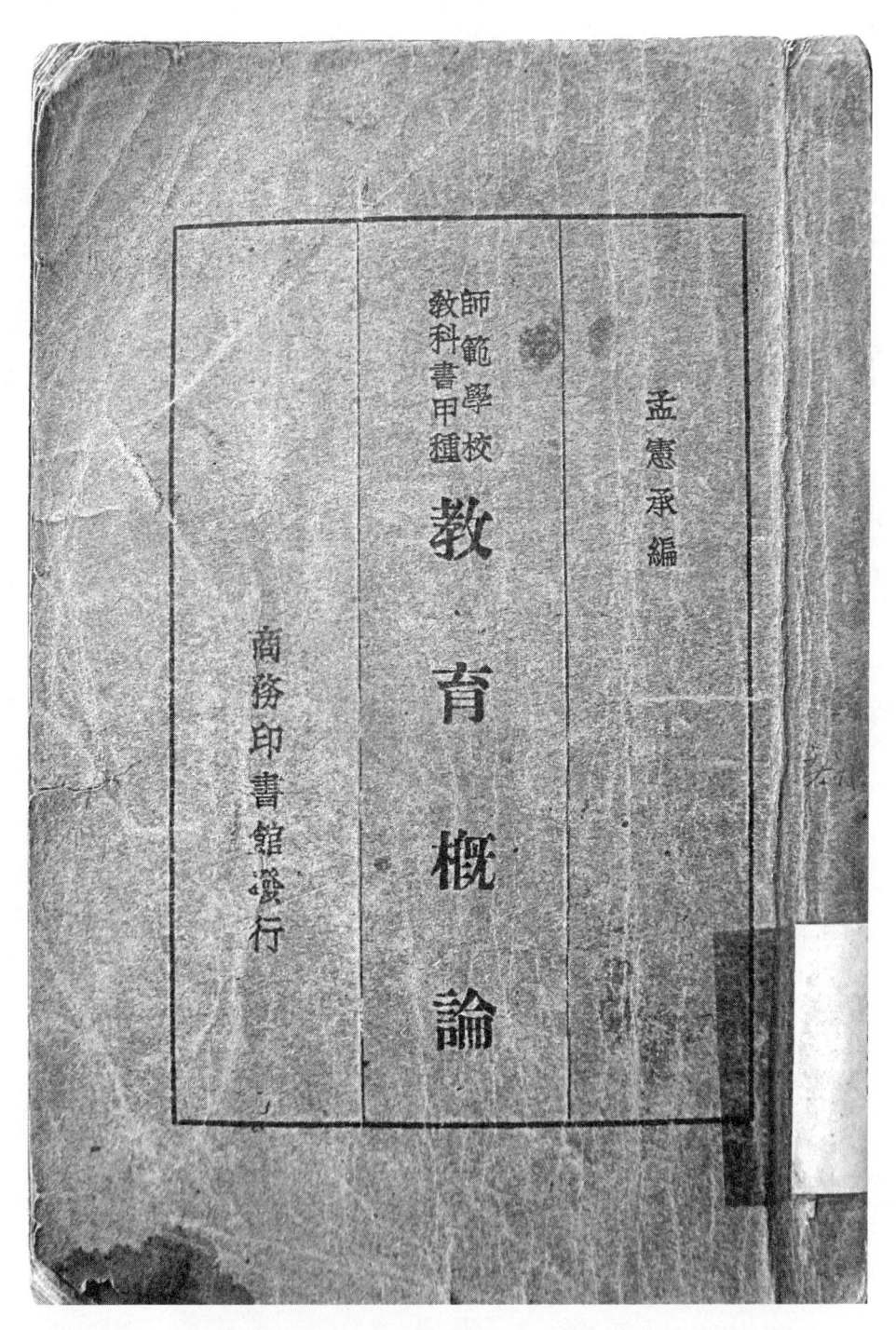

孟宪承编"师范学校教科书甲种"《教育概论》,商务印书馆1933年版的封面

孟憲承編

師範學校
教科書

教育概論

商務印書館發行

孟宪承编"师范学校教科书"《教育概论》，商务印书馆1935年版的扉页

編輯大意

這小小的一本書，編者是當牠教科書編的，也希望讀者只把牠當作教科書來用。

師範學校規程規定的教學科目於教育概論之後有教育心理，小學教材及教學法，小學行政，教育測驗與統計實習等。所以教育概論只是師範專業課程的一個引導牠的主要目標如師範學校課程標準說在於「使學生認識教育上顯著的事實及問題」「理解教育上主要的原則及方法」。

本書的內容和體裁，是確認了教育概論在課程上的地位和牠所特有的目標而決定的有幾點意思在這裏敬先向讀者說一說：

（1）教材大綱　牠的內容依照課程標準裏的教材大綱編者力求牠的簡明而有系統類歸比次分成十章。前五章汎論教育的意義和目的，各類教育的機關學校系統和教育行政後五章則專論小學的組織課程教學而終以教師的專業。「講述事實須注重本國教育上所有的材料說明原則，須舉示學生經驗所及之實例：」這是課程標準所指示的。為使讀者對於教育得到一個初步的概觀也為避免和其他科目的重複每章都沒有盡列一切有關的事實而最注重的卻在於幾個原則的透澈說明以及各章的貫通和聯絡。

（2）問題和閱讀　教科書總不過是「最低限的教材：」教者固然應該有補充的引申闡發的可能學者尤有按著自己能力補充閱讀和討論的必要每章以後所列的幾個問題就指引著這種補充的要點並非為尋常復習之用所指定的閱讀——以學者能力所及的為限——也和那些問題密切相關。至於教者所應用的比較高深的參考書則另選最精要的幾種列表附於書末的：因為許多意義的含糊起於名詞的雜亂書中關於沒有十分統一的教育和心理的名詞已隨處加以比較辨別所用人名和其他專名則詳解於每章後面的附註書末另附英漢文名詞對照表以便參考。

（3）名詞的解釋　引導學者了解教育上的重要術語以為專門研究的準備這也是要緊

這書的寫作和修正在編者已是不只一次的嘗試，——原稿是在二十年「一二八」的

編輯大意

戰中被焚了的。所以牠的許多不完善，或竟至於錯誤的地方，並不能委之於時間的不充，或勞力的不夠。如果師範學校擔任教育概論的教師，本着優裕的知識技術活用這册教科書而能夠獲得教學上一些便利，那就是編者所僅希望的一點酬勞了。

孟憲承　二四，二，八。南京。

孟宪承编"师范学校教科书"《教育概论》（商务印书馆1935年版）"编辑大意"第三页

第七章 課程

一 什麼是課程

〔課程是活動〕教師和兒童在學校環境內進行的活動，(註一)稱爲課程。或學習我們在第三章裏不是說過的麼？『在別的社會環境裏刺激是很複雜的，在學校裏卻化成簡單是互相衝突和混亂的在這裏卻選擇而組成秩序刺激和反應的聯絡原須經過浪費的嘗試，在這裏也因指導而可以經濟地構成總之，學校是一個控制的環境』現在我們可以說：『課程是教師和兒童在學校環境內進行的控制的學習的活動』了。

課程既然是活動，則舊時以文字書本當作課程的錯解便不能存在了。一切舊籍圖畫儀器，標本玩具都只是我們的工具；運用這些工具的活動，如讀書看圖作費試驗觀察遊戲等纔是課程：——讀書雖然是很重要的，但決不包括課程的全部。再普通學校日課表上規定着的功課固然是課程，而日課表上不列的凡在學校環境進行的兒童集會遊戲和其他所謂「課外作業」的活動，

第九章 教學（續）

一 技能的教學

〔引起動機〕 技能本來是生活必需的有效的反應。只要有實際生活的刺激，兒童自會感覺牠的需要。所以在教學技能的時候教師並不難於引起兒童的動機。只要供備技能所應用的情境便好了。但忽視了這一點而專重強制的學習那就會減低學習的效能的。

〔示範〕 教學技能的主要部分在於指導動作的練習。怎樣練習和練習要得到怎樣結果要讓兒童先有明瞭的觀察例如教唱歌遊戲和勞作，教師得先表演正確的動作。教寫字圖畫並須舉示適當的範本以為摹仿試做的根據。關於動作的姿勢或步驟示範以外自然還可加以口語或文字的說明。不過教師也不宜說得太多做得太少因為兒童聽講的反應不及觀察怎樣做法的反應來得有效。

〔指導練習〕 示範以後兒童應該自己摹仿和試做了。這裏教學上緊要的有二點：一是錯誤動作的矯正，要使錯誤因煩惱而減除；二是兒童自己的批評，要教他會自行矯正他的錯誤。

師範教科書

孟憲承 陳學恂 編

教育通論

商務印書館發行

孟宪承、陈学恂编《教育通论》，商务印书馆 1948 年版的封面

孟宪承文集·卷二 | 教育概论
教育通论

总目录

教育概论   1
教育通论   125
编校后记   291

孟宪承文集·卷二 | 教育概论

孟宪承编

目录

编辑大意		6
第一章 儿童的发展		8
一	生长或发展	8
二	行为	9
三	遗传的和学习的行为	10
四	学习的过程	12
五	智慧和个性差异	14
六	发展的顺序	17
七	教育的意义和目的	19
第二章 社会的适应		23
一	个人和社会	23
二	社会的组织和活动	24
三	社会的演变	25
四	再论教育的意义和目的	26
第三章 教育机关		34
一	社会的环境	34
二	家庭	35
三	学校	38
四	职业组织	39
五	文化组织	40
六	国家	42

第四章	学校系统	46
一	学制沿革	46
二	欧美学制举例	49
三	中国学校系统	52
四	各级学校	54
第五章	教育行政	60
一	行政系统	60
二	行政事务	62
三	视察指导	63
四	教育经费	64
第六章	小学组织	68
一	学校的物质的环境	68
二	教师的职务分配	70
三	儿童的学级编制	72
第七章	课程	77
一	什么是课程	77
二	课程的改造	80
三	课程的标准	82
四	教材的选择	83
五	教材的组织	86

第八章	教学	89
	一 教材和学习	89
	二 学习的原则	90
	三 教学的分类	93
第九章	教学（续）	95
	一 技能的教学	95
	二 知识的教学	96
	三 理想的教学	100
	四 教学结果的测量	103
第十章	教师的专业	106
	一 为什么做教师	106
	二 专业的准备	107
	三 服务后的进修	109
	四 教育的研究	111

参考书要目	115
名词对照表	117

编辑大意

这小小的一本书,编者是当它教科书编的,也希望读者只把它当作教科书来用。

《师范学校规程》[1]规定的教学科目,于教育概论之后,有教育心理、小学教材及教学法、小学行政、教育测验与统计、实习等。所以教育概论只是师范专业课程的一个引导,它的主要目标,如《师范学校课程标准》说,在于"使学生认识教育上显著的事实及问题","理解教育上主要的原则及方法"。

本书的内容和体裁,是确认了教育概论在课程上的地位和它所特有的目标而决定的。有几点意思,在这里敬先向读者说一说:

(1) 教材大纲 它的内容依照《课程标准》里的教材大纲。编者力求它的简明而有系统,类归比次,分成十章。前五章泛论教育的意义和目的,各类教育的机关,学校系统和教育行政;后五章则专论小学的组织、课程、教学,而终以教师的专业。"讲述事实,须注重本国教育上所有的材料;说明原则,须举示学生经验所及之实例",这是《课程标准》所指示的。为使读者对于教育得到一个初步的概观,也为避免和其他科目的重复,每章都没有尽列一切有关的事实,而最注重的,却在于几个原则的透彻说明,以及各章的贯通和联络。

(2) 问题和阅读 教科书总不过是"最低限的教材"。教者固然应该有补充

---

[1] 1933年3月教育部颁布了《师范学校规程》,1934年9月颁布了《师范学校课程标准》。——编校者

的引申阐发的可能,学者尤有按着自己能力补充阅读和讨论的必要。每章以后,所列的几个问题,就指引着这种补充的要点,并非为寻常复习之用。所指定的阅读——以学者能力所及的为限——也和那些问题密切相关。至于教者所应用的比较高深的参考书,则另选最精要的几种,列表附于书末。

(3) 名词的解释 引导学者了解教育上的重要术语,以为专门研究的准备,这也是要紧的,因为许多意义的含糊,起于名词的杂乱。书中关于没有十分统一的教育和心理的名词,已随处加以比较辨别。所用人名和其他专名,则详解于每章后面的附注。[1]书末另附英汉文名词对照表,以便参考。

这书的写作和修正,在编者已是不只一次的尝试——原稿是在二十一年(1932)"一二八"的沪战中被焚了的。所以它的许多不完善,或竟至于错误的地方,并不能委之于时间的不充,或劳力的不够。如果师范学校担任教育概论的教师,本着优裕的知识、技术,活用这册教科书,而能够获得教学上一些便利,那就是编者所仅希望的一点酬劳了。

孟宪承　二四(1935),二,二八。　南京。

---

[1] 据《孟宪承文集》体例,均改为脚注。——编校者

第一章
儿童的发展

一 生长或发展

什么是教育？为着什么而有教育？这看似简单的问题，实在不是可以简单地解答的。读者只须翻检几本教育书，便知道它们的答案是怎样的分歧了。

这里我们且耐心着从受教育的儿童说起。人类的婴儿，和任何动物的不同。雏鸟生来不久便会飞，小牛小马生来不久便会走。它们身体的构造和机能很快地成熟，它们的行为很早地就有效能。可是动物的等级愈高，成熟便愈慢，换句话说，其幼稚期便愈长。到人类而达到了顶点。人类的初生儿比起成人来，真是十分幼小而无能的。神秘的老子不是说过么："我独泊兮其未兆，如婴儿之未孩"？这自比于婴儿的哲人，是在描写一种具足能力而又没有表现什么出来的状态。

婴儿怎样慢慢地长大为成人，他的行为怎样从散漫而没有效能，变化成顶巧的技能、顶精的知识、顶崇高的理想，这是一个很长很缓的过程。这个过程，我们泛称为生长或发展。

幼稚期的最大意义，在于它包含着发展的可能。低等动物的幼稚期短，没有多少发展的可能。人类的幼稚期最长，发展的可能也最大。

发展的两个因子是遗传和环境。发展被遗传所决定，是显然的。鸟只能长成鸟，牛马只能长成牛马，它们的构造和形态是遗传决定了的。可是环境当然也有很大的影响。没有适合的环境,任何生物的发展,会被阻碍或遭着伤害。人类发展的过程独长,他受环境的影响尤巨。人类的婴儿那样没有效能的行为,就是在人类的环境中逐渐变化,而组成各种有效的技能、知识和理想的。

研究人的发展、遗传和环境的学问很多。教育学所特殊注意的,是人的行为在环境中所发生的变化。什么叫做行为?初生儿有哪些遗传的行为?行为怎样变化?要了解教育的意义,我们还须耐心地先把这些问题说个明白。

二　行为

一切行为是有机体对于刺激所发生的反应。这不是一句浅近的话,却也没有更浅近而又正确的说法。心理学里,用 O 表示有机体,S 表示刺激,R 表示反应,把行为写成这样一个简括的公式:S→O→R[1]。

〔有机体〕 对于刺激能够发生反应,第一,有机体必须有生理的构造。鸟无翼不会飞,兽无足不会走,这是很浅的例。人类所作种种复杂的反应,因为有复杂的生理机构。列举地说:(1)受纳器官,如视、听、嗅、味、皮肤、平衡等感官。每一感官的末梢神经接受了刺激,会传达于中枢神经。(2)联络器官,中枢神经系统受末梢神经传来的刺激,送出于动作器官。(3)动作器官,这包括筋肉和腺等。

其次,对于刺激能够发生反应,有机体也必须有适宜的生理的状态。例如:在睡眠中,虽有音波的刺激,我们不会有听觉的反应;在饱足中,虽有食物的刺激,我们不会有求食的反应。

〔刺激〕 能够引起反应的刺激,有二种。一是环境的刺激,如音、光、热、冷等自然变化以及人、物和事情。二是体内的刺激,如有机体的饥、渴、疲劳等。而一个反应也可以转为其次反应的刺激,如食物入口而咀嚼,咀嚼而吞咽,是连续的。

有机体所受的刺激,在同时是众多而复杂的。例如读者看着这本书,书是主

---

[1] S→O→R 是 Stimulus→Organism→Response 的缩写。

要的刺激,但同时读者也有体内的各种变化,和外界的声音、光线以及许多事物的刺激。刺激的组合,谓之情境,也称为刺激型。

〔反应〕 反应是受着神经传来的刺激而发生的筋肉的动作或腺的分泌。有机体的反应,第一,是选择的。同时虽然有很多的刺激,而它在一时间内只能作一个反应。对于什么刺激而作反应,这是要看生理状态、已有反应和准备着做的反应而定的。第二,反应也是组合的。有机体能综合许多个别的反应,而成调整的反应型。例如读者在读书的时候,有很精细的头部和眼的动作,也有认识、记忆、思维、感情等反应,综合了而成调整的行为的。

以上很粗地说明人的行为,已经有一点含混。就是,我们既说反应是筋肉和腺的动作,而在最后一例中,又牵涉了认识(知觉)、记忆、思维、感情等以前心理学上所谓"意识作用"。难道这些也是筋肉的动作么?照现在的客观心理学说,这些却也不过是有机体对于刺激的反应,而非例外。只是这些反应,不是筋肉的外表的行为,而是一种潜伏的行为,但性质是完全相同的。我们在沉思默想的时候,表面上没有什么动作,其实我们体内很微细的动作,没有一刻停止,和跑路、写字是一样的,不过别人不容易观察,因此不能知道它的动作的内容罢了。即以最微妙的思维为例,有人以为就只是一种无声的言语。我们的沉思只是对自己在说话,平常对自己说话不出声,对他人说话才出声。华生说:"大声的思维是言语,无声的言语是思维。"[1]

三 遗传的和学习的行为

总结上文,我们可以说,行为是刺激和反应的联络。愈是低等动物,它的这种联络愈是固定而不能变化。在人,他的刺激和反应的联络,生来就固定的是很少的。所以人的行为在他的发展过程中,能因环境的影响而有很多量的变化。

---

[1] 华生(J. B. Watson, 1878—),美行为主义心理学主创者。先后任芝加哥、约翰斯·霍普金斯等大学教授。所著已有汉译本的,有《行为主义的心理学》、《比较心理学导言》,均为臧玉洤译。
〔华生卒于1958年。——编校者〕

要说明行为的变化,我们先须知道婴儿生来到底有些什么遗传的行为。

〔遗传的行为〕 生理的作用,如呼吸、饮食、消化、温觉、冷觉、睡眠等;简单的筋肉的动作,如啼、嚏、吮、咽、把捉、头臂和腿的运动、发声等,这些是一般人认为遗传的、不学而能的行为。以前心理学把遗传的行为分为反射和"本能"二种。简单的、固定的刺激—反应的联络,称为反射,上述的都是。比较综合的、可变化的刺激—反应的联络,称为"本能";本能的数目,旧说以为是很多的。顶复杂而由变化所成的刺激—反应的联络,则称为"习惯",则是学习的行为了。其实,本能和习惯很难区别,只有低等动物,这本能一名词还可应用。在人类,单纯的遗传的本能很少,即如腿和足的运动,虽是遗传的,但走路便已经是练习的结果。把含有学习的许多行为,都当作遗传的本能,便错误了。

〔动机〕 本能在旧说中还有一个重要意义:它是一切行为的源泉或动力,它驱使着有机体对于某种刺激作某种的反应。因为行为的动力只能内省,不能外观,所以这假设已遭一部分客观心理学者的否认。那么,决定行为的条件是什么呢?我们在第二节里说:"对于什么刺激而作反应,这是要看生理状态、已有反应和准备着做的反应而定的。"多数心理学者趋向于把本能当作一种准备着的行为,而且其中大部分虽是遗传,也常渗入了学习的影响。其数目更没有像旧时所假设的那样多。

这种准备的行为,心理学者现在所用的名词也不一。或称需要,或称欲求,或称欲望,或称冲动。我们这里就称为动机[1]。

动机概分二大类。一是生理的反应,这如呼吸、饮食、睡眠、休息、调节体温、性欲等;这些遗传的行为,前面已说过了。二是对事物和人的反应,这如好奇、统御、拒绝、逃避、屈服、群居、赞许和轻蔑、父母性、同情等。

〔感情和情绪〕 这些行为都有感情或情绪的反应伴随着。所谓感情,就是快感或不快感。例如好奇,婴儿对于声音、颜色、光、味等刺激,以及新奇的、动的

---

[1] Wants, urges, desires, drives 等名词,这里称动机(motives)。看 Woodworth, *Psychology*, chap. 6;或 Gates, *Elementary Psychology*, chap. 7;又郭任远:《人类的行为》(卷上),第九章"动机"。

东西，自会注意、试探、把弄，而表现一种快感。又如拒绝，婴儿遇着不合口味的食物，自会吐出来；头或足被束缚了，自会挣扎，要求解脱，而显出很大的不快感。快感、不快感两个名词，现在是常用"满足"和"烦恼"为替代了。

有几种行为伴随着激动的感情，而有筋肉或腺的外表的反应——谓之情绪。例如，拒绝的行为会有忿怒的情绪；逃避的行为有恐惧的情绪；父母性的行为有爱的情绪之类。华生只承认忿怒、恐惧和爱的情绪是遗传的。一般心理学者分析人的情绪为欢喜、忿怒、悲哀、恐惧、爱、恨、妒等。人生热烈的情味，就是这些情绪交织成的。

〔学习的行为〕 遗传的行为，约如上述。单有这些遗传的行为，个人决不能适应社会的环境。人类社会所需的技能、知识、理想，都是行为的变化的结果。行为的变化，或新的刺激—反应联络的构成，谓之学习。

四 学习的过程

这里，我们也要耐心，先知道几种动物学习的实验。

〔**制约反射**[1]**的学习**〕 制约反射是巴甫洛夫[2]创制的名词。他做过许多实验，例如每次饲狗以前，先按电铃（buzzer）反复多次，因为铃声和食物是同时的刺激，以后，即使没有食物，狗听到铃声，口腔也流出唾液来。原来，铃声的刺激只引起听觉的反应，食物的刺激才引起分泌唾液的反应，却因两个刺激同时反复出现的结果，把铃声做了食物的替代刺激，而与流涎的反应构成一个新的联络了。

新的刺激—反应联络，固然可以用制约反射构成，也可以用同法使它消失。例如每次按铃而不给食物，起初狗会流出很多的唾液，后来流得少些，最后，则仅有铃声，唾液是一点也不流了。

制约反射的学习是最简单的。刺激既不是整个的复杂的情境，反应也不是

---

[1] 即"条件反射"（conditioned reflex）。——编校者
[2] 巴甫洛夫（I. P. Pavlov, 1849— ），俄生理学者。他的制约反射说，经行为主义心理学采用后，遂大著。
〔巴甫洛夫卒于1936年。——编校者〕

经过多少变化而组合的反应型。

〔**尝试成功的学习**[1]〕 复杂一点的学习包含多次的反应,其中有的是错误的,有的是成功的。反复尝试,把错误的反应逐渐减少以至于完全淘汰,把成功的反应选择了,而和刺激或情境构成一个联络。举例来说,桑代克[2]把饥饿的猫禁闭于一个谜笼中,使它在笼内可以望见笼外的食物,而无法攫取。它把腿伸出来,用脚爪抓着笼的木条;它在笼内乱碰乱撞,终于偶然地把门闩转动而笼门开了,才得到了它的食物。反复试验几次,这猫的乱动逐渐减少;最后,则一入笼内,便毫不费力地把门闩开了。又如鼠在谜宫中的试验也是一样。谜宫的中央放着食物,达到食物,有一条正路,几条绝路。鼠最初不辨路径,辗转进行。反复多次,它跑进绝路的次数逐渐减少;最后则一进去就上了正路。

〔**观察的学习**〕 更复杂或更经济的学习,还有没有呢?

（**1**）**摹仿** 试把一只已有谜笼训练的猫,使它反复做它的开笼的把戏,给另一只未经训练的猫看,然后把后者禁闭起来。后者却显然地没有得到观察的益处,而还得从新学习。动物的摹仿的学习是很少的。在人类,这却很普通了。

（**2**）**领悟**[3] 苛勒[4]的实验是这样:一个猩猩看着上面高高地挂的香蕉,而没有法子可以取得,只得尝试玩弄所有的两支竹竿。这两竿本是有一头粗、一头细的;若将一竿的细的一头,纳入另一竿的粗口,便可接成一支长竿,用来击落香蕉,便绰有余裕了。这猩猩在玩弄的时候,偶尔领悟了这个关键,而把两竿接了起来。苛勒又使第二个猩猩看着它做,然后把第一个猩猩移去,让第二个来做。这回,它立刻把竹竿接起来,而得到了它的香蕉。这实验证明猩猩的学习中,有领悟,也有摹仿。高等动物是能够由观察而学习的。领悟一个名词,虽

---
[1] 又称"试误的学习"(trial-and-error learning)。——编校者
[2] 桑代克(Edward I. Thorndike, 1874—),美心理学者。任哥伦比亚大学教授多年。所著《教育心理学》三卷,于1913年出版;另有节本,陆志韦译,称《教育心理学概论》。氏关于测验数学心理、学习心理以及教育原理等著作甚夥。
〔桑代克卒于1949年。——编校者〕
[3] 又称"顿悟"(insight)。——编校者
[4] 苛勒(Wolfgang Köhler, 1887—)和考夫卡(Kurt Koffka, 1886—),同为德国完形主义心理学者。苛勒现任柏林大学教授,考夫卡则在美国 Smith College 为研究教授。
〔苛勒卒于1967年;考夫卡卒于1941年。——编校者〕

然为一部分客观心理学者所否认,但如其当作是一种以观察帮助筋肉的尝试而于尝试中突然得到了成功的行为,则和尝试成功的原则,也没有什么相悖。

无论是尝试成功的学习,或是观察的学习,所构成的刺激—反应的联络,都不像制约反射的那样简单。刺激既是较复杂的情境,而反应也是几个动作组合的反应型。

〔言语和学习〕 因为动物的学习简单而便于控制,所以心理学者研究学习的问题,常用鼠、猫、狗、猩猩等来试验。读者或许要惊奇地问:动物学习的原则是不是就可以应用于人类的学习呢?我们答:是的。不过人类的智慧,比任何动物为高,观察的利用当然更广罢了。我们学习筋肉动作,固然是尝试成功的过程,就是学习思维,也何尝弃掉尝试成功的步骤?而且思维之所以可能,也靠着我们言语的行为,这是以前说过的。"人类学习与动物学习之分,就在前者有潜伏的与外表的言语习惯的运用。在非言语的行为上,人类的学习并不比几种低等动物优越得多。但一涉言语的行为,人类便有简捷的学习方法,而远出于一切动物之上。"[1]自从有了言语,人类便能利用言语(或文字)为教学的方法,很简括地指示观察、领悟和摹仿,以避免尝试的错误和浪费,这更不是任何动物所能比拟的了。

五 智慧[2]和个性差异

〔什么是智慧〕 我们说,人类的智慧,比任何动物为高。智慧又是什么呢?心理学者这样说,智慧是利用已有的学习,观察整个的情境,而得到新的适应的一种能力。那几乎等于说,智慧是学习的能力了。这能力不是一件东西,而只是行为的一种样子或属性。所以伍德沃思[3]说:像智慧这类名词,要当作副词用才好。

---

[1] 引 Sandiford, *Educational Psychology*, p. 195。
[2] 这里的"智慧",英文为"intelligence"。——编校者
[3] 伍德沃思(R. S. Woodworth,1869—),美心理学者。曾任英国利物浦大学讲师,三十年来,在哥伦比亚大学任教授。所著《心理学》,有谢循初译本。
〔伍德沃思卒于1962年。——编校者〕

〔**智慧的测量**〕 本世纪的开头,比纳[1]始用客观的测验,来决定儿童智慧的差异。经十余年的研究,和两度的修改,造成他的《智慧量表》[2]。后来推孟和库尔曼[3]又在美国加以修正,使能适用于3岁以下的婴儿和14岁以上的青年和成人。比纳所创的,是个别测验,施行很费时间。桑代克、推孟等又编制团体测验,使得同时有很多的人可以被试。这到欧战[4]中,在美国军队的应用尤广。

〔**个性差异**〕 从智慧测验的结果,我们知道人的智慧,也像身长、体重以及身心种种的属性、能力一样,有很多的个别差异。即如推孟测验了905个儿童,而得到智慧商数[5](测量的单位是实足年龄和智慧年龄的比率)的分配如下:

智 慧 商 数	占儿童总数的百分比
70 以下	1%
70—79.9	5%
80—89.9	14%
90—99.9	30%
100—109.9	30%
110—119.9	14%
120—129.9	5%
130 以上	1%

---

[1] 比纳(Alfred Binet,1857—1911),法心理学者,巴黎大学教授。与西蒙(Simon)成第一个智慧量表。
[2] 即"比纳—西蒙智力量表"(Binet-Simon Intelligence Scale)。由比纳与西蒙共同编制,1905年首次发表,1908、1911年两度修订。它是第一个标准化的心理测验量表。——编校者
[3] 推孟(L. M. Terman,1877—),美心理学者,斯坦福大学教授。库尔曼(F. Kuhlmann),美国低能心理研究家。
〔推孟卒于1956年。——编校者〕
[4] 本书中的"欧战",均指第一次世界大战。——编校者
[5] 智慧商数(Intelligence quotient)简写 I. Q.。比纳最初只用智慧年龄做单位;德心理学者施特恩(W. Stern,1871—)始创智商,为推孟所采用。
〔施特恩又译施太伦,卒于1938年。——编校者〕

这分配是循着一定的规则的：中等智慧的儿童居多数，智和愚的两端，则人数渐渐减少。以左图表示起来，横线指智慧商数，纵线指人数，钟形的曲线就表示智慧商数的分配。我们测量任何一种属性或能力的个别差异，都会得到这样的分配——称为"常态分配"[1]。

常态分配曲线

我们对于差异的智慧，也常给予不同的名称。例如智慧商数 90 至 109.9 的，可称为中智；其上，110 至 119.9 的为智，120 至 139.9 的为上智，140 以上的为天才；其下，80 至 89.9 的为愚，70 至 79.9 的为下愚，70 以下为低能。低能又可分为 3 级，50 以上通称低能，50 至 25 也称无能，25 以下则为白痴了。这些名称，在应用时不及数字的妥当，而很须审慎。一则智慧差异有极渐极微的程度，本难于某一度上强为划分。二则主试者或被试者，偶然稍有错误，用分数表示，尽管所差不多，但若定其称号，则愚和下愚、下愚和低能便差得大了。三则如天才、低能等名称，又含着测验结果以外的意义，如天才不仅是有 140 以上的智慧商数，也表示有科学、文艺等的发明或造诣；低能也不只指 70 以下的智慧商数，而还有非得人监护，不能维持生活的意思。

〔遗传和环境〕 个性差异的原因，不外本章开始所说，发展的两个因子——遗传和环境的不同。二者孰为重要，向来许多学者各执一端，从事不断的论战。遗传论者如高尔顿[2]著《遗传的天才》，统计历史上很多著名的人物，如文豪、诗人、科学者、画家、音乐家等，证明无天才者决不能臻此绝诣，有天才而虽遇环境的阻挠挫折者，也终必获得成功。反之，偏执环境论者如最近华生说："给我一打健壮的孩子，在我的控制的环境里教养他们，我可以担保任择一个训练他，可使成为任何专家——医师、律师、画家、企业者，同样可使成为乞丐、盗贼，不管他的才能、嗜好、倾向、职业以及他的祖先的种族是怎样。"[3]

---

[1] 即"常态分布"或"正态分布"。——编校者
[2] 高尔顿(Francis Galton, 1822—1911)，英优生学者。
[3] 参见华生著，李维译：《行为主义》，浙江教育出版社 1998 年版，第 95 页。——编校者

我们是相信环境的重要的：人类正因为遗传的行为很少，在环境中的行为的变化或学习很多，所以才有教育的可能的。可是遗传这因子，也不能漠视。即如智慧——学习的能力——的差异，已经客观地证明，而教育也就受着它的限制。我国古语说："梓匠轮舆，能与人规矩，不能使人巧。"这句话，要等华生那样的试验真的成功，才会被完全地否认。

六　发展的顺序

本章从儿童的发展说起，却以说明的便利，先提出了行为、学习、智慧、个性差异等问题。现在可以讨论儿童发展的过程了。

心理学者常把儿童的发展分成几个时期。各人的观点不同，因之分期的方法也不一致。根本上，发展的过程是绵延的、连续的，无论怎样分期，总不过是一种简便的说法而已。我们这里，姑照现代学校教育的阶段，分为三个时期：(1) 婴儿期，从初生以至 6 岁；(2) 儿童期，6 岁至 12 岁；(3) 青年期，12 岁至 18 或 20 岁。20 岁以上，那是成年期了。[1] 我们将依次举出各期发展的特点。

〔婴儿期〕　也有人把这期再分为三个阶段的，即生后 1 岁间为新生期，1 岁到 2 岁为婴儿期，2 岁到 6 岁为幼儿期。新生儿表现我们第三节所述遗传的行为中生理的作用和简单的筋肉的动作。两岁以内，身体的发育是很快的。感官也跟着发育，而会倾听凝视（注意），渐渐地会认识（知觉）。大脑的重量也很快增加，神经渐能经营其传达联络的功能。光明的东西和音乐会引起他的微笑或高兴的神情；陌生的人物会引起他的恐惧的容貌（感情和情绪）。15 足月以后，反应的动作渐有效能，慢慢地会走路，会说话，会独自饮食、游戏。自从有了言语，他的思维（和想象），也很容易被观察了。

比纳的智慧量表，从 3 岁的婴儿开始。婴儿 3 岁的智慧，能自己指示眼耳口鼻，能学说两个数字，能于看了图画之后，举出图中若干事物，能知道自己的姓，

---

[1] 参看 Gaupp 著，陈大齐译：《儿童心理学》，商务，"儿童时代底分期"，第 16 页。

能说6节的句子。4岁,能说出自己的性别,能举习见事物的名称,能说3个数字,能画长方形。5岁,能说4个数字和10节的句子,能用2个三角配成1个方形。6岁,则能奉行同时所发的3个命令,会说16节的句子,能分别左右、轻重,会数13个铜子,能画1个菱形。

婴儿期的学习,和生长一样,是很多的。不过这学习就在游戏中;儿童和成人不同,他的游戏不是休息,却是工作。就在沙箱、积木、玩具、画册等的游戏中,学习了物体的形状、性质和功用;就在摹仿的游戏中,学习了许多简单的技能;也就在他的游戏中,获得了社会行为的理想。个人"一生之中,无论在哪一个时代,断没有像游戏时代那样学得多。即在学校教育开始以后,游戏依然是不可看轻的。因为人的内部精力,在游戏时反比之教学时,更能自由发展。所以教育学把关于儿童兴趣和学习的游戏看得很重,那是应该的"。

〔儿童期〕 这期各部器官和筋肉继续发育;大脑重量则到七八岁时已经长足,和成人的差不多。儿童所有注意、记忆、思维(思考和想象)等及反应,和成人比起来,只是程度之差。旧说以这期为记忆的黄金时代,虽不无理由,但若以为儿童只能记忆,不能思维,那却错了。在他的社会行为发展中,喜欢赞许、竞胜、屈服、同情等动机,都很显著。

比纳智慧量表,这期的测验包括学说数字,知道常用货币,知道年份和月日,认识图画中缺陷,摹写简单几何图形,倒数20至1,举示颜色名称,由记忆而比较两种对象等。十一二岁的儿童则能说明抽象的概念,解答比较复杂的问题和缀句填句了。

学校教育以这期开始。只要记得生长发展是连续的过程,并不能于某一年龄突然划一阶段,则入学年龄也只有相对的标准。至于怎样顺着儿童发展的过程,从游戏渐渐地引导到工作,从家庭的环境,渐渐地使适应学校的环境,更是儿童教育上所要注意的了。

〔青年期〕 前此身体生长的比率,以第一岁的新生期为最高;到了青年期,这比率又增高了。女童约在13岁,男童15岁,达到了最高度。筋肉的发育,渐臻完备,各种器官都形发达(如性的器官,也开始变化)。性欲的动机渐旺盛,对于异性的注意渐显明。从前视为满足的游戏，到这期觉得幼稚而无意味。因为血压增高，情绪也加强烈。生活里充满着无名的烦恼和不安。好斗的男童变成一个吟咏的少年，抚弄着洋团团的女童变成一个溺于想象的少女了。

比纳的智慧量表，到 14 岁智慧年龄为止。欧战中美国军队测验的结果，其成人的平均智慧年龄不过 13 岁。为要决定人的智慧，到底可以继续发展到什么年龄，心理学者也曾反复测验同组的被试者。虽然有人的智慧，表现缓慢的发展至 18 岁甚至 20 岁的，但多数人则 14 岁以上，已没有什么进步。照现在所得的结论，个人在 15 至 20 岁间的智慧，比前此任何时期为高。自此以至 25 岁，没有多少变化。25 岁以后，很慢地减低，每年约减 1%，直到 45 岁。这样说，人的学习能力在 15 至 20 岁间已达到它的最高度，那末，在这时期以后，不是没有发展的可能了么？不，决不。这只是说，个人达到这年龄，已经能够努力于所要学习的专业，并且能够继续学习至 10 年、20 年、30 年，而得到他的充分的发展。智慧成熟之早，正见得学习机会之多；只要继续学习，便有继续发展的可能，任何人用不着气沮。

七 教育的意义和目的

什么是教育？我们现在应该可以解答了。

〔**教育是发展**〕 近世教育理论是从发展的一个概念出发的。卢梭[1]于 18 世纪写他的不朽的寓言小说《爱弥儿》，分析发展的几个阶段。他的理想就在排除环境的阻碍，而让儿童能够自然地发展。因为 18 世纪的旧教育是只会阻碍发

---

[1] 卢梭(J. J. Rousseau, 1712—1778)，瑞士日内瓦人，漂泊于巴黎多年，为法兰西革命前思想的领导者，著《民约论》、《爱弥儿》、《忏悔录》等(商务均有译本)。
〔据《教育大辞书》(唐钺、朱经农、高觉敷主编，商务印书馆 1930 年版)"卢梭"条目："法国人，以 1712 年 6 月 28 日生于瑞士之日内瓦(Geneva)。"又据《中国大百科全书·教育》"卢梭"条目："法国启蒙运动思想家、哲学家、教育学家、文学家。原籍巴黎，生于日内瓦。"卢梭的 *Du Contract Social*(《民约论》)在商务印书馆的译本为《社约论》(徐百齐、丘瑾璋译，"万有文库"本，1935)，今译《社会契约论》。*Émile ou de l'education*，译作《爱美耳钞》，载《教育世界》第 53—57 号(1903)；在商务的译本为《爱弥儿》(魏肇基译，1923)。——编校者〕

展,所以他的口号是:"复归于自然"。裴斯泰洛齐[1]深受卢梭的影响,他给教育的定义就是:

教育是人类一切知能和才性的自然的、循序的、和谐的发展。

福禄培尔[2]更这样动人地说:

人啊,你翱游在田园里,你踯躅于原野间,怎么不听着自然所给你的静默的教训? 就是花和草,也表现着各部构造和形态的和谐的发展。做父母的啊,你违背了儿童的自然性,强塑着你的定型,该让他有美丽的、和谐的发展啊![3]

〔教育是生长〕 杜威[4]说:"教育是生长。"发展和生长两个名词,意义上原有一点广狭的区别。因为发展有两种,"一种是生长或成熟的发展,一种是学

---

[1] 裴斯泰洛齐(J. H. Pestalozzi,1746—1827),瑞士人,称近世儿童教育之父。著《父之日记》、《隐者夕话》、《雷那与葛尔特》(教育小说,1935 年的《教育杂志》有译本)等。50 岁后,以其寿考之年,尽瘁于儿童教育和师资训练。先后在布格多夫(Burgdorf)、伊弗东(Yverdon)经营自己的试验学校,成立那时欧洲新教育运动的中心。
〔Lienhard und Gertrad(《雷那与葛尔特》)早期译作《醉人妻》,载《教育世界》第 97—99、101、103—106、108—110、115—116 号;傅任敢译作《贤伉俪》,载《教育杂志》1935 年第 1—4、6—11 号。今译《林哈德与葛笃德》。——编校者〕
[2] 福禄培尔(F. W. A. Froebel,1782—1852),德幼稚园创始者。少时在伊弗东游学,并助教。著《人的教育》、《幼稚园教学法》等书。
[3] 参见福禄培尔著,孙祖复译:《人的教育》,人民教育出版社 2001 年版,第 9—10 页。——编校者
[4] 杜威(John Dewey,1859—),美哲学与教育者。1894 年任芝加哥大学哲学与教育学系主任,创立试验学校,凡历十年。1904 年后,任哥伦比亚大学教授。1919 年,曾来我国讲学,著作的译本有:《思维术》、《儿童与教材》、《民本主义与教育》、《哲学之改造》等。为现世教育一大权威。
〔杜威卒于 1952 年。其著作 How We Think,初版(1910)由刘伯明译作《思维术》(中华书局,1929),第二版(1933)由孟宪承译作《思维与教学》(商务印书馆,1936);The Child and the Curriculum(1902)由郑宗海译作《儿童与教材》(中华书局,1922);Democracy and Education(1916)由邹恩润译作《民本主义与教育》(商务印书馆,1928;"万有文库"本 5 册,商务印书馆,1929);Reconstruction in Philosophy(1920)由许崇清译作《哲学的改造》(商务印书馆,1933)。——编校者〕

习的发展"[1]。生长的发展是自然的过程,而学习的发展必需教育上的指导。但杜威所著书中,发展和生长是互用的,并没有这样的意义的区别。本章开头也是把这两个名词并用的。

杜威给予教育的比较严密的定义是：

> 教育是经验的继续不断的改组或改造,这改组是使经验的意义增加,也使控制后来经验的能力增加的。[2]

如其我们把"经验"改为"行为","改组"改为"变化"——我们是有理由用这些名词替代的,那末,和我们上面的讨论完全相同,而这定义也用不着什么解释了。

〔**教育的目的**〕 生长或发展是一个过程。杜威说："这过程就是它自身的目的,除了这过程自身以外,没有别的目的。"[3]因为发展的过程,是继续不断的。如有固定的目的,那便无异于否定这过程的继续性了。所以杜威郑重地说：

> 教育的自身,并没有什么目的。只有人、父母、教师,才有目的。而他们所有的目的,也不是"教育"这个名词所表示的抽象观念。因为这个缘故,他们的目的是有无穷的差异,随差异的儿童而差异,随儿童生长与教育经验的发展而差异。就是能以文字表述的最合理的目的,倘若我们不知道这并不是目的,不过是教者方面的暗示,暗示他怎样注意,怎样选择,使他所遇的实际的种种势力,能自由发展,不受阻碍,使他知道怎样指导这种种势力上适当的途径,那末,就是这种目的,也是有害而无益。[4]

---

[1] 引考夫卡著,高觉敷译：《儿童心理学新论》,第二章第一节"成熟与学习"。又生物学上,有机体和其器官的增大,谓之生长;它的机能的变化,谓之发展。
[2] 参见杜威著,王承绪译：《民主主义与教育》,人民教育出版社1990年版,第82页。——编校者
[3] 同上书,第54页。——编校者
[4] 同上书,第114页。——编校者

可是我们实施的教育,的确是有目的的。实际教育目的怎样发生? 我们到底为着什么而施行教育? 再待留下章细说。

阅读

郭任远:《人类的行为》(卷上),商务,第五章"刺激通论";第六章"行为通论"。

郭任远:《行为主义心理学讲义》,商务,第四章"遗传的行为的问题";第五章"新行为之获得"。

考夫卡著,高觉敷译:《儿童心理学新论》,商务,第三章"发展的起点——新生儿与行为的初型";第四章"心理发展的特点"。

萧孝嵘:《实验儿童心理》,中华,第五章"智力的发展"。

艾伟:《初级教育心理学》,商务,第三章"儿童智慧的发展"。

杜威著,邹恩润译:《民本主义与教育》,商务,第四章"教育即生长"。

程其保:《教育原理》,商务,第二部"教育的心理的原则"。

问题

(一) 在我国文字上,"教育"二字原来是怎样解释的?

(二) 没有教育,人有没有发展? 如有的,那是什么样的发展?

(三) 教育为什么是必要? 为什么可能?

(四) 照以前心理学反射、本能之分,人有哪些反射和本能?

(五) 说"教育是习惯的养成",对不对?

(六) 比较详细地说明巴甫洛夫、桑代克和苛勒等所做动物学习的试验。

(七) 动物的学习和人类的学习,是不是根本不同? 不同之点在哪里?

(八) 看陆志韦订正《比纳—西蒙智慧量表》,略说明它的用法。

(九) 除本章所说的以外,最近遗传和环境问题的研究上,有什么重要的发现?

(一〇) 假使说,"教育的目的在发展个性",或"完成人格"(人格是人的行为的整个的体系),好不好算已经解答了教育目的的问题? 为什么?

第二章
社会的适应

一　个人和社会

前章说：教育就是发展的过程。人从学习所得的发展，是他的行为在环境中所发生的变化。可是人和环境的关系，还没有十分说得明白。人有他的需要或动机，他的行为的变化，是为着适应环境而满足自己的需要。现在我们只要更具体地说明环境的性质，以及它和个人的关系，则我们自会更具体地了解教育的意义了。

人类的环境是社会的。虽然环境可以有自然和社会之分，但人类和低等动物不同，他的自然环境也是社会化了的。自然界的一切势力，固然同样地刺激着他，但这些势力已经是或多或少地人工控制了、变化了的。真的把一个婴儿抛弃于自然环境之中，他就一天也不能生活。

人要维持他的生活，固然要有可以住居的土地、气候和可以取得的生活资料——这些是自然的。但若没有共同的劳力、工具、技能以及彼此合作互助的秩序，依然没有从自然取得生活的可能。人脱离了人的关系，怎样也不能满足他的需要。人和人的关系就组织成所谓社会。所以实际上从来不曾有过真正生活于社会以外的个人。个人和社会并不是互相对立的。个人好比是细胞，社会就好比是细胞组成的有机体。迫害个人，社会自然受着创伤；摧毁社会，个人也同归绝灭。个人和社会是这样有机地联系着的。

二　社会的组织和活动

〔**个人需要的满足**〕　只要两个人以上为共同的活动而有的团体,便是一个社会组织。社会是一个概括的名词,包含着无数种类的人和人的组织和共同的活动。人类最初为饮食、眠息、御寒、取暖,而满足其最简单的生理的需要,便不能不以共同的劳力,使用共同的工具和技能,而有家庭(家庭同时是原始的生产组织)、牧场、田庄、作坊、行会、工厂、商店等的组织,与其生产、交换、分配的诸般活动。为调整其各个人的统御、斗争、抵拒、屈服、赞许、轻蔑等分歧矛盾的行为,而有一种共同的秩序,便不能不有氏族、部落、国家等的组织,与其法律政治的活动。为了好奇、求知、同情,满足快感和生活的趣味,便不能不有种种宗教、艺术、道德、哲学、科学,凡所谓文化的组织和活动。

研究这各种社会组织和活动的起源、演变,而探究其因果的关系的,是社会学。社会学者对于这各种活动的分类,彼此往往不同。而主要的不外如上所述。例如萨姆纳[1]分社会活动为下列四类:

（一）生命的维持;

（二）种族的延续;

（三）群体的统制;

（四）趣味的满足。

个人就从这些社会的活动中满足他的需要。

〔**个人和社会的相互适应**〕　个人在他的生活中,必然地要适应社会的环境,才能满足他的需要;同时,社会也必须能够供给个人的需要,才能够维持其原有的组织和活动。例如家庭曾经做过有效的生产组织,但现在则除小规模的农业、手工业以外,已很快地为工厂所替代了。君主专制的国家曾经是人类最高的政治组织,现代则蜕变为民主的国家了。僧院和教会在欧洲中世纪是最伟大的文

---

[1] 萨姆纳(W. G. Sumner, 1840—1910),美社会学者。著 *Folkways* 等书,又有与 Kneller 合著的 *The Science of Society* 四巨卷。

化组织,而愈到晚近,它愈加崩解了。所以人对于社会的适应,不只是消极的意义。人对于自然,就不是消极地被它所宰制的,却积极地控御它,驱使它供着人的利用。同样,人对于社会,也不是消极地被它的组织所完全宰制,而也能够积极地变化它,使它更适合人们的需要。不过,在人类的历史上,18世纪末叶,因自然科学的发明和应用,人对于自然的控驭,已经有飞跃似的进步。而怎样运用科学于群体的统制,却没有得到多少成功。以致人虽征服了自然,生产了极巨的财富,造成了极可惊奇的机械文明,而贫穷、愚昧、迫压、战争,还依然存在着,而且愈加深其危害的程度。人做了自然的主人,却成了人的奴隶。但这并不能证明社会组织的不可变化,只证明社会科学还没有照自然科学的步武而前进罢了。

三 社会的演变

和个人发展的过程一样,社会也在不断的改组、变化过程之中,这个过程谓之进化或演变。从达尔文发现生物进化的原则以后,孔德、斯宾塞等[1]把进化的原则,应用于社会组织和活动的研究。现代社会学是全盘建筑在演变的概念上的。

〔社会组织和活动的演变〕 每一代的人们都在维持着他们的社会组织,而同时社会组织却在不断地或渐或骤地演变。因为个人生命的短促,一生看不到多少的变动,常会异样地短视,而把社会看成永远维持着它的原状。其实,从历史上一看,社会的变化却很多了。在经济方面说,原始的人类只有氏族的组织,渔捞、狩猎、牧畜等的生产活动;到了文明开始,才有家庭、田庄、作坊、行会等等,以进行农耕、手工制造和交换等活动。到近代,它们的地位又让给巨大的工厂、农场、矿山、铁路、公司、银行,其活动和关系复杂到非专门研究者,不易了解。在政治方面说,人类也经过了氏族统治、封建贵族统治、君主统治而达到了平民统治的时期。在文化方面说,宗教、艺术、道德、哲学、科学也各各经过许多不同的

---

[1] 孔德(Auguste Comte, 1798—1857),法实证主义哲学家,近代社会学的创始者。斯宾塞(Herbert Spencer, 1820—1903),英哲学家。关于社会学、教育学也有著作。已译的有《群学肄言》(严复译)、《教育论》(任鸿隽译)。

阶段。这各方面的组织和活动,当然是互相关联。例如农业的经济、封建贵族的政治、祖先与多神崇拜的宗教、权威的道德等等,自然地划成一个时代。它们怎样互相关联,互相影响,那是社会学上最有趣味的探讨。

欧美社会,无论是经济上、政治上或文化上,在18世纪有一很显著的转变。机械工业的兴起,把以前的生产组织和活动都改变了。同时,英、美、法等国政治上也确立了平民统治的基础。而一切文化上的变动,又和这工业经济与平民政治有密切的关系。

〔**中国社会的演变**〕 中国有很古的文明。远在三千年前,我们已奠定我们农业经济和封建贵族政治的堂皇的规模了。可是以后的演变,却非常地迟缓。直到欧美社会急剧地转变过了,我们还是安然生活于我们的庞大的古老的社会组织里。1842年战败的结果,才门户大开,让世界经济、政治、文化的各种新兴势力,侵入我们的安静的环境。这才使社会组织不自主地发生重大的变化。然而我们的工业至今没有能够发展,农村经济却已败坏得不堪了。其他政治、文化的种种组织,也无一不是旧的已经崩解,而新的没有成立。整个中国社会在一个苦痛的演变过程之中。

四 再论教育的意义和目的

现在我们可了然于教育的意义了。教育是个人生长或发展的过程,这过程是在社会的环境中进行的。个人行为的变化就是为适应社会的环境,而满足他的需要。所以教育学者于个人的发展一个概念之外,常同时提出对于社会的适应的第二个概念。

〔**教育是适应**〕 如鲁迪格[1]说:

> 教育是使个人适应现代生活的环境,同时发展、组织和训练他的能

---

[1] 鲁迪格(W. C. Ruediger, 1874—),美教育学者。著 *Principles of Education* 等。
〔鲁迪格卒于1947年。——编校者〕

力,使他有效地、正当地利用这环境。

〔**教育是需要的满足**〕 也有从需要的满足一点说的,如桑代克说:

教育是人类需要的充分的满足。

为要得到这样充分的满足,他以为环境和个人都要经过适当的变化。对于环境,我们不只是消极地顺应,而要加以积极的改造,这是前面已说过的。对于个人,因为他的各种需要是往往互相冲突的,而且人和人、团体和团体、国家和国家、种族和种族间的需要,更是互相矛盾的。人的行为不变化,而使这些冲突、矛盾,得以解决、调和,则需要的充分满足,是不可能的。[1]

〔**教育是生活的预备**〕 连带地,我们要介绍有力的斯宾塞的旧说。他以为:

教育是完美生活的预备。

他解释道:"生活之术为何?实为吾人之最要问题。吾所谓生活之术者,固就其广义言之,非但限于物质已也。于任何情形下,当任何事务,其制行之正法为何?此问题之广大,诚足包括一切。更分析言之,何以治身,何以处心,何以临事,何以立家,何以尽国民之义务,何以用天然之美利,何以用吾人能力于最有利益之处以使人己交利?要言之,何以为完美之生活?此真吾人所应知,亦教育之所当授予者也。"[2]

如果把"预备"改为"适应",这种说法实在没有什么可以非难的。杜威竭力攻击斯宾塞的旧说,就为这"预备"一个名词。他以为儿童的生长或发展是"现在"的,并不在遥远的"将来";是以"儿童"自己为本位的,并不以"成人"为本位。

---

[1] 参阅 Thorndike and Gates, *Elementary Principles of Education*, chap. 11。
[2] 引任鸿隽译:《教育论》。
〔参见斯宾塞著,胡毅、王承绪译:《斯宾塞教育论著选》,人民教育出版社 1997 年版,第 58 页。——编校者〕

他说，把教育放在预备的概念上，有三种恶果：

> 第一恶果，把教育放在这个基础上，便丧失了现有的动力，便不知利用现有的动机。儿童是生活于现在，这是人人晓得的事实，……将来是遥遥无期的，没有紧急的需要与可见的形式，去引起他的注意。我们若预备不知何物与不知何故的将来，就是丢掉现在已有的动机，反到模糊碰巧里面去寻觅动机。第二恶果，在这种情形之下，适足奖励游移寡断，因循延宕。所预备的将来既是遥遥无期，在将来变成现在之前，中间还有许多时间，为什么要忙着预备将来呢？于是有人看见现有许多非常的机会，有许多可做的事业，便把将来延搁起来了。……这样，教育便受了一番阻滞，不如最初就使劲叫种种环境向这方面发生教育的效力。第三恶果，是偏重成人所预期的、因袭的标准，忽略儿童个别的标准。[1]

> 如教育是生长，这种教育必须实现现在的种种可能的事情，由此使得个人更适宜于对付后来的需要。生长不是顷刻之间就完备的，乃是向着将来的继续的前进。……我们用全副精力，使得现在的经验尽量丰富，尽量有意义，这样一来，现在既于不知不觉中参入将来，将来也同时顾到了。[2]

所以杜威说："教育是生活，不只是生活的预备。"

在这番讨论中，杜威所攻击的，是旧时教育的漠视儿童生长或发展的现实的阶段，而其涉及斯宾塞的，则在"预备"一个名词。但斯宾塞原也不是以生活的预备代表旧教育的内容的，看了下文，自会明白。平心地说，生长是"向着将来的继续的前进"，是对于社会环境的继续的适应，那末，教育是生活，也同时是生活的预备了。

---

[1] 参见杜威著，王承绪译：《民主主义与教育》，第58—59页。——编校者
[2] 引邹恩润译：《民本主义与教育》，第五章。
　〔参见杜威著，王承绪译：《民主主义与教育》，第60页。——编校者〕

〔**什么是教育?**〕　我们总括前章和本章说：教育是发展的过程，在这过程中，个人得到对于社会的适应。

〔**教育的目的**〕　前章的末了，曾引杜威所说："教育的自身，并没有什么目的。只有人、父母、教师，才有目的。而他们所有的目的，也不是'教育'这个名词所表示的抽象观念。"是的，目的是社会的。若就发展的过程自身而言，只有继续的发展，并没有什么目的的。

这不是诡辩：凡离开社会的组织和活动，而提出的个人发展一类的目的，就全是一种过程的抽象名词，而非行为变化所期达的具体结果。例如我国古代儒家说的"率性"、"尽性"、"致知"、"致良知"等等，都是这样。哪怕再把性来分析，如《中庸》所谓："喜怒哀乐之未发谓之中，发而皆中节谓之和……致中和，天地位焉，万物育焉。"哪怕再把良知来分析，如《孟子》所谓："人之所不学而能者，其良能也，所不虑而知者，其良知也。"[1]总还是说的过程，而没有提示结果。"不学而能者"，更不过是行为变化的起点罢了。

现代哲学者和教育学者，倘使也离开社会的组织和活动，而提出"发展能力"或"完成人格"一类的名词出来，则其抽象性就没有什么两样。可是他们已不这样说了，我们看凯兴斯泰纳[2]指示的教育目的：

> 教育的目的，在把一定的文化价值（宗教、道德、知识、艺术、生产技能等）输入儿童经验中，使他能自由地发展他的能力，而谋社会的幸福。

或斯普朗格[3]所说：

> 教育的目的，在将各种客观的价值（生理的、经济的、审美的、理知

---

[1] "率性"见《中庸》；"尽性"见《中庸》和《孟子》；"致知"见《大学》，为宋儒所常引用；"致良知"则是明王守仁的学说。
[2] 凯兴斯泰纳（Georg Kerschensteiner, 1854—1932），德教育者，曾任 Munchen 大学教授，并在该市创劳动学校（Arbeitsschule）。他的思想，和杜威很有相同的地方。
[3] 斯普朗格（Eduard Spranger, 1882—　），德教育哲学者，现柏林大学教授。
〔斯普朗格卒于1963年。——编校者〕

的、宗教的）输入儿童经验中，以完成他的整个的、有效能的、自乐的人格。

这都兼顾发展（儿童经验）和适应（文化价值）两个方面。所谓"文化价值"或"客观的价值"，是社会的活动的评价，而可以具体地列举的。简单说来，儿童发展的结果，是一项一项具体的技能、知识或理想。我们不能预定儿童发展的限量，我们只能照社会的评价，而决定他所应获得的技能、知识和理想。

实际教育上所要解答的，只是这样一个具体的问题：教育应达到什么技能、知识、理想的学习的结果？为别于那抽象的、统合的教育目的，这样具体的、分析的结果，也称为"教育目标"[1]。

〔**具体的教育目标**〕 这种目标是以适应的观点来决定的。我们选择什么技能、什么知识、什么理想，只有问它能不能使学习者适应环境，满足需要。首先提出这问题的，就是斯宾塞。什么是最有价值的知识？他依着等差，列举如下：

一、和自我生存直接相关的；

二、和自我生存间接相关的；

三、关于种族繁殖的；

四、关于维持社会和政治的关系的；

五、关于利用休闲和满足趣味的。

读者如把这和本章开始所引萨姆纳列举的社会活动一比较，会惊异地发现它们的不谋而合。其实我们没有可以惊讶的理由：具体的教育目标是决定于实际的社会活动的。

近十年来，美国研究课程问题的专家，如查特斯、博比特等[2]高唱"活动分析法"，根据社会调查和统计，决定生活的需要，因而编制教育的目标。他们要把

---

[1] 目的，英文为 Aim，目标为 Objective。
[2] 查特斯（W. W. Charters, 1875—　），现美国芝加哥大学教授。著 *Curriculum Construction*, *The Teaching of Ideals* 等，后者有吴增芥译本——《理想的培育法》。博比特（F. Bobbitt, 1876—　），亦芝加哥大学教授。著 *Curriculum*, *How to Make a Curriculum* 等书，为课程论名著。
〔查特斯和博比特均卒于1952年。——编校者〕

教育所期达的结果——技能、知识和理想——逐项列举起来，以致连篇累幅，缕析条分，弄成十分繁琐。倘使归纳一下，社会活动和教育目标仍不外前述几个部门。我们引邦瑟[1]的话作一个结束：

> 我们试纵览人类的需要和活动，便可发现我们生活中时间和精力大部分都用来维持生命，增进健康，取得衣食住的资料。为欲达此目的，必须凭藉适当的技能、工具和正确的知识，而做分工、专业、合作的活动，对于生产、运输、分配、消费各尽其责任。此外，还有关于调节人与人的关系和动作，以及人们所发生的政治的活动，共同遵守法律、惯例和风俗，以谋共同的幸福。以上都是我们必定要做的工作，可是工作之外，我们也要游戏——也有休闲的活动。这种活动不在取得活动以外的结果，只在活动本身所生的快感。我们在闲暇的时候，常欲从事各种的游戏，如看书，欣赏音乐、艺术和游览，以及其他本身发生快感的事。
>
> 从以上各种繁复的活动中，我们可以概见人类的行为，不外起于下列的几项需要，而求其满足：
>
> 一、康健——生命和健康的保持；
>
> 二、工作效能——利用文明生活中的工具、符号与其他实际业务上所需的特殊技能；
>
> 三、公民——对于社会的制裁和调节，与团体的活动的合作、参加；
>
> 四、休闲——利用闲暇，使生活向上而丰富。

具体的教育目标就包含这健康、职业、公民、休闲四大类。

---

[1] 邦瑟(F. G. Bonser, 1875——)，小学教育专家，现美国哥伦比亚大学教授。著 *Elementary School Curriculum*（郑宗海、沈子善译：《设计组织小学课程论》）。
〔邦瑟卒于1931年。——编校者〕

阅读

斯宾塞著，任鸿隽译：《教育论》，商务。

杜威著，邹恩润译：《民本主义与教育》，商务，第八章"教育上的目的"。

庞锡尔〔邦瑟〕著，郑宗海、沈子善译：《设计组织小学课程论》，商务，第一章"课程与教育目的之关系"。

波特著，孟宪承译：《现代教育学说》，商务，第六章"教育目标之社会的决定"。

庄泽宣：《教育概论》，中华，第一章。

程其保：《教育原理》，商务，第三部"教育的社会的原则"。

问题

(一) 说明近代社会的演变。

(二) 讨论下列教育的意义：

1. "教也者，长善而救其失者也。"(《礼记·学记》)

2. "处士必就闲燕，处农必就田野，处工必就官府，处商必就市井……旦昔从事于此，以教其子弟。少而习焉，其心安焉，不见异物而迁焉。是故其父兄之教不肃而成，其子弟之学不劳而能。"(《管子》)

3. "学者，所以反情治性，尽材成德也。"(王充)

4. "为学之大益，在能变化气质。"(张载)

5. "童子之情，乐嬉游而惮拘检。如草木之始萌芽，舒畅之则条达，摧挠之则衰痿。……故凡诱之歌诗者，非但发其意志而已，亦所以泄其跳号呼啸于咏歌，宣其幽抑结滞于音节也。导之习礼者，非但肃其威仪而已，亦所以周旋揖让而动荡其血脉，拜起屈伸而固其筋骸也。"(王守仁)

(三) 讨论下列教育的目的：

1. 知识、道德与虔敬。(夸美纽斯)

2. 寓于健全的身体的健全的精神。(洛克)

3. 个人和社会的联合的预备。(哈里斯)

4. 强健、勇敢、同情、智慧。(罗素)

5. 养成健全人格,发展共和精神。(民八(1919)教育部教育调查会拟订的教育宗旨)

(四) 什么是课程编制上所谓活动分析法?

(五) 根据社会活动,以决定教育目标,有没有批评?

第三章
教育机关

一 社会的环境

人在生长或发展中,变化他的行为,得到对于社会环境的适应。这是最广义的教育。而一切社会组织,如家庭、田庄、工场、商店等等,也便是最广义的教育机关。

在原始社会里,自然对于人的迫害很严酷,人人日出而作,日入而息,不断地以共同的劳力,从事生存的竞争。没有哪一个是专施教育的人,没有哪一个是专受教育者。简单的技能、知识、信仰,就由儿童在社会组织和活动中的参加、摹仿,或长老、祭师的指挥而获得的。这也就是他们的教育了。到了文明时代,蓄积了的复杂的共同经验,靠发明的文字记载下来。文明程度愈高,这记载下来的技能、知识、理想——凡所谓文化的——也愈丰富。没有系统的教学,几于无法可以传递了。这才有特殊的一种社会组织称为学校,和专事教学活动的教师和学生。

拿学校来和其他社会组织(如家庭、工场等)相比,它的教育的效力是特别显著的。可是一个人脱离了社会的许多实际的活动,而专受学校的教育,总不能没有时间的限制。而且学校的特殊环境,无论如何,只占一个人生活环境的一部分。教育的效力,若真的只限于在校的时间,那岂不有"一日暴之,十日寒之"的情形?若限于学校的环境,岂不有"一齐人传之,众楚人咻之"的影响?所以学校虽然是文明社会的特殊的教育组织,却决不是它的唯一的教育机关。最广义的教育机关还是整个的社会。

旧时有人把教育分为家庭教育、学校教育、社会教育三个部门,这不是论理的分类。——家庭、学校,哪一种不是社会的组织呢?本章说明教育的机关,并不尝试任何分类,但列述和个人的发展最有密切的关系的家庭、学校、职业组织、文化组织,而终之以国家。

二 家庭

〔婴儿最早的环境〕 在婴儿发展的过程中,家庭是他的最早的环境。他的行为的变化就最先在这环境里进行。我们虽不必定照罗素说:"儿童的品性在6岁入学以前,已大部分完成了。"[1]可是儿童在家庭里已有的学习,后来要重新改变;所已有的教育,后来又要"改教育";不但浪费,而且困难。墨子染丝的譬喻说:"染于苍则苍,染于黄则黄。所入者变,其色亦变,……故染不可不慎。"最早环境的控制,真不可不慎呢。

〔行为的变化〕 婴儿期生长和学习的过程,在第一章第六节已略说过了。婴儿怎样从遗传的行为获得学习的行为,怎样从游戏中自然地发生行为的变化,这是每一个做父母的人,应该观察而慧心地指导的。我们且引陈鹤琴的一本很有趣味的《家庭教育》里所说:

> 小孩子大概是喜欢弄沙泥或砾石的……一鸣有一天同我到野外去,看见一堆沙,就走过去玩;玩了好多时候,还不肯回去。他有时候喜欢敲钉,我就让他去敲钉。他有时候喜欢剪纸,我就让他去剪成鸟兽人物的形象。总说一句,我是让他去试验物质,不愿轻意去阻止他的。
>
> 一鸣还没有两岁,我就给他画图的机会。我买了一盒颜色蜡笔和

---

[1] 见 Russell, *Education and Good Life*。

纸给他，叫他画画。当初他只能随便乱涂，不成什么东西，但他是非常喜欢涂鸦的。在这个当儿，我是极注意他坐的姿势和执笔的姿势的，以免他养成坏的习惯。到了两岁零九个月，他就能画成东西了。到现在（三岁零九个月），他能画得有点意思了。而且在不知不觉之中，已学会了许多颜色的名字。

一鸣三岁大的时候，有一天，他将他自己的书搬到我们的房里来，作贩卖的游戏。玩了没有好多时候，我们大家要吃饭了，我叫他把书籍整理好，他说要吃饭了，吃饭以后再放好。吃过后，他说要睡了。后来我对他说："我帮助你一同搬。"我就"海荷海荷"地叫着，替他整理起来；他也"海荷海荷"地叫着，把书籍搬到他的书架上去了。小孩子有时候不高兴独自去整理好他所玩弄过的东西。在这个当儿，做父母的，可以用他平日所喜欢的东西去助他的兴趣。"海荷海荷"地叫着搬东西，是一鸣所最喜欢做的，所以我就利用这种方法去引导他。

他早晨起来，就吹洋号，我低着声对他说："不要吹，妈妈、妹妹还睡着呢。"他一听见我的话，就不吹了。你要叫他不吹洋号，你自己须先要低着声同他说话。所谓正己而后正人，倘使你亢喉高声同他说，那末，他也不肯听你的话而不吹洋号的。一天，我吃中饭后在客厅里打盹。他进来对他母亲说话，一看见了我睡觉，他低着声对母亲说："爹爹睡了"，就不作声了。这种顾虑别人安宁的动作，是逐渐养成功的。平常他妹妹在房里熟睡的时候，我们进去必定踮着脚步走的，说话也是低着声音说的。而且常常对他说："妹妹睡了，不要作声。"我们常常以顾虑别人安宁的话，说给他听，而且做给他看，所以他今天也能够顾虑我的安宁了。

在行为的发展中，儿童情绪的反应，如恐惧、忿怒等，也是要有聪明的指导的。我们再引陈氏所举的例：

到了他两岁多的时候,凡一响雷,我就带他出去,站在屋檐之下,看看天上庄严的云彩、美丽的闪电。并指着云对他说:"这里像一座山,那里像一只狗;这是狗的尾巴,那是狗的耳朵。"又指着闪电对他说:"这像一条带,多少好看!"因我这样对他说,他也就很快乐地看电看云。乌云雷电本是可爱的自然现象。为什么反以为可怕呢?

我同一鸣(一岁零十个月)在草地上游玩的时候,他看见一只大蟾蜍,就举起手来,向着后退,并且叫喊说:"咬!咬!"我走过去,在地上拾了一根棒,轻轻地去刺着那只蟾蜍说:"蟾蜍,你好吗?"后来他拿了我的棒,也去刺刺看,但是一触就缩回,仍显出怕的样子,可是比当初好得多了。

小孩子以哭来要挟的时候,做父母的应当绝对地拒绝他……一鸣有时候也是以哭来要挟的。有一天,我同他玩秋千,后来我们要吃饭了,我就对他说:"要吃饭了,吃了以后再玩。"他一定不肯,始则求我,求之不得,继之以哭,哭得不够,就躺在地上撒野了。又一天,在吃饭以前,他要吃糖,他的祖母去拿了一颗来给他,我不答应,不许他吃,他就躺在地上大哭。我们不去睬他,……后来他无法可施,只得不哭了。[1]

关于这,艾伟也这样写他的经验:

儿童因所求不遂,致僵卧于地以表示其忿怒,长者越拖他必越不起来,终必允其所求……使他养成不好的习惯,以后凡有所求,必用此法以相要挟。……其实这种行为是很易制止的。……当他僵卧于地的时候,长者尽可走开;如他在书房里僵卧,而我们全离开他到卧房里去。据作者两三次的经验,不到两分钟,他竟自己爬起来,到卧房里寻其父母,而对于所要求的,竟一字不提了。两三次以后,虽有所要求,他也不

---

[1] 引陈鹤琴:《家庭教育》。这书最好全读。

用此法了。[1]

〔家庭教育〕 所谓家庭教育，不外两个方面：一是婴儿健康的保持和增进，一是行为发展的指导。关于前者，婴儿卫生、保育法以及相关的医药知识，都是做父母的所必需。关于后者，则儿童心理学和教导法，尤其是贤父母所应了解和实习。我们上面不避繁冗，征引许多例子，也就是要显出我们对于婴儿的动机、情绪、学习要有怎样的深刻的了解。丰子恺说："小孩子的主张与大人冲突的时候，大人不讲理地拒绝、斥骂，甚至殴打；其实小孩子们也自有感情，也自有人生观、世界观及其活动、欲求、烦闷、苦哀，大人们都难以理解。我以前不曾注意于此，近来，家里的孩子们都长到三四岁以上，我同他们天天接近，方才感到，不禁对他们发生了深切的同情。推想世界一切小孩子，回想以前所见的许多家庭里的小孩子，定然也如此。设身处地为他们想起来，颇为代抱不平。"[2]儿童心理学的研究给儿童造了无量的幸福。

因为近代社会生产组织的变动，大多数的父母不能不离开了家庭而入工厂。向来儿童到6岁才就学的，现在已不能不为学龄以下的婴儿，设幼稚园、婴儿园、托儿所一类的教养机关。虽然这样，每个做父母的人依然负有儿童教育一部分不容诿卸的责任。

三　学校

〔控制的环境〕 于家庭、邻里以外，社会供给儿童发展一个特殊的环境——学校。学校是专为教育而存在的。行为的变化，技能和知识理想的获得，在学校里有计划地进行。在别的社会环境里，刺激是很复杂的，在这里却化成简单；是互相冲突和混乱的，在这里却选择而组成秩序。刺激和反应的联络，原须经过浪费的尝试，在这里也因指导而可以经济地构成。总之，学校是一个控制的环境；

---

[1] 引艾伟：《初级教育心理学》，商务，第四章"儿童情绪的发展"。
[2] 见前书所引。

学校的发生是人类教育上一大经济。

〔学校和社会〕　英语 school 源于拉丁语的 schola，原有闲暇的意思。上章末引《管子》也说："处士必于闲燕。"人没有闲暇，不能够有学校的生活。依照儿童发展的顺序，凡没有达到生产劳作的年龄，应该人人有受学校教育的闲暇的。但在生产没有发达的时候，生存艰难，连儿童的闲暇，也是稀有。因此古代社会的"庠、序、学、校"之教，都只限于少数的士人。他们既能够脱离生产的劳作，他们的学习也渐渐和生产活动无关。最初以文字符号记载一切技术知识的，到后来竟以文字符号替代了实际行为。这样，"文化"和"职业"截然分开：学校变为读书的地方，士人成了终身闲暇的分子。古代也曾有不少反对以读书为学问的人。宋朝陆九渊问朱熹："尧舜以前读什么书？"清初颜元也攻击朱熹说："先生辈舍生尽死，在思讲读著四字上用功夫，全忘却……六德、六行、六艺[1]，不肯去学，不肯去习，又算什么？"可是学校里的士人，既不须做生产的劳作，则文化和职业的分离，学校和社会的隔膜，乃是必然的结果。直到现在，我国的许多学校毕业生，还是恬然不恤民生艰难，不知社会疾苦，不事生产劳作的消费者。

学校本来是社会为教育而特有的一种组织，到了这种组织和社会隔离而不能互相适应的时候，社会自然要把它改造了。杜威所说："教育即生活"，"学校即社会"，就成了学校改造运动中的几个口号。

学校教育的系统、组织、内容（课程）、方法，是本书以下数章的课题，这里暂且不说。

四　职业组织

〔职业和教育〕　生产组织是大多数人的重要教育机关。他们在实际生产劳作中，获得生活必要的技能、知识以及工作的效能和纪律、合作和互助等理想。这学校以外的职业教育，乃是人们最普遍的教育。我们可以说：凡农业手工业

---

[1] 六德、六行、六艺见《周礼》。六德，知、仁、圣、义、忠、和；六行，孝、友、睦、姻、任、恤；六艺，礼、乐、射、御、书、数。

阶段的生产训练,都是在生产组织的本身中进行的。

〔徒弟制度〕 手工业的徒弟制度是这样：学徒以契约从属于业主,帮工3年,学习3年,期满得"出师"而自营所业。师傅对于徒弟,一面得自由使用他的劳力,一面就指挥他的工作,约束他的行为。每个业主所收的学徒,人数既有限,而徒弟出师的期限,又是那么长,这在无形中减少了同业的竞争,而学成者也就不至于失业。

产业革命以后,工厂制度代兴,工厂里众多的工人不像作坊里的徒弟,可以得到师傅的个别的指导。同时,新的生产工具和技术,应用着很多科学的知识,没有系统的教学,也无法使工人能够了解。到了这时,徒弟制已和社会生产组织不相适应,自然地被淘汰,而让它的地位给职业学校了。

〔职业学校〕 职业学校的成功是以新式生产的发达为条件的。像中国现在,巨大的机械工业还没有建设起来,实际的生产活动停滞在农业手工业的阶段,则徒弟制度当然有其继续存在的可能;职业学校的学生反而因为没有职业的机关,而训练失其效用。而且,新式生产不发达,则教育的机会还是限于少数闲暇的士人。他们既轻视生产的劳作,也不愿入职业学校,即使入了职业学校,也依旧会把它当作一个读书的地方,终使职业学校归于失败。我国推行职业教育的困难,其原因不全在学校的本身,而尤在于社会的生产组织。

关于职业学校的职能,下章也还要讨论。

五 文化组织

现在,我们要略说社会的各种文化组织和教育的关系了。

〔宗教〕 在科学没有发达以前,人们的宗教不独是他们的行为的标准,也是他们对于宇宙的解释。原始社会里,祭师是最高的教师。欧洲中世纪的1 000年中,教育是全操在基督教僧侣手里的。我们生在今日,已很难想象宗教对于教育的这样大的影响;就是读到西洋教育史的这一页,也常觉茫然无从索解。但就在中国社会里,魏晋以后的佛教也曾在教育上留了不少的痕迹。明代基督教僧人利玛窦来华,也是欧洲文化东渐的使者。至于1842年以后,欧美各派教士在我国设立的许多学校,更是直接的教育机关了。

〔科学和艺术〕 欧洲的大学,直到16世纪,还在宗教的氛围中,思想没有自由,科学不能滋长。所以最早的科学者并不是学校的教师。英国化学家波义耳于1662年在伦敦组织皇家学会,为科学者结集研究的最高机关,一时称为"无形的大学",艺术教育在中世纪也只在行会的制作室里进行。无论绘画、雕刻、音乐、戏剧,都是由名师传授于学徒,并没有学校。最早的巴黎美术学校是于1648年才成立的。现代科学和艺术已经普遍地成为学校的课程。可是科学者和艺术作家的许多团体,依然是最高的教育的源泉呢。

〔博物馆〕 最初,博物馆只是科学和艺术的库藏,现在则渐成为教育的组织。凯尼恩说:博物馆的功用,已经过三步的演变,其始是珍奇的府库,其次是被当作学术研究的场所,最后,则被利用为教育的工具了。以博物馆为研究场所的观念,到19世纪达尔文的生物研究后,才为人们所确认。至于把它作为一般人教育的工具,那只是近三十年来的事情。[1]

〔图书馆〕 古代的图书馆,或者属于教堂、大学,或者属于皇室、私人,都不是公开的。英国于1850年才有公立图书馆的法律。像今日的以图书无偿地、自由地借出,并且用种种方法,分布、输送于工厂、农村的广大的读者,那也是本世纪才发现的事。

〔其他〕 凡戏剧、电影、音乐、无线电、新闻事业、出版事业等的组织,都可以说是广义的教育机关。它们虽然只满足欣赏、娱乐和求知的需要,而并不认定什么教育的目标;并且它们的影响,也会和学校教育相抵触。但是比照着它们控制的程度怎么多,它们的教育力量就怎么大。

〔成人教育和"社会教育"〕 欧美社会的儿童和青年,既已有普遍的学校教育的机会。社会的一切文化组织,遂为成人所能普遍利用。因此博物馆、图书馆、剧场、无线电等的事业,也称为成人教育。

---

[1] 凯尼恩(Kenyon),英不列颠博物馆馆长。原文见 *Encyclopedia of Britannica*。

我国向有社会教育一个名词。依理,凡是教育——连学校教育——都是社会的。现在这名词的意义,据常导之说:"可解释为学校系统以外之教育活动及机关。"[1]从教育部社会教育司所掌理的事务看,则有公民教育(政治训练)、民众教育(民众学校、民众教育馆、农工补习教育)一类;博物馆、图书馆、文献保存、美化教育一类;又公共体育、低能残废等特殊教育一类。

〔**民众教育**〕 这名词也需要一点解释。民众是大多数的人民。我国大多数的人民——80%——没有受过学校教育,而还是文盲。因之,他们没有利用社会的文化组织的能力。现在民众教育的紧急设施,是一种识字补习学校——民众学校,和一种最低限的文化活动中心——民众教育馆。所以民众教育在程度上和别国的成人教育不同,在范围上又和向来所谓社会教育有别。

六 国家

〔**国家和社会各种组织**〕 国家是社会的政治组织,也就是它的最高权力的组织。个人生活于社会之内,同时即不能自外于国家。国家的构造和机能,虽也为一般社会组织和活动所决定。但在决定的国家权力之下,任何社会组织,无论是经济的或文化的,都不能不属于它的支配了。

> 人类智慧发展,他的行为也就渐渐地有远见,有目的。自从人民知识进步,有监督政府的能力以后,政府的职能也渐渐地由无目的、无远见的程度,进到有远见、有目的、积极的建设的程度。开明的、进步的政府,有目的、有计划地辅助人类社会的进步。……政府既然在法律上承认各阶级的人民是平等,又自认是代表全体人民幸福的机关,当然要负增进人民幸福的责任。所以所有经济上、政治上、教育上一切改革,都要政府推行,成了政府分内的事务。[2]

---

[1] 见常导之:《教育行政大纲》,第十六章"社会教育"。
[2] 见陶孟和:《社会与教育》,商务,第十三章。

〔国家和教育〕　近代教育,大部分已直接属于国家的管辖。即如儿童就学的强迫,成人文盲的扫除,非有国家的权力不能办到。同时,一个国家倘使不能够训练它的人民,使具有生存、自卫、行使公权的能力,则人民不能够捍卫国家,而国家也不容易存在。教育既成了政治的一个重要部门,任何国家都有关于教育的许多法律规程和实施计划,以及执行计划的许多教育行政机关。我们在以下的两章内,将详细叙述。

〔国家教育的目的〕　国家于执行它的教育计划时,一定有它所要达到的目的:无论是不成文的,或以法律、命令明白规定的。

英、美没有法律规定的教育目的。英国教育部只在发布于小学教师的《指示书》内说:"学校的目的,在发展儿童的体力健康,健全的、强毅的品性,……养成良好的理知的习惯,训练成为勤劳、自助、忍耐而能排除困难的人民。"美国联邦政府教育局曾刊行关于教育目标的册子,里面说:"民主政治的目的,在组织社会,使每个人能由为谋全体社会的幸福的各种活动中,发展自己的人格。……民主政治下的教育的目的,在发展每个人的知识、兴趣、理想、习惯和能力,使能自立、立人,为社会谋更高的幸福。"并且列举知识、理想和技能的七类目标如下:一、健康;二、基本知能;三、家庭;四、职业;五、公民;六、休闲;七、道德的品性。[1]

以法律规定教育的目的的,可举《德意志联邦宪法》为例。这《宪法》教育专章中第148条说:"学校之目的,在根据民族独立与国际协调的原则,施行道德的训练,培养国民之责任性,增进个人与职业的效能。……"

中国国民党第三次全国代表大会《确定教育宗旨及其实施方针案》说:"过去教育之弊害:一为学校教育与人民之实际生活分离,教育之设计不为大多数不能升学之青年着想,徒提高其生活之欲望,而无实际能力之培养以应之,结果使受教育之国民,增加个人之痛苦,以酿社会之不安。二为教育功用不能养成身心健全之分子,使在国家社会之集合体中,发挥健全分子之功用,以扶植社会之生存。三为各级教育偏注于高玄无薄之理论,未能以实用科学,促生产之发达,以

---

[1] 见 Board of Education, *Suggestions* 及 U. S. Bureau of Education, *Bulletin*, 1918, No. 35。

裕国民之生计。四为教育制度与设施缺乏中心主义,只模袭流行之学说,随人流转;不知教育之真义应为绵延民族之生命……过去教育病因之总因,既由于违反三民主义之精神,则今后彻底更始之谋,自非明定三民主义教育之宗旨,并就最急需之点,确立实施之方针不为功。"所定教育宗旨及其实施方针如下:[1]

中华民国教育宗旨及其实施方针

甲　教育宗旨

中华民国之教育,根据三民主义,以充实人民生活、扶植社会生存、发展国民生计、延续民族生命为目的,务期民族独立,民权普遍,民生发展,以促进世界大同。

乙　实施方针

前项教育宗旨之实施,应遵守下列之方针:

(一) 各级学校之三民主义之教育,应与全体课程及课外作业相贯连。以史地教科,阐明民族之真谛;以集团生活,训练民权主义之运用;以各种之生产劳动的实习,培养实行民生主义之基础,务使知识、道德,融会贯通于三民主义之下,以收笃信、力行之效。

(二) 普通教育须根据总理遗教,以陶融儿童及青年"忠、孝、仁、爱、信、义、和、平"之国民道德,并养成国民之生活技能,增进国民生产能力为主要目的。

(三) 社会教育必须使人民认识国际情况,了解民族意义,并具备近代都市及农村生活之常识,家庭经济改善之技能,公民自治必备之资格,保护公共事业及森林园地之习惯,养老、恤贫、防灾、互助之美德。

(四) 大学及专门教育必须注重实用科学,充实学科内容,养成专门知识、技能,并切实陶融为国家社会服务之健全品格。

(五) 师范教育为实现三民主义的国民教育之本源,必须以最适宜

---

[1] 原文在第四次全国代表大会略有补充,现已照补充的文句录入。见大会通过之《依据训政时期约法关于国民教育之规定确定其实施方针案》。

之科学教育,及最严格之身心训练,养成一般国民道德上、学术上最健全之师资为主要之任务。于可能范围内,使其独立设置,并尽量发展乡村师范教育。

（六）男女教育机会平等。女子教育并须注重陶冶健全之德性,保持母性之特质,并建设良好之家庭生活及社会生活。

（七）各级学校及社会教育,应一体注重发展国民之体育。中等学校及大学专科,须受相当之军事训练。发展体育之目的,固在增进民族之体力,尤须以锻炼强健之精神,养成规律之习惯为主要任务。

（八）农业推广须由农业教育机关积极设施。凡农业生产方法之改进,农民技能之增高,农村组织与农民生活之改善,农业科学知识之普及,以及农民生产、消费、合作之促进,须以全力推行;并应与产业界取得切实联络,俾有实用。

阅读

陈鹤琴:《家庭教育》,商务。

陈选善主编:《职业教育之理论与实际》,中华职业教育社,第一章。

孟宪承:《民众教育》,世界。

陶孟和:《社会与教育》,商务,第十三章"国家与教育"。

问题

(一) 什么叫做"父母教育"？它的要点是什么？

(二) 我国办理职业学校的症结在哪里？

(三) 社会的文化组织要发生教育的功用,有哪些先决的条件？

(四) 民众学校和民众教育馆的办法是怎样？

(五) 社会教育和民众教育各有何种广义的与狭义的解释？

(六) 民主政治的理想为什么能够包含个人的发展和社会的适应两个方面？

(七) 三民主义的教育宗旨为什么最适合中国人民的需要？

第四章
学校系统

一 学制沿革

　　个人的发展有婴儿、儿童、青年、成人各期的顺序。若使人类社会就依照这个顺序,划分学校教育的段落;每一时期各有它的适当的学校;人人能入学校,人人能如其量而各得充分的发展,人尽其才,才尽其用,那不就是很好的学制么?果真这样,学制的问题说起来也十分简单了。无奈历史的事实,绝不是如此。在社会的演变中,教育是和经济的、政治的各种组织联系着,互相适应着,把学制弄成非常的复杂,使得我们讲述起来,还是有一点费力!

　　前章曾说:在没有学校的原始社会里,人们对于自然的势力,从事艰难的奋斗,而争取他们的生存。那时没有人有闲暇来专受教育,但就社会所有的活动说,却也没有人不受教育。到了文明的社会,人对自然的控制已大大地增加,一部分人可以从生产的劳作解放出来。而且文字所记载的丰饶的经验,也非有系统的教学不能获得。社会才造出它的特殊的教育机关——学校来。学校教育最初只有很少数人能够享有。大多数人们是从社会的环境,而得到所谓广义的教育的。

　　〔**大学**〕 把很长的故事截短了说,在近代欧洲学制的发生和变化上,先有贵族僧侣的学校,后有大多数平民的学校。也竟可以说,先有大学,后有小学。读者初听时,或许以为诧异而不肯遽信。我们当然也要补充说明,就是:为儿童所设的学校,并不是没有,不过那也不过是大学的预备机关。像现代普及的小学,确是没有的。稍为引征一些历史事实,这就可证明了。大学远在中世纪已经有了规模。最早的,如萨莱诺大学,创设于 1060 年,波伦亚大学于 1158 年,牛津大学于 1140 年。这些大学,在那时几乎是僧侣所独占的。意大利和日耳曼贵族的宫廷学校,则到文艺复兴时代才产生。至于平民的小学,日耳曼人称为 Volksschule 的[1],是 16 世纪才有的。幼稚园的设立,那不过距今百年前的事罢了。

〔大学的预备学校〕 既有大学,当然有青年和儿童的预备学校。那时大学里讲学和著述,无论是神、哲、法、医,哪一科都是用的拉丁语。预备学校就是专为教学古代语文而设。德国的 gymnasien,法国的 lycée,英国的 grammar school,至今还保存着拉丁语和希腊语的科目。它们的名称本身就是很古典的。[2] 我们照现代的惯例,勉强叫它们"中学",原不算正确的翻译。但不明白这个历史的背景,则当我们说,英国有许多中学称为"文法学校",听者倒反要不懂了。

〔小学〕 平民的小学的发生,原因有种种。路德在宗教运动中,怜悯大多数人不会自读《圣经》,以至受了教士们的迷惑,他和他的徒众因此宣传平民学校的必要。新教育的日耳曼民族,最先普及小学教育,这是一因。跟着 18 世纪民族国家的勃兴,欧洲诸国急急于国民的训练,平民教育适应了这政治上的需要,而继续发展,又是一因。但其决定的原因,尤在第二章里所说近代社会演变中工业经济和民主政治的两大变动。生产的发达,使得握有新兴的生产机关者——平民,也握有了政权;平民要运用政权,决非有相当的教育不可。为平民而设的小学,就这样普及起来。但占有特殊身份或资产者的儿童,当初并不进这种小学。小学自成一轨,大学和它的预备学校又是一轨。两轨并行,没有什么衔接。所谓双轨的学制,是这样起源的。

〔小学教育的强迫〕 为了厉行国民训练的迫切需要,近代国家都制定儿童强迫或义务就学的法律。普鲁士于 1763 年,便以法律规定了 6 岁至 14 岁的 8

---

[1] Volksschule(people's school),直译为民众学校,通常译为"国民学校"。
[2] Gymnasien 原是希腊学校的一种,Lyceum 则为亚里士多德讲学的学园。Grammar school,指拉丁文法学校。

年义务教育。此后,英国于 1876 年,法国于 1882 年,美国于 1852 至 1889 年(Massachusetts 等 25 州),都有这种法律。今日教育普及的国家,已经没有一国没有义务教育的法律了。

普通免除就学义务的年龄是 14 岁,但学校教育的期限,却有长短的参差:英国是 9 年(5 岁至 14 岁);美国的若干州,德、奥、比、捷克、瑞士等国都是 8 年(6 岁至 14 岁);丹麦、挪威 7 年(7 岁至 14 岁)。

也有以 13 岁为免除就学义务的年龄的,如法国义务教育 7 年(6 岁至 13 岁);瑞典 6 年(7 岁至 13 岁)。

更有只以 12 岁为免除就学义务的年龄的,如意、日等国的义务教育 6 年(6 岁至 12 岁);苏联 4 年(8 岁至 12 岁)。

〔小学以上教育的继续〕 平民受了小学教育以后,又发生继续教育的要求。满足这要求的第一种机关,便是像法国、英国的高等小学。看后面这两国的学制图,就知道高等小学学生的年龄和大学预备的"中学"相当。"中学"和高等小学之分,不在于学生年龄的差别:"中学"入学的年龄原有早到 7 岁(法)或 9 岁的。它们是属于两个不同的系统,它们的课程根本不同。"中学"所教的古典文字,绝非平民生活所需要;而升入大学,最初也不是平民所能希求。名为高等小学——不是中学,正见得这是平民的小学教育的继续,在那时看来竟是十分合理的。

小学毕业生继续教育的第二种机关,是职业学校。平民的多数是生产劳动者。他们所急需的,是生产的技能。手工业破坏以后,徒弟制度已经不行,生产的训练不能不有特设的学校。这种学校是满足实际的需要,而不是发生于任何理论的。

继续教育的第三种机关,是补习学校。这是为不能以全部时间就学的青年而设的。各国政府为国民训练和生产效能的计虑,也制定义务补习教育的法律。凡免除义务教育而做着生产劳作的青年,又有受一部时间补习教育的义务。一般以 18 岁为免除补习教育的年龄。补习学校授课时间,少至每年 140 小时(美),多至每年 320 小时(德、英)不等。[1]

---

[1] 关于各国补习学校制度,可参见拙编《民众教育》,第三章。

〔中学的由来〕 如上所说,大学和它的预备学校是一轨。小学和它的继续学校又是一轨,两轨并行,不生关系。可是平民主义的要求,是人人有发展的均等的机会。大多数小学生中,有显出优越的智慧或学习能力的,也没有理由永远被摈于大学的门墙之外。怎样把两轨衔接起来,便成为一个问题。解决这问题的方法,各国不一。简单的如美国,把两轨合成一轨,而变更预备学校的性质,使它不但预备升学,并且适合青年个性差异,而有多方面的职业训练,这是现代的民众的中学所由来。或者如法国,保存双轨的系统却把预备学校的门户打开,使它对于优秀的小学生也有选择的容纳。复杂的如德国,先把一部小学教育,做两轨的共同基础,再以多种方式,谋中学一段适应。或者如英国,另为民众设立中学,以与旧时私立的预备性质的中学并行。假使法国的是双轨制,美国的是单轨制,那末,德国、英国的办法,可称为多轨制了。我们现在把这几国的学制,再具体地说明一番。

二　欧美学制举例

〔法国〕 为容易明了计,我们可以将法国的学制画成如下的一个简图。这图的双轨的形式是很清楚的:(一) 图的右边,表示优越阶级的学校。儿童7岁入中学(国立的 lycée 或公立的 college)的预备班,预备班修业4年,中学修业7年,约至18岁可入大学。(二) 图的左边,表示民众的学校。儿童7岁入小学(ecole primaire),到13岁毕业,满足义务就学法律的规定。此后继续学校教育,可以升入高等小学(ecole primaire superieure)或初级职业学校(ecole practique)。至于辍学做工的青年,也仍须入一部时间的职业补习学校(cours professionnelle obligatoire)至18岁为止。

民众中间优秀的青年,没有法子享有大学的教育,这是双轨制的困难。近年法国也有所谓"单一学校"(ecole unique)的运动,企图把中小学并成一轨。只因中学向来征收学费而小学是免费的,中学注重古代语文,而小学没有,所以至今没有衔接成功。现在的补救方法是中学多设奖学金额,选拔小学里的优秀儿童转学。并且从 1930 年起，中学一年级也有免费入学的可能了。

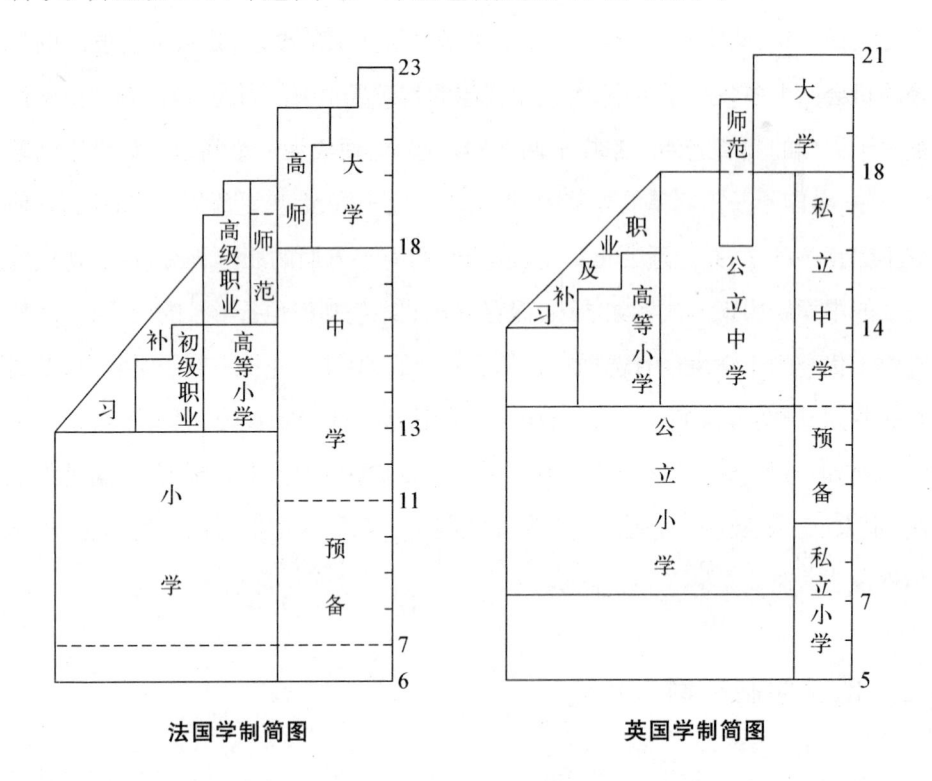

法国学制简图　　　　英国学制简图

〔英国〕　英国的学制也没有脱去双轨制的遗迹。(一) 特权者的子女向来不进免费的公立学校，却由私立小学于 9 岁时入私立中学("public" or grammar school)的预备班；约于 18 岁毕业于中学，而升入大学。(二) 民众的儿童 7 岁入公立小学(elementary school)，到 12 岁前后，得受甄别考试：(1) 成绩最优者由地方政府资助转入公立中学(secondary school)，也有升入大学的机会；(2) 次优者得转入高等小学(higher elementary school)，大规模的职业性质的高等小学，也称为"中央学校"(central school)。此外，(3) 甄别不合格或不受甄别的，留在小学，至 14 岁毕业，仍继续一部时间的补习学校(continuation school)教育，至 18 岁为止。

英制和法制不同的地方，在于它有特设的公立中学，多予民众青年以中等教育和升入大学的机会；也在于它有很好的甄别考试和奖学制度，能根据智慧差异，以帮助儿童的发展。比较起来，是民众化、合理化得多了。

〔**德国**〕 1919年，民主联邦成立后，德国把中学的预科一段取消，以与小学(volksschule)的前4年，合成一个基础学校(grund schule)：这一段至少是单轨的了。儿童于10岁完毕基础学校后，可以(1) 入九年制中学(有 gymnasien、real gymnasien、berrealschule、Deutsch oberschule 四种，视课程为古典文科、文实科、实科、民族文科而分)，到19岁入大学。(2) 或六年制前期中学(有 progymnasien, realprogymnasien, realschule 三种)，修业终了，也可以转入九年制中学，而后入大学。(3) 经济能力不够入中学，而又不愿意继续入民众的小学的，可以入中级学校(mittel schule)，这是不能升入大学的。其外大多数的基础学校的毕业生，一律入小学。但(4) 特殊优秀的学生，于终了小学三年级时，得被选拔而入六年新制中学(aufbauschule)，这是为高材儿童而设，使有大学教育的机会的。(5) 小学毕业生满足义务就学法律之规定后，仍应入一部时间的职业补习学校(berufsschule)，至18岁为止。

德国中等学校一个阶段，这样多轨分歧，无非在社会经济事实的限制之中，顾到个别发展的可能和必要。

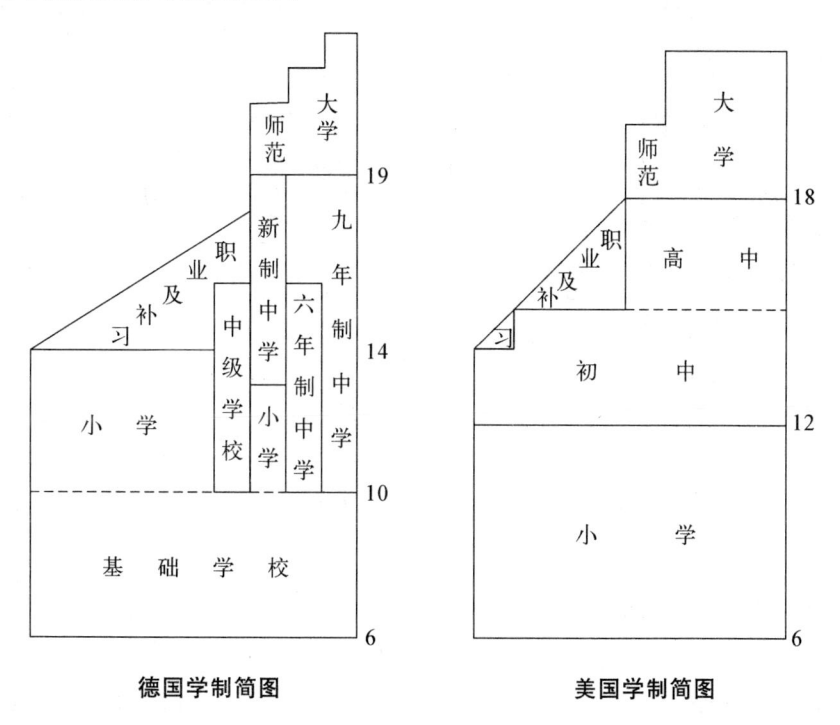

德国学制简图　　　　美国学制简图

〔**美国**〕 美国的单轨学制，以前只是把4年的中学(high school)，叠在8年小学(elementary school)之上；公立小学、中学一律是免费的。后以年期的分配上，小学太长，中学过短，按着儿童发展的顺序，重新编制，将小学的最高两个年级和中学最低一年级，组成初级中学(junior high school)，其余中学3个年级为高级中学(senior high school)，是为六—三—三的编制。同时，八—四的编制也还存在。美国中学的性质，既非仅为大学的预备；青年入学更无选择和限制，所以高中要适合个性的差异，分设普通和职业各科。高中以上，因各州州立大学多不征学费，升学也很便当。至于初中毕业或未毕业而已满义务就学的年限，不能脱离生产劳作的，仍须入一部时间的补习学校(continuation school)，至18岁为止。

〔总括〕 详细研究各国的学制，属于"比较教育"的范围。以上所述，不过举示实例，来说明现代国家学校系统的构成。所有几个简图，也只表示很粗的轮廓，凡小学以下的幼稚园，大学以上的研究所，以及种类繁多的职业教育机关，都没有表列出来。我们现在总括这几个实例，可以举出现代学制构成的几个原则：

一、普及国民教育　各国民众都受7年或8年的义务小学教育，并且继续一部时间的义务补习教育，至18岁为止。

二、根据发展顺序　凡小学生升入或转入中学，都在11岁至13岁间；由中学升入大学，则大概在18岁左右。初等、中等、高等教育的阶段，就照儿童青年各期发展的顺序而分。

三、解除社会限制　双轨的学制起于阶级性的社会组织，特别是经济的组织；这在以前阻碍了无数有智慧而无资产的儿童青年的发展。现在双轨制逐渐废除，就是保留它的法国，也已有补救的办法。

四、适合个性差异　学制虽然力求教育机会的普及和均等，但为个性差异的适合，仍要谋教育内容和性质的分歧。中等教育一段的复杂，都是为此。

三　中国学校系统

〔历史的回顾〕 中国很古就有国家的学校，但它们只是所谓取士的机关。有如张之洞说："取士之法……皆就已有之人才而甄拔之，未尝就未成之人才而教成之,故家塾则有课程,官学但凭考校。"所以历史上所称的学校,意义和我们今日的学校迥乎不同。而古代士人读书预备考试的家塾、门馆以及名儒讲学的书院,倒是不在国家学校系统之内的。

  观察中国学校制度的演变,而探究这制度所依托之社会的背景,大致可分为四大时期。从有史时代下至战国(前222)为第一时期;从秦灭六国至南北朝之末(589)为第二时期;从隋统一中国至清同治元年(1862)为第三时期;从清同治初年一直到现在(1930)为第四时期。……

  第一时期为封建贵族政治,其学制以贵族、庶民分途为特点。第二时期为君主政治,其学制以学校与选举并行,以选拔佐治人才为特点。第三时期虽仍为君主政治。虽仍以选拔佐治人才为学校的目的,但以学校制度降为科举制度的附庸为特点。第四时期暂可视为民主政治的抬头,其学制以轮流抄袭欧美国家学校制度为特点。[1]

  读者如感着历史的兴趣,而要明了这各时期学校的演变,那须详究中国的"教育史"了。[2]

  〔现行的学校系统〕 正式制定学校系统,始于1902年的《学堂章程》[3]。中华民国元年颁布的《学校系统》(1912),大体犹沿其旧,不过各级学校的年限都稍缩短而已。到民国十一年(1922)的学校系统改革令内容如右图。

  有人指摘这份学制,说它是美国学制的摹仿。读者把这图和前图比较,到底是不是摹仿呢?

民十一(1922)学制简图

---

〔1〕 见周予同:《中国学校制度》,绪言。
〔2〕 可参看黄炎培:《中国教育史要》(《万有文库》)。
〔3〕 即《钦定学堂章程》,又称"壬寅学制"。——编校者

图中有一点是没有表示得十分明白的,就是中等教育一段,虽有单独设置的师范学校和职业学校,而高级中学是以分科(普通、师范、职业)为原则的。因此高中成立以后,师范和职业学校都逐渐并入高中。从此师范、职业学校的独立,成为学制讨论上一焦点。

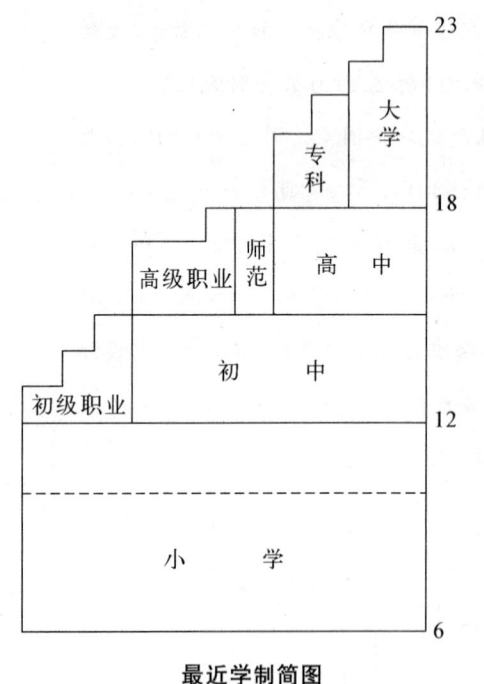

民国十七年(1928)国民政府颁布的《中华民国学校系统》,图形和上列的略同。近年政府没有另定学制的明文,但自立法院先后通过《大学组织法》、《专科学校组织法》、《小学法》、《中学法》、《师范学校法》、《职业学校法》以及教育部订定各级学校规程以后,事实上学校系统已经颇有变更。为便于和他国学制比较起见,我们根据最近法规,画成一个学制简图如左。

各级学校在全盘学校系统上的地位,和它们特殊的职能,以下再依次论述。

最近学制简图

四　各级学校

〔**幼稚园**〕　上图也像各国学制的简图一样,没有列入小学以下的幼儿教育机关——幼稚园[1]。

幼稚园的职能在协助家庭,以教养幼儿,力谋幼儿应有的发展和幸福。它所着重的,是幼儿健康的保持和增进,和身体及行为上基本习惯的培养。幼稚园的课程,虽然规定音乐、故事和儿歌、游戏、社会和自然、工作、静息等项,但所谓课

---

[1] 关于幼稚园、婴儿园、托儿所等,参看拙编《民众教育》,第二章。

程,只是幼儿的活动,而幼儿的活动当然以游戏为中心。

在欧美国家,幼儿教育机关尤其是勤劳民众的需要。在工厂里做工的父母,不能供给幼儿以家庭应有的教养;凡婴儿园、托儿所之类,大部分是工人幸福的设施。至于优越阶级的婴儿,其自然的生长发展的环境是家庭,而其指导者则于母亲以外,还有雇佣的保姆或教师,并不必须有家庭的替代。但在我国,幼稚园既尚非民众的儿童所能享有,而它的设施也每每容易变成教育上的一种点缀或"奢侈"。是以《幼稚园课程标准》里特别说:"幼稚园的设备不必过于华美,而须注意坚固;不必多取洋式和舶来品,而须尽量中国化……我国地方辽阔,都市、乡村,南方、北方,富饶地、贫瘠区,社会情形各各不同,幼稚园的设备应该多取当地常见的物品,而不和社会的实际情形分离。"

〔小学〕 小学应该是全国人民所受最低限的教育的机关。现制,小学又分初级 4 年,高级 2 年两段,这除为了社会经济的限制,6 年小学教育还无法普及以外,是没有旁的理由的。小学入学的年龄是 6 岁,这几乎是各国的通例。但若小学教育只有 4 年,则因儿童智慧的发展,学习能力的增长,而酌量展缓入学(和离学)的年龄,也未尝不可。例如同等是 4 年的就学,儿童在 8 岁至 12 岁间,比之 6 岁至 10 岁间,学习能力较高,教育效能也自然较大了。

把 4 年小学定为义务教育,从民国四年(1915)起,就有这样的拟议。但是至今全国学龄儿童已就学的,估计不过 17％！民国十九年(1930)全国教育会议编制一个 20 年内《实施义务教育计划》,始终未经政府的核定。二十一年(1932)教育部公布《第一期实施义务教育办法大纲》,则以自二十一年至二十四年(1932—1935)为义务教育实施之第一期。在此期内,各县市应指定城市及乡村各设一区或数区为义务教育实验区,收容失学儿童总数,至少应占全县市区失学儿童人数 1/10。区内的小学于全日制以外,可采半日制,或分班补习制。最近部颁《小学规程》里也说:"为推行义务教育起见,各地方得设简易小学及短期小学。简易小学招收不能入初级小学之学龄儿童,其修业期限以授课时间折算,至少 2 800 小时。短期小学招收 10 足岁至16足岁之年长失学儿童,其修业期限为1年,以授课时间折算,至少540小时。"[1]

小学的职能在引导儿童的发展,使获得基本的技能、知识和理想,以满足共同的健康、职业、公民、休闲生活的需要。[2]

〔中学〕 中学在学校系统上是比较复杂的一个阶段。如前所述,民国十一年(1922)以后,我们的中学分为初级、高级。初中继续小学的共同的教育,高中分设普通(升学预备)和职业(农、工、商、师范、家事)各科,以适合青年个性的发展。试行的结果,高中分科有许多事实上的困难,例如:(1)每校所在的地方不一定具有适宜于农业、工业各科训练的环境;(2)每校学生的人数不一定多到可以分设数科而能够经济;(3)各校同时不一定能得到职业的师资、设备和必要的经费。十年来高中除把普通科和师范科合并外,设农科、工科的便很少。最近法规已将师范学校、职业学校各各独立设置,高中成为单纯的升学预备学校了。

初级中学的职能在继续小学共同的教育,引导青年的发展,使满足生活的需要。它所应该特殊致力的,是鉴定青年的个性差异,试探他的兴趣能力,而施行升学和职业的指导。高级中学的职能则在完成普通教育,而作研究高深学术的准备。[3]

〔职业学校〕 生产既是生活的基本需要,职业训练和健康、公民、休闲一样是各级学校的共同目标。但照儿童身体的发育,在小学阶段,还不能担负生产的劳作,至多只能得到相当的职业陶冶。而高等程度的生产技术,如专科学校或大学所训练的,又必需普通教育的准备。所以一般惯例,只称中等学校的专施生产训练的为职业学校了。照《职业学校规程》,职业学校分初级、高级;初级职业学校招收小学毕业生或从事职业而具有相当程度者,修业年限1年至3年;高级职业学校招收初级中学毕业生或具有相当程度者,其修业年限3年;又招收小学毕

---

[1] 关于义务教育,参看袁希涛:《义务教育之商榷》;教育部第二次全国教育会议:《改进全国教育方案》第一章;以及最近部颁《第一期义务教育实施办法》和《短期义务教育实施办法》。
[2] 《小学法》第一条:"小学应遵照《中华民国教育宗旨及其实施方针》以发展儿童之身心,培养国民之道德基础,及生活所必需之基本知识技能。"
[3] 《中学法》第一条:"中学应遵照《中华民国教育宗旨及其实施方针》继续小学之基础训练,以发展青年身心,培养健全国民,并为研究高深学术及从事各种职业之预备。"

业生或具有相当程度者,其修业年限5年或6年。职业学校得酌量情形,附设各种职业补习班。

照现在国内经济状况,多数青年不能不从事生产的活动。高中既已成为专科学校和大学的预备机关,则初中毕业生中只有少数能够升入高中,其大多数都应该进相当的职业学校,自无疑义。但职业学校在哪里呢?二十年(1931)中华职业教育社《宣言》说:"近人恒言,普通教育愈发达,社会失业者愈众,虽因果关系未必尽然,但毕业高级小学,不能升中学。毕业中学,不能升大学,一岁间无虑数十万。……最近统计,全国中学1 139所,内职业学校149所,仅占13％;全国中学生234 811人,内职业学校学生16 641,仅占7％。需要与供给相悬至此,无惑乎求事者未能得事,求才者坐叹无才。"近来政府竭力提高中学程度,厉行毕业会考,不能升学的人数,或更将大大地增加。而一看各地方职业学校校数,依然寥寥无几,这不能不说是当前教育上一个严重问题呢。

职业学校的职能在养成青年关于生产实用的技能、知识,同时也顾到他的全部的发展。[1]

〔**专科学校和大学**〕 专科学校之于大学,有一点和职业学校之于高中相似。专科学校施行实用技术的训练,大学注重高深学术的研究。因为个性差异的事实,人们的智慧够得到受大学教育而能充分发展的,实是少数之少数。多数高中毕业生不应忽视生产的需要,而应该照自己的能力,发展成为高级技术的人才。不幸以前所设的专科学校,以文科、法科为多。而且民国十一年(1922)后,因升格运动,许多专科学校都已改成大学的学院。至今切实训练实用技术的专科学校,为数甚少。同时,大学入学资格的宽容,又促成学术程度的低落,致使实用技术与高深研究的发展,两受其弊。前年国际联盟教育考察团视察中国教育后所提的报告书里说:"中国大学教育之当前第一难关,亦殊简单,即入学之大学生,多数缺乏适当之准备。……由此所生之结果,极其严重。大学之程度及大学教育应具之整个概念,于以降低。为求学生数量之加多,遂不惜牺牲其品质。……

---

[1]《职业学校法》第一条:"职业学校应遵照《中华民国教育宗旨及其实施方针》以培养青年生活之知识,与生产之技能。"

而此辈学生,在知识上既无猛进之准备,又无维持此种知识标准之能力。入学过易,就学生本身论,实为有害而无益。盖由此所引起之希望,后来常不能满足,每每宜于从事实际事业之青年,亦被诱而入于学术研究之途也。此种情形,对于国家公共福利之影响,其不幸亦复相同。夫一国之需要,并不在国内最多数青年能入大学,而在各种职业之人才能有适当之分配……中国大学中,自亦不乏备有适宜之资格,善于领受大学教育之优秀学生。然就现状而论,实有过多之青年,误认列名于学生之林,即不啻有无上之荣耀。在过去之中国,学者有传统之优越地位,属于有闲阶级,得免劳力之操作,而在官吏任用,亦有特殊之机会。不意此种观念,仍盘旋于今日学生之脑际,……青年一入大学,即成特殊阶级之一员;对于本国大众生活,茫然不知;对于大众生活之改进,毫无贡献。"这是对我国以往大学教育最严厉的批判了。

专科学校的职能在养成青年的高级的实用技术和知识。大学的职能则在充分地发展个性,指导高深学术的研究,期有创获或发明,为人类谋最高的幸福。[1]

阅读

常导之:《比较教育》,中华,第一章"各国学校系统"。

周予同:《中国学校制度》,商务。

孟宪承:《教育史》,中华,下编第十三章,第十四章。

庄泽宣:《教育概论》,第七章,第八章。

问题

(一) 欧洲双轨的学制怎样起源？有什么缺陷？怎样补救？

---

[1]《大学组织法》第一条:"大学应遵照……《中华民国教育宗旨及其实施方针》,以研究高深学术,养成专门人才。"又《专科学校组织法》第一条:"专科学校应遵照……《中华民国教育宗旨及其实施方针》,以教授应用科学,养成技术人才。"

（二）我国近三十年来的学制经过怎样的演变？

（三）报告我国义务教育运动的经过和实施的困难。（见第56页注〔1〕）

（四）我国职业学校不振的原因在哪里？

第五章
教育行政

一 行政系统

〔近代教育是国家的事业〕 在中世纪的欧洲,学校教育只有少数人能够享受;教育的管理属于教会或私人。近代因工业经济和民主政治的演进,教育已普及于全体的人民。如上章所述那样至繁极巨的事业,非由代表全体人民的政府,以政治的权力来推行不可。私人经营的教育机关本可以为国家教育事业的补助,而应得政府的鼓励;同时,政府为贯彻一整个的方针,或维持一确定的标准,私人事业有时也不能不受相当的控制了。

〔国家教育行政的系统〕 各国中央政府都有教育部的设置。联邦制的国家,如德,如美,在联邦政府内虽没有教育部,而只于内政部附设一个教育局[1],但各邦政府仍有主管全邦教育行政的教育部,并无例外。教育部以下,按照普通行政区域,或另划学区,设各级教育行政的机关,构成一个国家的教育行政系统。

教育部的权限,各国很有差别。英国教育部对于大学及不受国家补助金的私立学校,固然还没有管理权;就是地方教育行政,也属于地方自治的议会所产生的教育委员会,其人员并不归教育部任免。美国各邦教育部也多只管直辖的

---

[1] 德国联邦政府内政部(Reichsminsterium des Innerrn)的教育局称 Kulturabteilung。美国内政部(Department of Interior)的教育局称 Bureau of Education。

教育事业,其地方教育行政也是由地方自治的议会或人民另行选举的委员会管理的。

德国各邦,如普鲁士的科学艺术及教育部,除职业教育属于别的相关的部以外,总揽全邦各级学校、师资训练和成人教育事业。省县的教育行政直接受部的监督,连县教育视察员,也由部任用。法国教育及美术部下,分全国为17大学区,以所任命的大学校长,兼辖区内各府的教育行政,又以完密的视察制度,使部的权力直达于最小的行政单位。[1]

〔**集权和分权**〕 德、法的教育行政系统,代表所谓中央集权制;英、美则代表地方分权制。

教育行政系统和一国的全部政治组织分不开。采取集权制抑分权制,不是单独的理论的问题。从理论上说,集权制的优点在划一全国教育事业,以贯彻确定的方针;并且调剂各地方的经费、人才,使得到普遍均衡的发展。分权制的优点则在容留自由伸缩余地,使能适合地方特殊的情形;也着重各地方对于教育的责任,而促起其独立和自助。运用得好,集权制和分权制同有效能。运用得不好,则集权制使教育事业固定呆板,不易更新;分权制使地方行政散漫分歧,毫无标准。

〔**中国教育行政系统**〕 我国各级教育行政机关如下:(一)教育部属国民政府行政院,部长、次长下,设秘书、参事二处;总务、高等教育、普通教育、社会教育、蒙藏教育各司,并督学若干人。教育部职权为掌理全国学术及教育行政事务,并指示监督各地方最高级行政长官执行该部主管之事务。(二)省政府教育厅,厅长下设秘书和分掌总务、学校教育、社会教育的各科,并督学、编审员等。教育厅的组织,现在由各省政府于不背中央法规范围之内各自规定。(三)县政府教育局,局长下设学校教育、社会教育各课,并督学。事务较简者,不设课而只设督学和事务员。各县于缩小行政机关时,也得呈请省政府改局为科,附设于县

---

[1] 英国教育部称 Board of Education。美国各邦教育部(State Board of Education)则只是评议机关,由它任用 Superintendent 就执行长官。普鲁士科学艺术及教育部,名 Ministerium für Wissenschaft, Kunst, und Volksbildung。法国教育及美术部为 Ministere de l'instruction publique et des Beaux arts。大学区原文为 Academie。

政府。各县各照地形、人口、交通状况,划为若干学区,每区设教育委员一人,受教育局长或科长的指挥,办理区内教育事务。县教育行政机关的职掌为规定县内教育实施计划;调查全县学龄儿童数,并督促就学;考核各学校之学级编制[1]、课程、教学;视察所属学校并谋其改良;编定县教育经费预算,并汇编决算。

又,直隶于行政院之市和普通市政府,也设教育局。遇紧缩时,也得改局为科,附设于市政府。

二 行政事务

行政的事务,概括地有下列几类。

(一)计划 凡原有教育事业的维持或变更,新添事业的举办,经费的增筹和分配,教职人员的训练、检定和任用,教育行政机关必须有明确精密的计划。这种计划的决定,一方面根据法律和高级行政机关颁布的规程和命令,他方面也参照地方实际的情形。有须得高级机关的准许的,则声述理由,请求核准。

(二)执行 这样决定或核准以后,须以全力推行,务贯彻原来的计划。对于实际事业,即各级学校和社会教育,尤须有适当的督促,客观的、同情的指导。所谓行政,是以有效的行为为归,才不至于使所定计划,仅以纸片的公文书完事。

(三)报告 执行的结果须有正确的统计和估量,汇集起来,编成报告。这不但供高级行政机关的审查,也给实际工作者以考鉴,并为后来改定计划的依据。

(四)评量 但为客观地估量行政的效能,则于主管人员的报告以外,还须

---

〔1〕民国时期,学级是学校组织的基础。与学年不同,是指正教员一人于一教室内所同时教授之一群儿童而言。以全校儿童编制为一个学级,为单级学校;以全校儿童编制为两学级以上,为多级学校。在多级学校中,学级编制的方式又有三种:以同学年儿童为一学级,为单式学级制;以两学年以上程度差异的儿童为一学级,为复式学级制;以全校儿童划分为前后两部而施行教学者,为二部教学制(参见朱经农、唐钺、高觉敷主编:《教育大辞书》,商务印书馆 1930 年版,第 1526—1527 页)。——编校者

临时邀约不相关的专家,用测验的方法,作教育调查[1]。这种调查既是客观的,不涉个人的,它所得的结果可以和别的同级行政区域以同样方法所测验的成绩相比较;它所发现的优点和缺陷也可以指示将来实施的途径,而为改进的准则。有这准则,则一切兴革的计划,才不致单凭一人的主观,或徒逞一时的意气。

三　视察指导

教育行政上与实际教师和工作人员最有密切关系的,是视察和指导。所以在教育研究上,视导和行政并称[2]。现在各级教育行政机关,都有督学、视察员或指导员。即师范学校或负有辅导责任之教育机关,也间或有指导员的设置。但依照科目或事务性质,而任用的专业指导员,尚不多见。

〔视导的职责〕　照教育部颁《督学规程》,督学视察所至,得调阅各项簿册;得检查学生名额,试验学生成绩;得于执行职务必要时,临时变更学校授课时间;得于有违反法规事项,随时纠正;得召集当地服务人员开会,征求意见和讨论改进方法。视察的结果应该呈报于主管的长官。

视察和指导,分析起来,是不同的。"视察为消极的作用,指导则为积极的作用。督察所属机关人员之勤怠与是否遵从上级官厅之规程命令;学校课程是否合于规定之标准;考核学生之程度;评定教师能力之高下等等,皆视察方面所有事。指导则至少当包括以下各点:一,教材之选择与组织;二,教学之方法;三,智慧与学力测验之应用;四,在职教师之进修等。指导员对于教师,为辅助者,为鼓励者,为同情的合作者。其对于教师,若有非难的批评,必须立时继以建设的改进方法之提示。故教师对彼常望之如益友,而非为令人懔栗不安之审判官,或力图规避之侦探。"

〔视导和教师〕　说到这里,我们要略述教师对于视导应有的态度。

我们做教师的,认教育是一种专业,而愿以生命贡献于此。在勤修我们的所

---

[1]　教育调查(school survey),也译"学务调查"。
[2]　Educational Administration and Supervision。

业,增益我们的知识技能之中,任何批评和指正,都可以帮助我们的进修,我们是应该诚意地接受,虚心地遵从的。同时,我们也有希望于视导者的,那就是客观和同情。估量教育的设施和方法,视导者该给我们一个共同了解的标准。例如评点表、记分表等,采定了要让大家知道,然后凭这标准,考核我们的成绩。否则一人说是的,别人又说非;一时道好的,异时又道坏,将使我们有莫知适从的困难。若有了客观的标准,则视导者虽严正而不会任情,被视导者虽受督责而无所嫌怨,这是一点。再则个性差异,既有定律;我们的能力不齐,成绩原来不会划一。在我们应该竭尽所能,求达标准;而在视导者也可以了解我们的困难,体察实际工作的甘苦,这又是一点。

四 教育经费

〔**教育经费的来源**〕 国家教育事业的经费取给于国家的赋税。现时我国中央所收的国税,以关税、盐税、统税、烟酒税、印花税等为大宗。教育经费由财政部照中央教育文化事业费的预算支拨,没有指定的教育专款或基金,以前有人提议以海关纳税发行长期教育债券的,也有人希望以各国退还庚子赔款作为教育基金的,也有人建议举办遗产税和所得税,专供教育经费的[1],更有人主张以全国盐税充义务教育经费的,种种企图至今没有一项能够实现。民国廿三年度(1934)国家预算,支出 777 302 226 元,内教育文化费 19 034 481 元,占 2.46%。

省教育经费取给于省税。省税以田赋(土地税)及其附加税、营业税、契税、屠宰税、牙税等为大宗。教育经费大概由省财政厅照预算拨发。但也有指定教育专款,另设征收或管理机关的;如江苏以屠宰税、牙税和田赋的一部,江西以盐附捐[2],河南以契税为教育税款之例。各省教育经费,据二十一、二十二年度

---

[1] 参看第一次《全国教育会议报告》(商务版)。
[2] 所谓"教育经费独立",即指划定教育专款,以免别项政费的侵占或挪用,原是一种不得已的救济办法。无论在国家财务行政或教育行政上,都没有理论的根据。文中所举江苏等省,即教育经费独立之例。江苏拨田赋 180 万元,并以全省屠宰税、牙税为教育专款,设江苏省教育经费管理处,为征收管理机关,江西的盐附捐,则每石盐收银 2 元 5 角,为教育专款,归江西省教育基金保管委员会负责管理。

(1932、1933)有统计报告者,最多的,如江苏,超过 400 万元;其次如河北、广东、山东,在 300 万元以上;再其次,如河南、浙江、安徽、江西、湖北、湖南、广西等省,都在 200 万元以上。最少的如宁夏,尚不足 20 万元。

县教育经费的来源,大概为:一、田赋的县附加税;二、契税、屠宰税、牙税的县附加税;三、特捐,如中资捐、盐斤加价、普及教育亩捐之类;四、杂捐,如货物杂捐、营业杂捐之类——这些是各县分别呈准举办的零星捐款;五、教育款产,如书院学田、房租息金之类;六、寄附金。这些来源,要详细列举,很不容易;因为各省情形不同,而一省内各县亦复歧异。自中央明令废除苛捐杂税后,各地方教育经费来源,尤有变更。县教育经费,有的由县财政局拨发,有的另有县教育款产委员会一类的机关管理。

前年国联教育考察团,关于教育经费问题,对我政府有所建议。他们的报告书里这样说:

> 依近似之估计,中国用于国家教育之经费,平均每人每年约占 2 角 5 分至 3 角,而每人每年付与中央及地方政府之税,平均约有 3 元之多。此种比例之意义,即表明中国现在教育经费,仅占预算 9% 至 10%。……此种比率,皆较具有完善教育制度之多数国家为低。……复次,中央预算、省预算、县预算关于教费之支配百分数亦各不相同。中央预算之用于教育者,其纯百分数尚不及 5;在省预算中,可达 10%;而县预算往往可达 20%。

〔**教育经费的分配**〕 于此,我们说到教育经费的分配问题了。照我国的惯例,高等教育、学术研究及社会文化事业,由中央经费负担;中等教育及社会教育实验事业,由省经费负担;初等教育及一般社会事业,由县经费负担。国联教育考察团报告书又说:

> 此种支配之结果,发生极特殊之奇异现象。依据近似之估计,中国

每学生每年所占之教费，在初级小学为3元5角至4元，高级小学为17元，在初高级中等学校约达60元（若在高级中学、师范学校及职业学校，则达120元），而在高等学校（大学、专科学校），则升至600元至800元。是以国家金钱用于一小学生及一大学生之差数，在欧洲各国尚未超过1∶8或1∶10者，在中国则达1∶200之数，实为前所未闻也。由此观之，中国对于为大众而设之初等学校，较之中等学校，尤其较之高等学校，实异常忽视。是以要求国家预算增加教育经费之一问题外，减少各级学校此种过度之差异，实属刻不容缓之事。达此目的之方法甚多，其一即中央政府对于初等、中等及高等教育之经费，必须分担；而各省则应负担初等及中等教育之经费。

至若各级学校每一学生平均教育费之差异，与教员薪水之差异，有密切之比例。中国一乡村初级小学教师，有时固有每月得30元至40元者，但就一般而论，每月皆仅得10元至15元；薪水较高者，实为非常之例外。至城市初级小学教师，通常每月可得20元至30元，罕有超过此数者。反之，中等学校之低年级教师，每月通常可得80元至120元，而高年级教师则可得150元至200元。至于大学或专科学校教授，每月通常得300元至400元，有时且超过此数……按欧洲小学教师与大学教授薪水之差，未有超过1∶3或1∶4之比者，而在中国则较大若干倍（1∶20或且超过此数），此种薪水标准之差别，应设法减少；并应增高小学教师之薪水，因即在生活费极低之中国，小学教师之薪水亦嫌过低也。[1]

若使教育经费的来源不能增加，教育经费的分配不能改善，那末，我们以什

---

[1] 前章和这里所引国联教育考察团的报告书，根据国立编译馆的译本——《中国教育之改进》。该团组成的人员，为德国前普鲁士教育部长贝克尔（C. H. Becker），法国物理学家郎之万（P. Langevin, 1872—　），英国经济学者托尼（R. H. Tawney, 1880—　），波兰教育部司长法尔斯基（M. Falski）。于1931年来华，考察3月。
〔郎之万卒于1946年；托尼卒于1962年。——编校者〕

么方法,谋小学教育的普及呢?

阅读

  常导之:《比较教育》,中华,附录一"各国教育行政机关组织"。

  常导之:《教育行政大纲》,第四卷"视导制度"。

  陈汝衡译:《教育政策原理》,商务,第四章"集权与分权"。

  国联教育考察团编,国立编译馆译:《中国教育之改进》,第六章"财政之组织"。

  庄泽宣:《教育概论》,第十一章。

问题

(一)中国教育行政系统是集权制呢,还是分权制?何谓"均权"?

(二)县教育局局长对上对下的关系是怎样?

(三)县教育行政机关改局为科的办法,得失如何?

(四)参观本地的教育行政机关,并做报告。

(五)调查本县教育经费的来源和分配。

(六)有人说:"县教育经费百分之六十,为农民所直接负担。"这话对不对?为什么缘故?

第六章
小学组织

一　学校的物质的环境

因为读者要预备担当小学教育的事业,从这章起,我们将专论小学教育的各种问题了。

我们曾说,学校是社会为教育而特设的一个控制的环境。构成这环境的,有许多人、物和活动(课程和教学)。这里先从学校的物质环境说起。

〔**校址和校舍**〕　要布置一个学校的环境,第一,先要有一块校地,一所校舍。假使你去创办一个小学,你想怎样选择一个最适当的地址呢?面积要多少?距离儿童的家庭多么远?在乡村怎样,在热闹的城市怎样?你要造校舍,怎么样设计呢?平房好,还是楼房好?房子朝什么方向?成什么图形?各部怎样分配?大小、高低、采光、通气怎么样?建筑用什么材料?注重坚固,还是美观,抑二者兼顾?这种种问题,都待你解决了。对于这些问题,你就得很用一番心思。单靠自己想象的图案还不够,你得参观,你须访问。而"小学行政"的专书里,当然也有不少公认的原则,可以供你依据。

在事实上,我们做教师的,不一定开始就负这样草创的大责任。我们服务的学校,常有一个已成的环境。以校舍来说,小学多有租用私有房屋,或就公共处所如祠堂、寺庙、书院设立的。我们要会得运用心思,改造环境。下面所引的,是改造校舍的一个实例:

校址是在一个关帝庙里,关公神像之外,还有痘神、痲神等。这些神像已经把课堂占去了大半个。丁校长一方面要使课堂适用,一方面要免去地方反对,就定了一个保存关公搬移杂神的计划。他就带领学生为关公开光,把神像神座洗刷得焕然一新,并领学生们向关公恭恭敬敬地行礼。他再同教员把这些杂神移到隔壁的庙里摆着,他们又把那个庙打扫得干干净净,把这些杂神安排得妥妥当当,大家也行个礼。杂神搬出之后,这个课堂又经过一番洗刷,加了些灰粉,居然变了一个很适用的教室。村里的人看见关公开了光,杂神安排得妥当。又听见学生报告向神行礼的一番话,不但不责备校长,并且称赞校长能干。校内干好了,进而求校外环境的改良。燕子矶即在近边。他就带领学生栽树,从门口栽到燕子矶顶上,风景一变。造林场栽树,十活一二。丁君栽树,栽一棵,活一棵,也是他从经验中得来的。[1]

平常小学校舍,并没有像安放神像那样复杂的问题。那末,校舍环境的改造,只要我们肯用心思和气力,也就不是什么难事了。

〔设备〕 有了校舍,便要有设备。凡是桌椅等家具,办事用的表册簿籍,教学用的图书、标本、仪器,儿童游戏用的沙箱、沙盘、球类、秋千、浪木、乐器,以至清洁的用品,装饰的用品,庭园的花木,饲养的动物,通谓之设备。购置这样许多东西,有没有先后缓急之分?关于量和质各有什么样的标准?有没有经济的方法?这种种问题,又都待你解决了。

要改良学校的设备,而又没有多量的经费,也就只有靠自己的心思和劳力。例如,日用器具可以自己改做或刷新的,就自己动手;图书杂志可以征求或由教师儿童共同拼凑起来的,就共同征集。这些,你在参观优良学校的时候,可以看到许多的实例。据一位富于小学经验的教育家说:

---

[1] 见陶知行:《中国教育改造》。

标本仪器，价值较贵，选择购买，很要当心。一不留意，花了好多金钱，收不到多少效益。若是买的时候，没有顾到实用，只不过为学校观瞻上的关系，买来放在橱里吃灰尘的，那更不足为训了。就是为了实用而买的，也应顾到两点：一是同一东西，用途较多的应当先买；一是无论如何找不到代用品或是自己不能临时制造的，才应当买。曾经看见一个学校，试验重心用的板，也要向美国去定，这真是笑话。小学或者不至于如此罢。然而花了钱向上海仪器馆去买不倒翁的，却是常事呢！发电机、电话听筒这一类物品，教员不能自制的，应当买，而且要买好些的，耐用些的。电信机、水压力试验器这一类东西，教员可以自制的，不必买。要是学校内注重手工的，简直可以在手工课里由学生自制。不倒翁、重心板等，平常小学里都可以由学生自做，由做而学，学来可以格外的深切。所以这不但是图省钱，实在是一种很有益的教学方法。能利用的东西，务必利用。旧墨水瓶可以改作很好的酒精灯；旧药水瓶可以利用作液体的量杯；鸡蛋壳中放些泥，便成不倒翁；这等例子是举不胜举，稍稍留心，便到处都是好材料呢。许多标本可以由师生合力收集，画片、布片、木材、石块都是。曾有人在中国药店内买了一副中国矿物标本；有某校积历年收集品，成一小小博物馆，邮票古钱都有。[1]

二 教师的职务分配

学校是社会的环境，校舍和设备都是人用的，它们自身并不能够构成社会。任何好的校舍和设备，没有教师和儿童的适当的活动——课程和教学，是决不能成为好的学校的。现在分述教师和儿童的组织；下章起，再讨论他们的活动。

〔**教师人数**〕 学校的级数不同，教师的人数因之差异。单级的小学，一二位教师就够了；两级的小学，至少要有教师3人；三级的要有教师4人。这样

---

[1] 见俞子夷：《小学行政》，第二章。

递推,到六级的小学,要有教师 7 人了;四级以上的学校,还须有职员的事务上的相帮。

教师人数和儿童数也要成适当的比例。国联教育考察团说,就我们全国而论,每儿童 20.3 人即有教师 1 人;而在别的教育发达的国家里,每一教师所任儿童数,要两三倍于此。一个有 20 个儿童的小学所需设备和教师,与一个有 60 个儿童的小学差不多,而每一儿童所占教育费,前者和后者便成 3 与 1 之比。外国有限制儿童数过少的学校的法规。在中国,乡村人口稀少,而交通困难,儿童不能到远处去上学,情形也是特殊的。

〔职务分配〕 教师们在一块儿工作,便须有协作和分工。小学教师——至少在低年级——以学级分任为原则。级任教师之外,另有某种科任教师的帮助,那自然是可以的。级任教师对于一级的教学、训育,负着完全的责任。

教学以外,还有许多事务,也要教师们分担。凡是表簿的记载,图书器具的购置保管,这些琐碎事情是少不了的。在级数少的学校里,几位教师得分任其劳;就是在级数多的学校,虽可以有职员的相帮,也还是要教师的通力合作。

全部职务的分配和组织,构成小学的行政系统。较大规模的学校也分为教务、事务、训育等系,每系又分若干股,并且还有各系会议、各种委员会和研究会。表列起来,很是一个复杂的图形。但如全校只有教师四五人,也同样分系分股,一人所兼委员主任,名目繁多,那便无谓而且滑稽了。

学校实际上所需要的,是协作分工的精神,不是组织或系统的形式。教师人数少,大家朝夕相见,什么事情可以互相商量,同力合作。到了学校规模一大,教师人数一多,组织便成问题了。怎样以省时有效的合议手续,来集中意见,讨论计划;怎样以公开坦白的分配方法,来平均劳逸,分负责权;在当校长的,要有一点领袖的才能,而各教师愿意协作到什么程度,也就表示他自己专业的素养。

学校是一个小社会。教师们自己先组成一个健全的有机体,必使指臂相顾,脉络相通,才能共同努力,来引导儿童适应这环境,而得到他们的充分的发展。

儿童教育的前哲裴斯泰洛齐,以寿考之身,经营他的小学,至数十年,使瑞士招来全欧教育者的巡礼。但在最后十五年中,他的学校内几个领袖的教师[1],争执着各自的意见,常在倾轧排挤之中,终于把学校弄得分崩涣散。我们读裴斯泰洛齐的传记,深感这老人暮年的悲苦,而代他不平。可是被称为"儿童之父"的他,或许也真的缺乏一点行政组织之才——至少,他是这样自咎的。然则没有像他那样伟大的人格的教师,对于这组织问题,更应怎样兢兢留意呢?

三　儿童的学级编制

〔学级〕　把6岁入学的儿童,合成一个学级,按年递升,由一位教师同时施行团体的教学,这是二百余年前法国拉萨尔[2]所创的方法。前此个别教学,效力比这团体教学好得多,但是时间和人力都很不经济,使得民众教育的普及不可能。学级编制的起因,是普及教育上经济的必要。

〔单式和复式编制〕　学生人数多的学校,以一学年作一学级,这叫做单式的学级编制。但遇到学生人数不多,或教室数也不敷分配,那末,再经济一点,把相近的两学年,例如第一学年和第二学年,或第二学年和第三学年,合并在一个教室,这就称为复式的学级编制。在乡村小学里,假使学生人数更少,设备更简,那就只有把第一、二、三、四各学年的学生,都合在一个教室里上课,这通称"单级学校"。但其实它只是一个"单室学校";若以学级编制言,则是复式之复式了。

编级教学,基于同级儿童程度均齐的假定。事实上,一个学级里的儿童,程度何尝均齐?如果学级编制复之又复,那末,程度不齐中,更加不齐,教学的困难增多,而效率也更减低了。所以复式、单级,都是不得已的办法。

〔学级的困难和救济〕　因为个性差异的事实,就是单式的学级编制,一级儿

---

[1] 裴斯泰洛齐,已见本书第一章第20页注[1]。氏的传记,有 G. A. Green 和 J. Russell 等各著,惜均无译本。文中教师指 Niederer, Krusi, Schmid 等人。
[2] 拉萨尔(La Salle,1651—1719),法人,始创所谓同时教学法(Simultaneous method)。英国贝尔(A. Bell,1753—1832)和兰卡斯特(J. Lancaster,1778—1838)等的著名的领班制(Monitorial system)都在其后。
〔领班制,又称导生制或贝尔-兰卡斯特制。——编校者〕

童的程度自然也还是不齐的。推孟调查美国小学一年级儿童 150 人,发现他们的智慧年龄有 3 岁至 11 岁的差异,智慧商数有 45 至 145 的差异。强不齐者而齐之,则除半数中才儿童以外,才高者只有俯而就,才低者不能仰而几。前者既惯于怠逸而无努力的刺激;后者又沮丧畏却,虽欲努力而难能。这样,学级编制的根本困难是:一方面有固定的修业年限和课程标准,他方面有差异的儿童学习能力。"有见于齐,而无见于畸",使儿童不能各遂其自然的发展。

救济固定的学级编制,不外容许若干差异,如下列三方面的尝试:

(一)课程标准相同,修业年限差异,采用能力分团;

(二)修业年限相同,课程标准差异,采用作业分团;

(三)课程标准和修业年限都相同,施行个别指导。

〔能力分团〕 如德国的曼海姆制,于普通学级外,另为能力高的和低的儿童,各设所谓奖励学级和补助学级。每年编级一次,升级可以活动,毕业也不限八年。美国试行的波特兰制和剑桥制,则设两个进度速率不同的平行学级。现在小学里,无论就一学级的能力分组,或就一科目的能力分团,原则上都属于这一类。[1]

〔作业分团〕 儿童就学,有义务教育法定的年限。不管能力如何,应有若干年学校教育的均等机会。至于达到什么标准,那是无法可以划一均齐的。因此,救济学级编制的第二种方法,是按照规定的修业年限,却使儿童依不同的能力,修习不同的课程。如美国的圣巴巴拉制,于每一学级分设最低限、平均和较高限的三组课程。实际上各组课程标准不同,但儿童照常按年升级和毕业。[2]

这牵涉到课程问题,下章另有讨论。现在先引俞子夷所说:

> 从前教学以传授若干知识、技能作为目标。所以很注重课程的修了与升级、留级。现今教育目标,是使学生合理的发展,教材不过是供

---

[1] 曼海姆制(Mannheim Plan),是德国曼海姆市教育局局长 Sickinger 在该市小学所试行的学级编制。波特兰制(Portland Plan),美国 Oregon 邦波特兰市各小学的编制。剑桥制(Cambridge Plan),美国 Massachusetts 邦剑桥市各小学的编制。
[2] 圣巴巴拉制(Santa Barbara Plan),美国 California 邦圣巴巴拉市所行的小学学级编制。

给学生发展中用的一种工具。从前叫学生去就教材,现在要拿教材供学生使役。升级不以学完若干教材作为根据,所以有一种"合作分团"法的试行。不拘年级,集合若干年龄、身体、智力、学力相差不远的学生作为一大团;一大团中,再看作业性质或分或合。分的,有时分二组,有时分三组不定。不拘科目,看学习的问题而定。大约三四位教员,共同任一大团,约共学生一百到一百五六十人。全团用三四个教室。各室不分年级,照工作的情形,分别为相当设备,如一室合于阅读,一室合于工作,一室合于试验,一室合于表演游戏之类。教员也不分级任、科任,完全合作,而合作中仍有分工。例如四位教员,一人稍偏文艺,一人稍偏科学,一人稍偏艺术,一人稍偏运动,平常问题彼此不分,逢到比较专门的事,由擅长某一方面者来特别指导。[1]

这种办法,几乎把学级编制打破了。

〔个别指导〕 也有课程标准和修业年限都保持不变,却以个别的指导和学习,来救济学级编制的困难的。如巴达维亚制,在同一学级内,正教员之外,另设助教一人,专事辅导能力较低的儿童,增加他们的复习工夫,使得和其他儿童同时升级。

有名的道尔顿制,是更彻底的个别指导和学习的组织。它废除普通学校的教室上课和日课时间表。把教室改为各科作业室——即所谓"实验室",集中着相关的参考图书、仪器标本和其他设备。每一学科,由教师、学生共同订定一个"月约",包括四个段落的功课。学生随着自己的能力,得以自由分配各科学习时间的多少。要学习某科时,即入某科的作业室;教师在那里指导他,也保存着他的作业的"记载表格"。每天有一个会议时间,各科按日轮流开会;每级学生在这时间,把学习困难或结果提出来,互相讨论;教师在这时间,也可以考查学生作业的状况,予以团体的指导。每一学生于做完一个月约,考试及格后,即进行他的

---

[1] 见俞子夷:《小学行政》,第五章。

第二个月约。

文纳特卡制则把课程分为二部,一部是技能、知识的个别学习,一部是团体的活动。二部课程,在每日上午、下午各占若干时间。第一部的作业和道尔顿制相同,不过不分所谓月约,而定出各科详细的"作业目标"。学生在某科完成一个目标,练习纯熟了,测验结果良好,便可进行第二个目标;不像道尔顿制下,须一个月约内各科作业都完成了,才能另换新约。故学习自由的范围,比道尔顿制更加广些。关于第二部的课程,它充分利用团体生活的刺激,引导儿童做各种集会、表演、游戏等社会的活动,则是道尔顿制所缺乏的。[1]

〔二部编制〕 所谓二部编制,不必和上述学级问题相混。这是单为谋教师的经济或校舍的经济的教学组织。有全日二部制和半日二部制之分。全日二部制是单级学校的变例,使一部儿童受课时,另一部儿童自习,隔时互换。半日二部制则是半日学校的复合,一部儿童上午就学,另一部儿童下午就学。欧洲战后,很有几处地方,采取半日二部制的,是因为教育迅速地普及而校舍建筑不能相应的缘故。

阅读

杜佐周:《小学行政》,商务,第十章"校舍和设备"。

俞子夷:《小学行政》,中华,第四章"校务";第五章"教务"。

俞子夷:《一个乡村小学教员的日记》,商务(查原书"索引")。

赵廷为:《小学教学法通论》,商务,第十六章"适应个性的方法"。

---

[1] 巴达维亚制(Batavia Plan),美国纽约邦巴达维亚市教育局局长 J. Kennedy 创行的个别指导法。道尔顿制(Dalton Plan),为帕克赫斯特(Helen Parkhurst, 1886—)所创,始行于美国 Massachusetts 邦道尔顿市各中学,又为英国许多中学所采用。女士于 1925 年来我国讲演。介绍道尔顿制的书,有舒新城《道尔顿制度概观》等。文纳特卡制(Winnetka Plan),为美国伊利诺伊州(Illinois)文纳特卡市教育局局长华虚朋博士(C. W. Washburne, 1889—)所创。华虚朋也于 1931 年游华,在上海曾讲演。氏于学校学级编制问题外,又同时用科学的方法,决定最低限度的各科教材,贡献比帕克赫斯特为大。又以上两制,都是中学的试验;是否适用于小学,还是问题。
〔帕克赫斯特卒于 1973 年;华虚朋卒于 1968 年。——编校者〕

问题

（一）试拟一个简单的校舍和设备记分表。

（二）参观一处小学，批评它的校舍和设备，提出改良的方法。

（三）参观小学作业分团教学的实例。

（四）道尔顿制在小学的采用有没有困难？巴达维亚制呢？

（五）列举打破年级编制的方法。

第七章
课　程

一　什么是课程

〔**课程是活动**〕　教师和儿童在学校环境内进行的活动[1]，称为课程。人的活动是他的行为的综合，而儿童和青年在学校里的活动，主要的是行为的变化——或学习。我们在第三章里不是说过的么？"在别的社会环境里，刺激是很复杂的，在学校里却化成简单；是互相冲突和混乱的，在这里却选择而组成秩序。刺激和反应的联络，原须经过浪费的尝试，在这里也因指导而可以经济地构成。总之，学校是一个控制的环境。"现在我们可以说"课程是教师和儿童在学校环境内进行的控制的学习的活动"了。

课程既然是活动，则旧时以文字书本当作课程的错解，便不能存在了。一切书籍、图画、仪器、标本、玩具，都只是我们的工具；运用这些工具的活动，如读书、看图、作画、试验观察、游戏等，才是课程——读书虽然是很重要的，但决不包括课程的全部。再，普通学校日课表上规定着的功课，固然是课程，而日课表上不列的，凡在学校环境进行的儿童集会、游戏和其他所谓"课外作业"的活动，严格地说，也都在课程之内的。

课程既然是控制的学习的活动，则不是任何饮食、游戏、谈话、社交，都可当

---

[1] 博比特和梅里安所给课程的定义，都是"人生的活动"。

作课程；必须是儿童需要而且能够学习的活动，才能列入课程之内。斗鸡走狗、纵恣酣嬉的行为，是不需要的；就是正心诚意、齐家治国的大道，不经简单化和组织而为儿童能够学习的，也是不成为课程的。

〔社会的适应和个人的发展〕 儿童为什么需要学习新的行为？还不是因为要适应社会的环境而遂行个人的发展？社会蓄积的经验已如恒河沙数，不成熟的儿童决不能够参加。所以没有教育，则社会和个人之间无形中隔着一道鸿沟；有了教育，就造成一个稳渡鸿沟的桥梁似的。这桥梁的两端，是蓄积的、丰富的社会经验和没有充分发展的个别儿童。课程的中心问题，也就在社会和个人的相互联系。可是学者对于这两端，常各有所偏重。杜威说："不能窥教育过程之全体，而徒见其各名词之冲突，于是有'儿童本位'与'教材本位'之争执，'个性本位'与'社会经验本位'之对峙。一切教育上主张之歧异，盖莫不含有此冲突。"[1]这是切中肯綮的话了。

〔学科和教材〕 任何理论的学问都起于人类的行为。学习的结果，无论是一项技能、一种知识或理想，都是社会的经验。最早的算学起于事物的计算和交易，土地的经界和测量；天文学起于农耕和航海。到社会经验越富，能够脱离实际劳作而专攻理论的学问者越多，学科的划分也越精细。我国古代有礼、乐、射、御、书、数的六艺，欧洲中世则有文法、修辞、辩证、算术、几何、音乐、天文的七艺。到了近代，算学、天文学而外，物理学、化学、生物学、心理学等，依次成为独立的自然科学。其应用于实际活动的，则成为各种工程、农艺、医药的繁多的技术。而经济、政治、法律、历史等，也因应用科学研究的方法，而逐渐成为各门社会科学。每一学科各有它的事实和原则，分析综合的结果各组成一个论理的体系。又以相当的选择和组织而用为学校的教材。

已往的教育者想把这一切学科，传授于儿童和青年，如培根、夸美纽斯[2]，

---

[1] 见杜威：《儿童与教材》。
〔Dewey, J., *The Child and the Curriculum*, 1902；郑宗海译：《儿童与教材》，中华书局1922年版，第2页。参见赵祥麟、王承绪编译：《杜威教育论著选》，华东师范大学出版社1981年版，第76页。——编校者〕
[2] 培根（F. Bacon, 1561—1626），英哲学者，创归纳论理学。夸美纽斯（J. A. Comenius, 1592—1671），奥〔今捷克。——编校者〕教育者，著《大教育学》（*Great Didactic*）及教科书多种。氏主张把人类一切知识，纳入学校课程，姑有泛智主义者（Pan-sophist）之称。

都有这种企图,而博得"泛智派"的称号。可是庄周是聪敏的,他早说:"吾生也有涯,而知也无涯。"社会经验的累积继长增高,泛智的追求徒成为哲人的梦想。而教材的选择,乃是我们教师的实际问题了。

〔心理的与论理的次序〕　而且教材的组织,也一样是迫切的问题。我们再引杜威的话:

> 儿童所有之生活殊狭隘,其事常不出于人与人间之接触。各种事物非对于自己或家庭、伴侣之幸福,有深切显著之关系者,则不能入于其经验之域。儿童所处之世界,不出于父母伴侣之世界,而未为"事实"与"原则"之世界。其生活之最大关键,不在推理与求真,而为爱情与同情。今日学校之课程,乃适得其反。其材料所包,上及渺茫之太古,远达无垠之宇宙。儿童之世界不过方里之地,今则强置诸广漠之世界中,有时且以为未足,而与言太阳系之星辰。儿童之记忆……限度至狭,而学校乃欲重累之以千百年之民族史。
>
> 且儿童生活为整个的,其思想与动作之变换,至为捷速,而不常觉其过渡之裂痕。既不感心理的分离,更无从为有意的区划。彼之动作与心理,因其个人的与社交的兴趣之一贯,而得以无罅隙之间断。无论何时,其心中所注意者,在当时即为其宇宙之全部,……且具有其生活中完整一贯之要素。乃一入学校,各种科目则将此完整一贯之世界,破裂分割:地理从一方面选择而抽绎一种现象,算术为另一部,文法又为一科;由此类推,门分类别,以至于无穷尽。[1]

杜威这文,写于三十年前(1902)。教材之心理的与论理的组织的问题,是他最先提出的。简括地说:分科的教材是论理的组织,而在发展中的儿童所需要的教材,则宜取心理的组织。这并不是说论理的组织在学术研究上不是重要,不

---

[1] 见杜威:《儿童与教材》。

过说儿童的教材应当从心理的组织渐进于论理的组织,二者是一个过程的一始一终罢了。三十年来,小学课程的改造就是从这样的讨论开始的。

〔活动课程〕 最近儿童教育者更主张彻底打破学科的界限,以儿童自发的活动做选择和组织教材的中心。这种活动,梅里安分为观察、游戏、故事(包括音乐、诗歌、图画)和手工四类;德可乐利分为观察、联想、发表三类;都不是以向来的学科为分类的。[1] 现在美国所称为"设计教学"的,与其当作教学的方法,毋宁说是一种教材的组织。要行设计教学,先要有设计课程——就是以自发活动为中心而混合组织各科教材的课程。照克伯屈的定义:"设计是自愿的活动——以自愿决定目的,指导动作,并供给动机的活动。"[2]

二 课程的改造

〔课程的演变〕 课程既是社会的经验,自然跟着社会自身的演变而演变。以小学课程来说,欧洲18世纪的小学里,只有读、写、算的3R[3]和《圣经》,后来才加上历史、地理和自然知识,到产业革命以后,则手工或劳作也列入课程了。我国在三十年以前,家塾和蒙馆的学童还以《三字经》、《千字文》、《四书》、《五经》等做他们的课本。1902年的《学堂章程》,始规定读经(《孝经》、《论语》)、修身、作字、习字、史学、舆地、体操为小学科目。如果今日的小学里,还沿袭着《三字经》、《千字文》的教材,我们必将斥为荒谬。同样,像今日小学所用故事、物语的教材和儿童的游戏、劳作的活动,也岂是那时故旧的"诗礼传家"的祖先们所能想象的呢?

---

[1] 梅里安(J. L. Meriam),为美国 Missouri 大学教授及实验学校指导员。著 *Child Life and the Curriculum*。氏的课程理论,也略见于杜威:《明日之学校》,第三章。德可乐利(O. Decroly,1871—1932),比国医学者和教育学者。曾任比京〔布鲁塞尔。——编校者〕大学儿童心理学教授;自1901年至1932年,经营自己的小学,倡"为生活而教育,由生活而教育"的主张。氏翻译过杜威的《思维术》;教育理论也略与杜威相同。
[2] 克伯屈(W. H. Kilpatrick, 1871—),美教育哲学者。对于设计教学法,阐发之功最多。著书有 *The Project Method*, *Education for a Changing Civilization*, *Foundations of Method*。最后一书,译本称《教育方法原论》,日、俄等国都有译本。1927年曾游我国,并在京、平、沪讲演。〔克伯屈卒于1965年。京,今南京;平,今北京。——编校者〕
[3] 3R 为 Reading, Writing, Arithmetic 的缩写。

〔课程的改造〕　自然的演变是很迂缓的。而且课程一经固定了,也有很大的保守性。欧洲中世的学校,以拉丁、希腊语为主要教材,直到现在,中学里还守着古典语文的遗物,便是一个著例。所以近代教育者,根据明确的教育目标,有意地把课程来加一番改造。19世纪四大教育家,裴斯泰洛齐、赫尔巴特、福禄培尔、斯宾塞[1]对于小学课程,都有很深的影响。而斯宾塞尤其是课程改造运动中一个有力的前锋,他在1860年所著的《教育论》说:"教育所有之职能,即为使吾人预备完美之生活;课程之合理的评判法,即在问其能尽此职能之程度何如。"他所提出的五项教育目标,已详第二章,读者应该是记得的。杜威以后,课程改造的讨论,又从社会经验而着重于儿童自发活动。前节所述的活动课程,代表小学课程改造的最近的阶段。

〔课程改造的程序〕　课程的改造,不外两种程序:(一)个别的试验;(二)专家共同的创议。

杜威于1896年起,在美国芝加哥大学实验小学试用活动课程,以人类衣食住的基本活动——纺织、缝纫、烹饪、木工等——为小学课程的中心。德可乐利则于1901年起,也在比京自设的小学里,开始同样的试验。此外,世界教育者从事这种课程改造的,不必一一列举。他们进行各殊其途,而结果常如出一辙。这些私人个别的试验,对于公立学校的课程,是发生了极大的影响的。

国家设立的学校,课程常是由政府规定的。在教育行政采取集权制的国家,如法,如德,课程规定了,便不轻易改变。在英、美,学校课程的改造则是由政府组织专家委员会,征集共同的意见,并且咨询服务有经验的教师,拟订新的课程标准。我国现行《小学课程标准》,便是依这种程序产生的。先是民国十一年(1922),全国教育会联合会自动地组织一个委员会,草成一部《新学制课程标准纲要》。到十八年(1929),教育部又另组中小学课程标准起草委员会,颁行《中

---

[1] 裴斯泰洛齐、福禄培尔、斯宾塞,见第一、第二章脚注。赫尔巴特(J. F. Herbart,1776—1841),德哲学者和教育学者。"教育之科学"一名词,为氏所首创(原书名)。〔1892年,费尔金夫妇(Henry M. & E. Felkin)将《普通教育学》译成英文本,名为 *The Science of Education*。我国学者尚仲衣又据费氏的英译本,并以赫尔巴特的原文移译,1936年由商务印书馆出版。故有此说。另有资料显示,德国的里特(Ritter)和法国的朱利安(Marc-Antoine Jullien)都曾使用过"教育科学"一词。——编校者〕氏继大哲康德之后,主Königsberg大学讲座,又创设该大学之教育研究所及实验小学所定教材的统合和启发的教学法(见下章),影响欧美教育方法数十年。

小学课程暂行标准》。二十年(1931),教育部复改聘专家,成立中小学课程及设备标准编订委员会。二十一年(1932),颁布现行的《小学课程标准》。

三 课程的标准

读者试翻开《小学课程标准》一看,便知道除小学教育总目标和各科目标以外,其中最主要的规定是:(一)科目及每周教学时间总表,(二)各科作业要项和教学要点。这是全国小学应该一致的。至于各科实际教材,仍须由教师们照这标准去选择和组织。虽然有审定的教科书可以用,但教师能够顾到个别的环境的需要而自编教材,当然是更好。

〔科目总表〕 我们现在看一看《科目及每周教学时间总表》。

科目 \ 年级 分钟	低年级 一年级	低年级 二年级	中年级 三年级	中年级 四年级	高年级
公民训练	60		60		60
卫 生	60		60		60
体 育	150		150		180
国 语	390		390		390
社 会	90		120		180
自 然	90		120		150
算 术	60	150	180		180
劳 作	90		120		150
美 术	90		90		90
音 乐	90		90		90
总 计	1 170	1 260	1 380		1 530
附 注	上列分数,都可以3除尽,便于以30分或45分或60分支配为一节。				

其说，教材也根本无须选择了。关于学习的有没有转移，教育心理学者曾经做过多种的实验。他们证明转移是可能的，但有材料相同和方法相同的限度。古典文学和算学的特优于记忆、思维的训练，其说已不攻自破了。至于学习结果的能够转移应用，也恰恰是适应需要的原则的中心，设计课程的精意的所在。照克伯屈的新解：学习有主学习、副学习、附学习的三类。一项学习直接所得的技能、知识为主学习，由此联络相关的技能、知识为副学习，间接所得感情的反应——理想和态度为附学习。例如学习缝衣，量度、剪裁、缝纫为主学习，由此联想到材料的来源、颜色、制法等为副学习，于工作中所得正确、谨慎、整洁、美观等理想则为附学习。[1] 学习转移的问题，经这解释以后，我们又换了一种看法。所谓转移，只是主学习以外的许多可能的结果。一种教材包含副学习和附学习愈多，当然愈能适应生活的需要。但这是教学方法上的问题，而不专是教材的问题了。

（四）个性的差异　儿童学习能力的差异，我们已一再说过了。寻常一学级的教材，只合于半数中等智慧的儿童之用。对于高才和低才的儿童，怎样分别变更教材的性质和分量，这是一个问题。我们在上章学级编制中作业分团的题目下，也曾附带讨论。这适应个性差异的原则，也就是恰合发展顺序的原则的一个方面。

五　教材的组织

〔**教学单元**〕　把选择好的教材和活动，分配成若干段落，为各个教学单元。以前教材是照论理的次序排列的：先定义或原则，后例证和说明，纲举目张，有条不紊。所谓教学单元，就不过是呆板的书本上的分章分课。现在小学教材——至少低年级的——要从心理的而进于论理的组织，教学单元应该是儿童在这时这地所感觉需要的一项或一组的技能、知识或理想了。

各个单元的序列，历史上曾有若干有名的原则。如裴斯泰洛齐提出从简单

---

[1] Primary, associate, and concomitant learning 前译为主学习、副学习、附学习。见《教育方法原论》，第八章"方法之广义问题"。这几个名词，如译为直接学习、相关学习、间接学习，或更显豁些。

接的生产劳动还不是他们所能胜任。所以小学劳作科的教材和活动,无论是农事、工艺或家事,到底只能以儿童发展阶段所适宜的为限。我们是不能求其速成,无法可以助长的。

〔有没有别的原则?〕 趁此,我们也略提一提以前教育书里习见的其他选择教材的原则,以便和前述的互相比较。

(一)需要和预备 以前教育者认许多教材,虽为儿童这时这地的生活所不需要,却为他的将来生活的预备。这似乎和我们以上所说适应生活需要的原则有些抵触,而其实是被包括在内的。我们在第二章里曾仔细讨论过:"教育是生活,也同时是生活的预备。"为要利导儿童现有的动机,预备说是不能不有一点限制的。

(二)兴趣抑努力 儿童的兴趣以前也常被当作选择教材的一个重要的原则。赫尔巴特曾把一切教材分为经验的、思辨的、美感的、同情的、社会的、宗教的六种兴趣。他的理论也曾风行一时。相反的,又有人鉴于兴趣主义的流弊而侧重于努力。这兴趣抑努力的论争,现在已没有多少意义了。因为,照现在的解释:所谓兴趣不外乎行为的动机,而努力则指行为的能够持续而免去干涉。克伯屈说得好:"兴趣与努力皆为应付困难之健全活动中所同具。自对于目的之情绪的热忱言之,谓之兴趣;自困难当前,自我之坚忍前进言之,谓之努力。兴趣与努力为同一进行的活动之二面。"[1]凡为满足生活需要的活动,没有不引起动机而且能够持续的。

(三)学习的转移 学习的转移[2]又是一个很有势力的旧说。这指一种教材,不问其实际有无需要,学习了会养成若干能力,如记忆、思维之类;这些能力便可以转移应用于任何教材或人生活动。旧时欧美的学校,以古典语文和算学为最有转移价值的教材。因为此说,不重教材的内容,而只取它的形式的训练,所以又称为形式训练主义。这实在不仅和适应生活需要的原则相径庭,而且如

---

〔1〕 见克伯屈:《教育方法原论》,第十章"兴趣"。
〔2〕 Transfer of learning 或译学习之迁移,又译训练的移转。其说为形式训练主义(doctrine of formal discipline)的理论的根据。

劳作达到工作效能的目标,公民训练和社会达到公民的目标,美术、音乐达到休闲的目标,这都是显然的。至于国语、算术、自然、社会四科,供给基本的技能、知识,几乎和每类目标都有关系。我们于选择一项教材时,只问它是不是"儿童需要而且能够学习"的;换句话说,是不是适应生活的需要也适合儿童发展的顺序。这两个方面,我们再分别说明一下。

〔教材要适应生活的需要〕 社会经验满足生活需要的,很多很多。儿童生活于这时这地的环境里,先要适应这时这地的环境。所以教材也以这时这地的需要为出发点。《小学课程标准》中关于这点是反复说明了。如关于国语科说:"尽量使教材切于儿童生活……以儿童或儿童切近的人物为教材中的主角。"于算术科说:"取材第一、二学年以日常食衣用品等问题为范围,第三、四学年以食衣住行和学校作业、家庭经济等问题为范围。"于自然科说:"自然材料的选择,须以乡土材料为出发点……适合儿童切身的需要。"于社会科也说:"社会教材,低年级以本身和本地人生活为中心,高年级以本国人生活为中心。"

用客观的方法,决定实际生活的需要,而编制教材的,如艾尔斯[1]、桑代克曾以应用次数的统计,择定常用的字汇;华虚朋曾从日报、杂志的检查和统计,选择历史、地理的教材。"近十年来,美国研究课程问题的专家,如查特斯、博比特等,高唱'活动分析法',根据社会调查和统计,决定生活的需要,因而编制教育的目标。"这我们在第二章已说过了。

〔教材要适合发展的顺序〕 需要决定了,还有一个学习能力和教材难易的问题,这是以儿童发展的顺序来解答的。我们不要儿童学习古典文学,固然因为古典文学不是民众生活的需要,也因为它不是儿童发展的阶段上所能够学习的。这本是自明之理。可是成人在生活上遇着一种极大的需要的时候,常不免对于课程发生过度的奢望。例如,我们现在所最感缺乏的,是生产技术,我们很合理地呼喊着"生产教育"。但在小学的儿童,筋肉的发达、体力的增长都需时间,直

---

〔1〕 艾尔斯(L. P. Ayres, 1879—),美统计学者,曾任地方教育局长。欧战后,以统计专家地位参与美国的政治和外交有年。
  〔艾尔斯卒于1946年。——编校者〕

〔各科作业要项〕 我们再看各科作业要项，举国语科第一、第二学年的作业要项为例：

类别	说 话	读 书	作 文	写 字
要项	一、看图讲述 二、日常用语练习 三、有组织的语言材料的练习 四、简易有趣味的日常会话 五、故事等的讲述练习	一、故事图的讲述和欣赏 二、生活故事、童话、自然故事、笑话等的欣赏表演 三、儿歌、杂歌、谜语的欣赏吟咏和表演 四、上两项教材中重要词句的熟习运用 五、各种浅易儿童图书的阅览 六、简易标点符号的认识	一、图书故事的说明 二、故事和日常事项的口述或笔述 三、简易普通文的练习 四、其他作文的设计练习	一、简易熟字的书写练习 二、布告标识的习写 三、其他写字的设计练习

四　教材的选择

根据课程标准而选择实际的教材，那是教师的任务了。就上举第一、二年的国语教材来说，到底教学什么故事、什么儿歌、什么童话，指导儿童练习什么语言、看什么图书、写哪些简易熟字，这都要教师自己去选择——除非用现成的教科书。现在我们的问题是：选择教材有什么公认的原则呢？

〔教材要达到确定的目标〕　第一，基本的原则是教材要达到确定的教育目标。我们在第二章里，已引邦瑟所说，教育要满足健康、工作、公民、休闲的四大需要。[1] 现在《课程标准》上规定的小学科目，虽没有完全打破旧时学科的界限，却也已经很符合上述教育的目标。卫生、体育是直接为满足健康的需要的。

---

[1] 比较《小学课程标准》中《小学教育总目标》：一、培育儿童健康体格；二、陶冶儿童良好品性；三、发展儿童审美兴趣；四、增进儿童生活知能；五、训练儿童劳动习惯；六、启发儿童科学思想；七、培养儿童互助团结之精神；八、养成儿童爱国爱群之观念。

到复杂的原则,而叫做"归纳",赫尔巴特提出从已知到未知的原则,而称为"类化"[1]。我们现在不很注重这些原则,因为如果根据儿童发展的顺序来选择教材,那末,教材序列的问题也已经根本地解决了。

〔教材联络〕 各个单元自然要有相互的联络。在论理的组织中,一科教材的联络虽没有问题,而各科教材的联络却遇到绝大的困难。历史上有人也曾想种种方法,谋所谓"教材的统合"[2]。可是科目的界限不打破,则联络终不容易。如果采取心理的组织,而以儿童活动做教材的中心,则联络的问题又迎刃而解。《小学课程标准》的《教学通则》说:"教材的组织应尽量使各科联络,成为一个大单元,以减少割裂、搀杂、重复等弊。"这种大单元,如其是儿童自愿的活动,自动地计划、执行、完成的,便谓之一个设计。

〔教科书〕 将组织好的教材,用文字、图画等表述出来,供儿童学习时应用的,便成为教科书。多数教师只采用坊间现有的教科书,而不自编教材,因此,上述教材的选择和组织等复杂问题,似乎不劳费力。但就是采用现成的教科书,也要有一个选择的标准。这种标准,除教科书的形式方面,如字体、纸张、印刷等以外,关于内容,全都依据我们以上所列的各个原则。

现成的教科书,无论编辑得怎样完善,总还有它的限制。因为在教材的选择方面,为全国学校而编的书,当然不能就个别的儿童生活环境取材。在它的组织方面,也无法从个别的儿童所感觉的需要或自愿的活动出发。设计组织的教科书和全国通用的教科书,是名词上的矛盾。这样说,要采用现成的教科书,而又要适应儿童生活的需要,只有靠教师的技术,随时随地选取补充的教材,或者活用各科教科书,做联络的设计了。

阅读

杜威著,郑宗海译:《儿童与教材》,中华。

---

[1] Apperception,类化,或译"统觉"。
[2] 赫尔巴特和他的弟子,想以一种学科,为各科教材联络的中心,称为"教材的统合"(concentration)。

杜威著，朱经农等译：《明日之学校》，商务，第三、第四章。

克伯屈著，孟宪承、俞庆棠译：《教育方法原论》，商务，第十八章"心理的与论理的"。

艾伟：《初级教育心理学》，商务，第七章第四四节"练习的转移"。

罗廷光：《普通教学法》，商务，第五、第六课"教材之选择与组织"。

《小学课程标准》。

问题

(一) 设计教学不是杜威所创，我们怎样可以说它是源于杜威的理论？

(二) 说明"兴趣"和"类化"的原则。

(三) 用调查和统计方法，选定教材，在我国小学教育的研究上有没有实例？

(四) 举例解释主学习、副学习、附学习。为什么此说给予学习的转移一个新解？

(五) 什么是选择教科书的标准？

第八章
教　学

一　教材和学习

在讨论教材问题之后,我们可以跟着研究教学的方法了。

〔教法和教材〕　我们先要说明的,是教法和教材的关系。没有教材,教师不能凭空教学;没有教法,教材也不能充分发生它的功用。所以杜威说:"教材与教法是彼此联络贯穿的。"这话说来像是简单,其实人们因为常常忽视了这简单事实,而有两种不同的误解。一是离开教材而虚构教法,徒使方法、技术名目纷繁,而实际上并无教材的准备。我们要想试行设计教法,而设计教材至今还很缺乏,便是一个例子。一是离开教法而专重教材,以为教师只须熟习各科教材,便什么方法都不必要。殊不知教师并不能替代儿童学习;不以适当的方法,给予刺激,指导反应,则书本只是书本,并不能成为真的教材。偏重教材和偏重教法,一样地犯着错误。

〔教法和学习〕　其次,我们要说明教法和学习的关系。所谓教授,只不过用刺激以引起反应,或者说,只不过指导学习。"教的法子,要根据学的法子"的。旧时称为"教授法",而现在改称"教学法"[1],用意也就在此。所以我们在列述

---

[1] 近年美国所出教学法的书籍,都称"学习指导法"。如 Monroe, *Directing Leaning in the High School*; Burton, *The Nature and Direction of Learning*; Palmer, *Progressive Practices in Directing Learning*。

教学方法以前,还应该回忆第一章里学习过程的性质,而能够举出几条最主要的学习的原则。

二 学习的原则

我们曾说:一切学习都是行为的变化,都是新的刺激—反应的联络的构成;这联络在尝试的过程中,因反复练习而增加它的强固。下列几个原则,是多数心理学者所承认的。

〔学习是反应〕 第一,即学习是反应。读者幸勿以为这是无谓的烦絮。这是肯定学习是自动的过程,而不是被动的吸收或接受,也称为"自动的原则"[1]。

儿童对于教材,没有自动的反应,则即使教师十分努力,或愿意为之代劳,也是得不到真正的学习的。以前学校的教法,注重教师的活动;怎样发问,怎样讲解,怎样示例,怎样概括,虽然循循善诱,但以缺乏儿童的活动,到底劳而少功。儿童的自动是学习的第一条件。

所谓"由行而知"[2],所谓"在做上学",都不过是自动的注解。传遍一时的"教学做合一"的原则是:"教的法子,根据学的法子;学的法子,根据做的法子。"[3]有人或怀疑这"做"字,以为不能包括思维和感情。但如果把"做"当作反应,那末,反应当然不以外表的筋肉的动作为限,而也包含思维、感情等潜伏的行为。这样说,也就没有什么不妥当了。

〔学习要有动机〕 照第一章里所说:决定反应的一个因子是需要或准备的行为,也称为动机。学习要有需要的感觉或动机的引起,才能经济而有效。桑代克则以刺激—反应的联络,好像在神经元与神经元之间存在着一个绾结,简称感应结(S→R bonds)。他说:"感应结在准备着动作的时候,动作则得满足,不动作

---

[1] 自动的原则(Principle of self-activity)为福禄培尔所倡。
[2] Learning by doing 是欧美新教学法的口号,"在做上学",是陶知行的原则。
[3] 见陶知行:《中国教育改造》。

则得烦恼;反之,感应结不准备着动作的时候,若强使动作,也得到烦恼。"他称这为"准备的定律"。

除了需要、准备、动机等类似的名词以外,教育书里还有心向、兴趣等,也是常见的。尤以所谓兴趣的原则,最为通俗而最易误解。倘使教师不能引起儿童的真实的需要的感觉,徒以诱诳、娱悦为事,则兴趣反而减低学习的效能,以致又有所谓努力的原则,起来和它对抗。这在上章已经说过。这里要指出的是:学习有了动机,兴趣便不成问题了。

〔学习要反复练习〕 在别的条件相等时,愈加反复练习,学习愈有成功。依桑代克的说法:"感应结愈使用,则愈加强;愈不用,则愈减弱。"他称之为"练习的定律"。

反复练习,只是多次的反应,所以这实在是第一原则的重复。我们加以"在别的条件相等时"的限制,因为学习的成功,并不单靠反应的次数,而要紧的是多次中有选择和变化,能够减少错误,增加正确。否则次数虽多,一误再误,学习又有什么进步呢?怎样在尝试中会减少错误而得到成功,这就看动机或需要的能不能满足。

〔学习要得到满足〕 所以,最后,在别的条件相等时,愈得到满足,则学习愈有成功。照桑代克说:"感应结在使用时,得到满足则加强,得到烦恼则减弱。"这是他的"效果的定律"。

满足和烦恼原是快感、不快感的别名。因为这种感情的反应,常只能内省而不能外观,所以桑代克在动物学习的试验中,勉强以满足和烦恼两个名词为替代。在多次尝试中,动物为什么选择正确的反应而淘汰错误的反应呢?他就以满足或烦恼为解释。如第一章里所引被禁于笼中的猫,或走在谜宫里的鼠,它们学习的成功就为它们得到食物的满足。

学习的原则既明白了,我们可以总括而得到教学的基本原则,那就是:引起动机,指导反应,而在多次的反应中,使正确的反应得到满足,错误的反应得到烦恼。

〔学习律的问题〕 学习的行为本来非常复杂。我们故意把它简单化了,又把相关的若干原则,类归为上述几条,以便初学的了解。又恐读者将误以为在今日教育心理学上,学习的问题就是这样简单地解决了,所以不得不对于所谓学习律,再加一点说明。

学习的过程,我们在第一章里就指出有几种:制约反射的学习,尝试成功的学习,观察的学习。动物的智慧愈高,观察(摹仿和领悟)的利用愈广。至于人类,因为有言语文字的工具,在教学的时候,能够简括地指导观察、摹仿和领悟,以避免尝试的错误和浪费,更不是任何动物所能比拟。

桑代克从动物心理的研究,于1913年发表他的学习律。其中主要的,便是上述准备、练习、效果的三定律,都是解释"尝试成功"的学习的。严格地说,准备律不过是效果律的一个注解,所以实际上只有练习与效果二律而已。二十年来,学习和教学法的许多讨论,大部分是这几个原则的引申和应用。[1]

华生也于1913年顷开始主倡行为主义的心理学。像桑代克那样把一切学习当作一种盲目的尝试的过程,华生看来,还是不够客观的;满足和烦恼也是在含糊地假定"意识"的作用,而非客观地说明"行为"的。他采取巴甫洛夫的制约反射的学习的解释,而认一切学习只是反应的"制约"的过程(conditioning of responses)。所以他只承认练习律,而绝对排斥效果律。[2]可是,正相反的,桑代克从1927年后,又倾向于放弃练习律,而只承认效果律了。[3]这样,在学习律的论争上,桑代克和华生是各走了极端。近年心理学者,对这几条学习律,也各提供了不少理论的批评和实验的反证。

同时,苛勒等完形主义的心理学者,则又竭力注重观察的学习。他们以为学习根本上不只是一个尝试的过程,也不是个个刺激—反应的联络如桑代克所假定的。照他们的实验,动物的学习是在整个情境中,遇着困难或问题,好比是一个完形发现了罅缺似的,而设法求其补足,所以学习的要素是领悟。[4]

折衷的伍德沃思说:"关于学习过程,现在正进行着三角式的辩论。我们有

---

[1] 见第一章(第13页注[2])。
[2] Symonds曾制替代反应的学习律23条,见Sandiford, *Educational Psychology* 所引。
[3] 见所著 *Human Learning*。
[4] 可见考夫卡著,高觉敷译:《儿童心理学新论》。

各种的事实,也有不能解释一切事实的各种理论。我们有尝试成功的事实和效果的理论,我们也有制约反射的事实和制约(练习)的理论,我们也有领悟的事实和补足缺陷的理论。"[1]详细研究这各派的理论,属于心理学的范围。我们这时仍只有以前述的几个原则,为讨论教学法所仅有的根据。

三 教学的分类

现在我们要进而叙述各种教学的方法了。

我们所感困难的,是普通教育书里,充满了各式各类的教学法,如"注入式"、启发式、讲演法、直观法、问题法、设计法等等,还有国语、算术、自然、社会等各科的教学法。分类的标准不同,意义自然十分混杂。怎样把它们一一说明,而具有一些系统,倒也是一个难题呢。

依理,教法和教材不能分开,既有各科的教材,就按照着做教学法的分类,那是再适当也没有。因为"小学各科教学法"另有专书,我们在这"教育概论"里又不必那样深究。

其次,教法和学习也不能分开。我们既不照教材来分类,只有依学习的结果来分类了。让我们先看一看这分类是怎样。

〔技能〕 第一类学习结果是技能。这是比较固定的行为型,如说话、写字、画图、塑造、舞蹈、唱歌、各种器械球类的运动、各种劳作的技能,都属于这一类。它占着教材和活动中很重要的一个部分。当人们说"双手万能"、"手脑并用"的时候,他们是在说技能的重要。可是他们的通俗的说法是不大正确的,因为技能不限于手的动作,而包括各种筋肉的反应。

〔知识〕 第二类学习结果是知识和思考。这是潜伏的行为型,凡事物和文字符号的认识、记忆,它们所留的"意象"或观念,各种观念所联合而成的事实和原则,都属于这一类。这些事实和原则是知识,获得知识的技能是思考。

---

[1] 见 Woodworth, *Contemporary School of Psychology*, p. 123。

〔理想〕 第三类学习结果是理想和欣赏。这也是潜伏的行为型,尤其伴随着感情和情绪的反应。一般以欣赏表示对于艺术价值的感觉。理想表示对于道德价值的感觉。这种价值的感觉或情绪的反应,也会决定个人的外表的行为。学校里所谓"品性"、"操行",就指理想的学习结果。[1]

以上三类的教学方法,我们将于下章依次讨论。

阅读

克伯屈:《教育方法原论》,第二章"何谓学习与如何学习"。

艾伟:《初级教育心理学》,第七章"学习历程"。

赵廷为:《小学教学法通论》,第一章"教学和教学方法的意义及目的"。

罗廷光:《普通教学法》,第二章"教学所根据之重要原则"。

问题

(一)本章所举学习的原则,有没有重要的遗漏?

(二)举例说明练习律和效果律。

(三)你知道教学法有什么别样的分类?

(四)技能、知识和理想,能不能包括一切学习的结果?

---

[1] 理想的固定的反应,也称为态度,所以理想和态度,也常并称。关于欣赏的教学,原则和理想的教学略同,下章将略而不讲;读者可参看赵廷为:《小学教学法通论》,第十一章"欣赏的教学法"。

第九章
教学（续）

一　技能的教学

〔引起动机〕　技能本来是生活必需的有效的反应。只要有实际生活的刺激，儿童自会感觉它的需要。所以，在教学技能的时候，教师并不难于引起儿童的动机，只要供备技能所应用的情境便好了。但忽视了这一点，而专重强制的学习，那就会减低学习的效能的。

〔示范〕　教学技能的主要部分，在于指导动作的练习。怎样练习和练习要得到怎样结果，要让儿童先有明了的观察。例如教唱歌、游戏和劳作，教师得先表演正确的动作；教写字、图画，并须举示适当的范本，以为摹仿、试做的根据。关于动作的姿势或步骤，示范以外，自然还可加以口语或文字的说明。不过教师也不宜说得太多，做得太少；因为儿童听讲的反应，不及观察怎样做法的反应来得有效。

〔指导练习〕　示范以后，儿童应该自己摹仿和试做了。这里教学上紧要的有两点：一是错误动作的矫正，要使错误因烦恼而减除；二是儿童自己的批评，要教他会自行矫正他的错误。

各种教学都要指导练习。关于指导练习的原则，我们趁此先说一说：

（1）时间分配　练习是反复的、单调的。时间过长，儿童容易疲劳，而原来的动机也会消失，所以练习的次数要多，每次练习的时间要短。至于两次练习间隔的时间,在开始的时候也要短,以后则可逐渐地加长。

（2）**全部练习**　练习有全部、分部的二法。例如唱歌可以全首唱,也可以分段唱;写字可以整个写,也可以一点、一撇、一勾、一捺的分开练习。全部练习和分部练习,究竟哪一种方法是更经济呢?心理的实验和常识的判断不同,证明全部练习法更为经济。因为全体不只是部分的总和,一项技能是各部动作组成的反应型的整体。先练习部分,而再练习整体,结果反是不经济的。

（3）**练习测验**　练习测验的用处,在于比较练习的结果;统计结果,画成图表,可以显示各个儿童每次练习的进步,或一组儿童与他组儿童练习的进步。这使儿童感到成功的满足和失败的烦恼,是教学上一个最有效的帮助。

二　知识的教学

因为在教学上知识曾经占有特重的地位,所以知识教学的方法也特别多。我们依着这些方法的历史的发展,举要如次:

(1) 讲演法,

(2) 观察法,

(3) 表现法,

(4) 启发法,

(5) 问题法,

(6) 设计法。

〔**讲演法**〕　明了言语在人类学习上的重要,则对于旧时教师的偏重讲演,原不足为异。而且在任何方法里,口语总是必要的。即如动机的引起,示范的说明,错误的矫正,哪一项能够不用口语呢?所谓讲演法,是指不用别种方法而只以口讲为事的教学。古代印刷没有发明,书籍非常稀罕,知识全靠口语传授,有如汉朝经师口授章句那样的"口耳之学"。现代的教师明明有着无数的教科书和补充读物,供儿童自己阅读,如果仍以讲演为唯一的教法,好像书籍是稀有的一样,仔细想来,就真的有些诧异了。

但是讲演法也有它的特长。如时间的经济，表达抽象观念的便利，没有别的方法可以比得上它。优于讲演技术的教师，确得到很好的结果。它的最大的缺点，在于偏重教师的活动，而默坐听讲的学生不一定有何活动。这违犯了学习是反应的原则，所以又有"注入法"的恶名。

〔观察法〕 19世纪教学法上的第一改革，便是裴斯泰洛齐的观察教学法（旧译直观教学法）。这是用实物、标本、模型、图画等以替代文字符号，使儿童由自己的感官获得活泼真切的知识的。虽然抽象的观念有许多不容易用实物来表示，而必须口语或文字的说明，但如物体的大小、轻重、长短、颜色、声音、形状，非有实物的观察，也终于不能得到真切的观念。科学的教学是离不了观察的。例如我们在自然科里滔滔地讲花的定义、构造等，徒然使儿童感到枯燥，而仅仅得着一些模糊的观念；如果就在庭园里掐一朵花给儿童看了再讲，那便怎样生动有趣而且正确呢？

观察法当然也不能离开别的方法而独立。桑代克说的："教$\frac{1}{3}$、$\frac{1}{4}$、$\frac{1}{5}$、$\frac{1}{8}$、$\frac{2}{3}$、$\frac{3}{4}$、$\frac{2}{5}$的意义时，若不用实物加以区分，使儿童自己观察，那是乖谬了。但在教0.6542的意义时，若也把实物区分为10 000个相等的部分，然后把6 542个部分合并起来，这种手续不是更其乖谬么？"

〔表现法〕 为要引起儿童的自动，使他用模制、塑造、图画、歌唱、动作等表现所学习的知识的，是福禄培尔的表现教学法。动作表演在小学低年级的教学应用得很广，因为它是一种游戏，包含身体活动、面部表情、姿态发音等，合于儿童的动机，而很容易使他感觉得满足。图书、歌唱、手工的表现，则和技能的教学分不开。不过在彼以技能为学习的目标，在此是以技能为学习的方法罢了。

表现法也有它的限制：一则很费时间；二则过重技能，致儿童虽有知识和感情的反应而缺乏技能的，也无从表现；三则表现的许多细致的节目，不一定是重要和正确的知识。[1]

---

[1] 见 Thorndike and Gates, *Elementary Principles of Education*, chap. 12。

〔启发法〕 凡是事实和原则的认识、了解、联想、记忆,统是思维的作用。所谓思考,则特别指推论原则和解答问题的一种思维。讲演的教法,虽未尝不宜于联想和记忆,却不适于思考的训练。赫尔巴特因此倡启发的教学法。他的弟子推阐其意,制定所谓五段教学法,在欧美学校里,盛行几五十年。这方法的五个阶段是:(1)准备,以问答谈话,使儿童回忆已有的相关的知识,为学习新知识的准备。(2)提示,提出许多事例,给儿童观察和了解。(3)比较,使儿童比较和分析所提的事例。(4)总括,帮助儿童求得一个可以解释这些事例的原则。(5)应用,供给习题,叫儿童试用已求得的原则。从第二至第四段,显然是论理学上归纳推论的程序。

五段教学法初行,教学上竟像发明了一种新的巧术,并且因为它的层次清晰,也给予编制教案者一个很好的格式。但是它的功用也是有限制的。第一,这方法原是为比较复杂的原则的推论,并不是各种知识的教学都可适用的。可是复杂的原则,在低年级教材里既然很少,若拿来说明浅易的原则,又不免无谓地浪费时间。第二,这方法也是注重教师的活动的。第三,这方法以形式论理学上归纳推论的程序,启发儿童的思考;但实际上,儿童的思考和他的别的行为的学习一样,是尝试成功的过程,并不循着这样固定的程序。

〔问题法〕 杜威分析思考的过程为五步,即:(1)困难或问题的发现,(2)确定困难的所在和性质,(3)提出假设,为可能的解决方法,(4)演绎这假设所应适用的事例,(5)假设经试验证实而成立为结论。若使在第五步中,假设并不适合于所有的事例,则结论不能成立;思考依着尝试成功的原则,另换一个假设,往复试验,至得到结论而后已。[1] 这种步骤包括向来论理学上演绎、归纳的推论为一整个的心理过程。除困难或问题为思考的刺激以外,其第二、第三步是演绎;第四、第五步是归纳。但思考的成功,在于往复的尝试,并不按着论理的形式,而是活动的心理的过程。杜威以为心理和论理并无截然的界限,若欲强为分划,也只可当作一始一终,而始终相联,并无间断。根据这种观点,他以为思考

---

[1] 参看 Dewey, *How We Think*(刘伯明译:《思维术》)。

的教学,应该从儿童实际感觉的困难或问题出发。教师的任务,即在从儿童生活中提出实际的问题,而帮助他分析问题,寻求假设,进行试验,以得到满足的解答。

问题本来是学校教材——如算术科的教材——所常用的。杜威的问题的教学法,决不指把固定的教材改成问题的形式,而是要从儿童生活里去找教材的问题。这点是我们得辨别清楚的。因为只有儿童感觉的困难或问题,才能引起动机,而得到解答成功的满足。

〔**设计法**〕 设计原是美国农业教育上的一个名词。关于农艺、牧畜等,学校有时不易供备实验的情境,乃由教师指定学生各在自己家里,做选种、栽培、饲养、制造等问题,每个问题包含许多参考阅读和试验,谓之"家庭设计"。[1] 这种方法渐为别的部门的职业教育所采用;到 1920 年左右,遂成为普通教学法上一流行的名词。照查特斯的定义:"设计是在实际情境中完成的含有问题的动作。"霍西克则以为设计偏于动作,问题偏于思维,要兼顾思维和动作,不如称为"问题设计"。[2] 克伯屈始确定设计的最广义,而说:"设计是自愿的活动"(见第七章),并不限于实际的动作。他分设计为(1) 决定目的,(2) 计划,(3) 实行,(4) 批评四个步骤。从此,凡是打破科目的界限,以儿童自发活动为中心的学习单元,都称为设计了。相似的方法在欧洲则称为"混合教学法"之类。[3]

读者细绎本书以上两章里所述课程和教学的许多理论,便知道在设计的教学法里,是一一具体化了。当然,施行设计法,也有很多的困难,如教材的不完备、学校设备的缺乏,以及教师的没有训练都是。但这些是方法以外的事实问题,无关于设计自身的理论。

---

[1] 见 Burton, *The Nature and Direction of Learning*, Unit Ⅲ, Problem 4 B。
[2] 见前书所引。查特斯的定义如下: The project is a problematic act carried to completion in its natural setting. 克伯屈的定义如下: The project is any unit of purposeful activity, when the dominating purpose fixes the aim of the action, guides the process, and furnishes its drive. 霍西克 (J. F. Hosic),美国设计教学法研究者,著 *Brief Guide to the Project Method*。
[3] 德国称 Gesamt Unterricht,俄国则用 Complex method 一个名词。

三 理想的教学

〔**理想教学的困难**〕 理想是情绪的反应。关于情绪,心理学既还没有很多的发现,可以供教学的根据,而学校里教学理想,根本上有数点困难。一则儿童在校的时间只占他的生活的一部分,他在家庭、邻里和一般社会环境中的行为,学校不能控制。二则学校采取团体教学,对于技能、知识,尚且不容易适应个性的差异;其于特殊需要个别的亲切的指导的情绪反应,当然更少效能。三则社会以容易测量的技能、知识教学的结果,课学校的成绩,学校也就于不知不觉中,靠那些成绩自卫了。虽是这样,桑代克说:"在这世界上,凡社会有用的工作,本身上就是道德的。学校在从事教学有用的知识,养成工作习惯与休闲兴趣之中,已经是一种道德的力量了。即使关于道德,一字不提,而其培养德性,也和工场、家庭在从事社会有用的劳动中无形地培养人们的德性是一样。"[1]

〔**间接的教学**〕 理想既属于情绪,而为行为的伴随的反应,则理想的教学也就只有间接的方法为最有效。我们如果对儿童说"这次,我们要学合作和诚实"或"明天,我们要讲礼貌和秩序",那几乎是可笑的。这些理想只有在适当的动作表现出来,我们只有供给适当的情境,指导儿童练习合作、诚实、有礼貌、有秩序的动作。空讲理想,空讲道德,并不能够得到真正的学习。杜威说过一个笑话:"某市有一个游泳学校,学生可以不入水而学游泳,把游泳的各部动作,练习得非常纯熟。一天,一个学生真的下水要游泳,却淹没了。这幸而是一个真的故事,否则听者将以为故意造出来讽刺学校里的道德教学的。"[2]

所以理想应该是各科教学中"附学习"的结果,而不能够当作"主学习"的。旧时人们以为算术会使儿童正确、忠实,自然会使儿童耐心、精密,地理可以培养爱乡、爱国的态度,历史可以引起崇拜英雄的热情等等,虽然是未经科学证明的通俗的见解,而各科教学的应有伴随的附学习的结果,却是没有疑义的。

---

[1] 见 Thorndike, *Principles of Teaching*, p. 194。
[2] 见 Dewey, *Moral Principles in Education*, p. 14。

教学以外,理想的培养就属于所谓训育的范围了。

训育有两个方面:一是维持纪律,如儿童的出席、缺席、教室常规、秩序、仪节等,都是关于比较固定的行为的;一是指导活动,如《小学规程》关于训育说:"小学训育应以公民训练为中心,由教员利用儿童课内外各种活动,并联络家庭及本地公共机关,加以积极之指导。"又说,"小学为训练儿童团体生活,应作种种集团活动,并得指导儿童组织自治团体"。积极的训育是以后者为主体的。以下我们略述训育上的重要原则:

(1) **动机** 在设计教学里,儿童的活动不应有所谓课内课外之分。假使要有课外活动,那末,第一先要引起动机。即如儿童自治团体的组织,先要儿童能够感觉自治组织的需要。否则徒然模仿地方自治的形式,儿童尽管依样葫芦地活动着,也没有什么教育的意义。"学校里的活动是孩子的,和地方自治不能尽同。学生的自治组织,应当拿生活中的需要做根据。要维持秩序,才设巡察团;有课外运动,才设运动场监察员。有什么事,才有什么组织。民权的训练不在乎形式上的模仿,级中开会秩序正是练习民权初步的绝好机会。"[1]

(2) **练习** 理想是行为的伴随的反应,没有适当的动作,就不能有理想的表现。我们已经说过了。所以教师尽管定出训育的标准,列举儿童应备的德目,或者写成校训和级训,若使儿童没有练习表现那些理想的动作,一切都是枉费了。

(3) **示范** 动作的练习要有示范。儿童从来看不到可以表现理想的具体动作,怎样会摹仿试做呢?古人说的"言教者讼,身教者从","先行其言","以身作则",以及一般人口头上的"人格感化"云云,都不过说教师示范的重要。现在中学以上的训育问题,比小学要复杂得多,而教师没有示范的动作,青年没有摹仿的练习,确是一个焦点呢。

(4) **效果** 正当的练习应得到满足,错误的练习得到烦恼。这效果的定律在训育上就涉及奖罚的问题了。奖励和谴罚到底哪一种更是有效,心理学还没有实验的结论。常识的说法:二者都有效的,但奖励不可失之于滥,谴训不可失

---

[1] 见俞子夷:《小学行政》,第六章。

之于苛。关于谴罚,尤其要注意的是,优良的教学用不着强制的学习,优良的学校用不着强制的纪律;学塾、蒙馆里那样的训斥、体罚[1],早已是过去的历史了。现代的教师就是对于妨碍秩序,欺侮同学,损坏公物等的"顽劣"儿童,也守着两种态度。一是同情。我们知道,决定行为的条件很多,生理的状态和已有的行为都是。犯过的儿童有时需要医学的处理,或心理的诊察,并不是教师的谴责所能矫正。二是客观。儿童的过失是对团体或社会的,并不是对任何教师的个人。教师不应涉及个人的爱憎,甚至以谴罚为报复。夸美纽斯说:"一个乐师方要演奏而遇着乐器不能应手的时候,只得耐心地重理琴弦,轻拢细捻,使它发出和谐的音调来;决不会暴躁得把乐器摔在地上,或挥拳把它击成粉碎的。教师对于儿童,不也应该有这样同情的技巧的照顾么?"可是今日高唱整顿学风的教育者,还难保没有自毁其乐器的乐师。我们的诗人说:"载色载笑,匪怒伊教",这是训导儿童者的箴言了。

〔**直接的教学**〕 把理想当作主学习,而列入学校课程之中,和技能、知识各科一样的,谓之理想的直接教学。美国大多数学校里,没有这种课程,虽然也有例外。[2] 欧洲和日本的小学则多有"道德"、"修身"一类的科目。我国三十年前小学堂课程中,也有修身科。民国十一年(1922)后改为公民科。最近《小学课程标准》,定名为公民训练科。并且制定《中国公民规律》,凡强健、清洁、快乐、活泼、自制、勤勉、敏捷、精细、诚实、公正、谦和、亲爱、仁慈、互助、礼貌、服从、负责、坚忍、知耻、勇敢、义侠、进取、守规律、重公益、节俭、劳动、生产、合作、奉公、守法、爱国爱群、拥护公理三十二条。每条又细分应做的动作,编列条目,规定:"在每周60分钟特定时间,分作3次,间日教学;或分作6次,逐日指导……由教员将偶发事项,引用条目,加以申说。"此外,在各科教学和各种活动里,教师应"直接、间接引用规律和各条目,指导儿童遵守"。并说明:"公民训练专重实践,不用教科书;……注重人格感化,教师须以身作则,……多用积极的活动,使儿童潜移默化。"这样,我们的公民训练,虽定为科目,而教学方法则是直接和间接的

---

[1]《小学规程》第三十七条:"小学儿童不得施以体罚。"
[2] 见查特斯:《理想的培育法》,第九章。

折衷。

四 教学结果的测量

〔成绩考查的必要〕 学习的结果是旧的行为的变化,或新的行为的获得。我们于实施教学以后,要问儿童的行为变化或获得的怎样和多少,就不能不有考查的方法了。

这种考查有许多事实上的必要。从儿童方面说,要知道自己学业的进步,便须看所得的成绩;成绩好的,固然得到鼓励和满足;不好的,也会因警觉和烦恼,而更加努力。至于升级、留级的办法,更是以成绩考查来决定的。从教师方面说,要知道自己教学的成功,也便须看儿童的造诣。就是教材、教法的合不合,也可以从儿童成绩上看出来,而得到将来改进的依据。从教育行政方面说,要考核教育事业的成效,也须比较各个学校的效能。而儿童的成绩便是教育效能的最显著的表证。

〔考试方法的困难〕 成绩考查既有这么大的关系,那末,它的方法当然是教育上的一个重要问题了。可是向来所用的考试法,却暴露着许多缺点,举要地说:

(1) **不客观** 我们量物体的轻重、长短,是有斤两、尺寸的一定的单位,大家有一定的估计法,不能掺入个人的意见的。我们量儿童的学业成绩,却没有这样的单位。在考试的时候,题目的多少、难易,答案的正误,分数的宽严,没有两个教师能够相同;同一教师也没有两次考试能够一律。

(2) **不概括** 考试的题材本来只是学习的一极小部分,我们是假定它可以代表全部的学习的。要是这样,则题目愈多,取样的范围愈广,愈有代表的价值。但普通考试的少数题目,取样只限于很小的范围。

(3) **不准确** 批定成绩的分数,也没有一定的标准。有人调查:以一本算学考卷,请160位有经验的教师评阅,所定分数有从28至92分之差,平均数为69.9。假使以70分为及格,则这本考卷的及格不及格,有同等的机遇了。

（4）**不经济** 考试又是很费时费力的一桩工作，无论主试者和被试者，都要浪费很多时间和气力，而只得到那样不准确的结果。

〔测验和量表〕 纠正以上各种缺点的，有测验和量表的使用。1897年，赖斯首先发表一种拼字的测验。1908年后，斯通的算术测验、桑代克的书法测验告成。从此各科测验渐次编造成功了。为别于第一章里所说的智慧测验，这种测验称为学力测验或教育测验。[1]

凡测验所用的题材、应占的时间、施行的手续、记分的方法，都有已经求得的标准的，谓之标准测验。照题材的难度，用统计方法制成单位相等的分数的排列，以核算测验的结果的，谓之量表。有了标准测验和量表，我们不但可以比较个别儿童的成绩，也可以比较一校和他校的成绩，在教学上和行政上都得到很多的便利。

我国小学各科标准测验，是在民国十一年（1922）顷编造的，已成的有陈鹤琴的《小学默读测验》，俞子夷的《书法量表》、《算术测验》等若干种。忽忽十年，小学课程已经过两次的改变，所有各科测验在不远的将来，也许要有一度的修正了。

除了标准测验以外，教师平时考查儿童的成绩，也可以用一种测验式的考试，或称为"非正式测验"。它的优点就在比旧时的考试，题材较概括，记分较准确，时力较经济。像"是非"、"选择"、"填字"等几个格式，已经为各校和毕业会考所通用了。

〔理想的测验〕 无论考试或测验，都只估量技能和知识的学习的结果；理想是被忽视了的。学校里评定学生品性或操行的成绩，向来没有确定的标准。但教育心理学者已注意到这个问题。如廖世承的《道德态度测验》，就是这种研究的开始。近年美国所出关于兴趣、感情、道德的态度和判断等各类测验日多。理

---

[1] 赖斯（J. M. Rice）在1897年美国Forum杂志上发表测验论文2篇，至今称为教育测验的发明者。斯通（C. W. Stone），曾任美国各邦师范学校校长，现为华盛顿邦立学院（State College of Washington）教授。在桑代克指导下，始造算术测验者。

想测验的成功,也不过时间的问题而已。

阅读

  克伯屈:《教育方法原论》,第十五章"思想之全程"。

  赵廷为:《小学教学法》,第十五章"设计的教学法"。

  查特斯著,吴增芥译:《理想的培育法》,商务,第八章"间接的道德教学";第九章"直接的道德教学"。

  俞子夷:《小学行政》,第六章"训育"。

  廖世承:《教育测验与统计》,中华,第十七章"教育测验"。

问题

(一)举出五段教学法的一个实例。

(二)举例说明杜威的思考的步骤。

(三)从小学教材里试拟一个设计的教学单元。

(四)理想的教学以外,还有欣赏的教学,是不是依据同样的原则?

(五)参观教学,做报告和批评。

(六)报告一种测验的内容和用法。

第十章
教师的专业

一 为什么做教师

"他们能的,干;不能的,教。"惯于讽刺的戏剧家萧伯纳这样说。我们不一定自认是"不能",那么,我们为什么预备做教师呢?

我们选择一种职业,当然有个人和环境的种种复杂的原因;而了解和喜欢那种职业,必是许多原因之一。教育是引导儿童的发展,使得到对于社会的适应的事业。我们要从事于这种事业,则对于儿童和社会,必有我们惓惓的所在。

〔**儿童的爱**〕 已往的伟大的教师,如裴斯泰洛齐、福禄培尔,都以白首穷年,和小孩子们在一块儿玩耍、生活。如其不是为着他们对儿童的爱,那是决乎做不到的。原来,对于幼儿的爱抚,看着他们活泼泼地生长,像草木的萌芽、发荣一样,而加以辛勤的将护,几是人类的遗传的行为。教师们又特别懂得儿童生长、发展的原则,以及指导辅助的方法,和园工懂得花木的灌溉、栽培一样。所以教育的事情,在别人或许看作麻烦,而他们却毫不厌倦。教师爱着儿童,其最大的报酬也就是儿童的爱。"社会上没有比我们享受着更多的爱的人:我们不论到哪里,都遇着儿童的笑脸。"[1]

儿童的生长也刺激教师的生长。生活在小孩子的队伍里的教师们,也像孩

---

[1] 引 Palmer, *The Ideal Teacher*。

子似的活泼;常感觉生趣的盎然,而忘记了自己的迟暮。随着服务的年份,他的年龄是一年一年地大了,但他的兴趣和态度可以说还是年青的。福禄培尔的墓碑上,素朴地镌刻着"来,让我们和儿童生活"一句话,——这是他的遗言。教育者的梦,儿童的爱,游戏和儿歌的欢娱,充满了他的一生,留得他的青春的长在!

〔社会的服务〕　学校是一个社会组织,或者说,是社会为教育而特有的一个组织。它的活动和社会的经济、政治、文化诸般的活动,息息相关。教师以教学服务于社会,为了忠于他的专业,不可见异思迁,分心旁骛于其他种种的活动——并不一定是萧伯纳所说的"不能"。教学是他的所能,他所能的,他干的,这在他是一点也不愧怍。

和萧伯纳的讥刺相反的,是欧洲史上民族战争中教师所受的礼赞。1815 年滑铁卢之役,惠灵顿说"是在英国伊顿学校的球场上战胜的"。1870 年普法战后,毛奇也归功于普鲁士的小学教师。现在中国民族正遭遇着空前的压迫和灾害。有人甚至于恐惧说,我们的民族许会由衰老而趋于灭亡。我们不信民族衰老之说,因为一个民族能够延续它的生命,便一定有新陈代谢的作用。我们的儿童和青年,和别的民族的儿童和青年一样,是活泼、壮健而旺盛地生长发展着的。怎样培养和引导他们的发展,系着民族的前途。这不是教师的夸张,而是他应该认识的使命。

二　专业的准备

〔师范教育〕　教师的专业教育是近百年间才有的。它起因于小学教育普及后,国家需要大量的师资;而小学新教学方法试验成功后,师资又需要特殊的训练。1880 年的前后,欧美各国已都有义务教育的法律,义务教育初行,师资不够分配,乃不得不赶紧培养。同时,从裴斯泰洛齐教学法盛行以后,人们已认识教师的必须特殊训练。瑞士而外,德、英、美各国最早的师范学校,多有他的弟子直接的参加,或受着他们间接的影响。若在教育落后的国家里,小学教育既不普及,自不需很多的教师;若使任何人都可以当教师,那便根本上不需专业的训练了。

现在各国小学教师的专业的训练，达到什么程度呢？读者如翻阅第四章里的几个学制简图，便知道德、英、美三国的师范教育，都已有相当于大学的两年的程度——虽然美国还有高中附设的师资训练班。独法国师范学校收受所谓高等小学（相当于我们的初级中学）毕业生，修业3年，程度略和我国师范学校相等。关于各国师范教育制度，要在"比较教育"里详述的。[1]

三十年前，我国学校初兴的时候，就很注重师范教育。但民国十一年（1922），学制变更，高级中学得设师范科，师范学校遂渐和中学合并。十八年（1929）《中华民国教育宗旨及其实施方针》曾这样规定："师范教育为实现三民主义的国民教育之本源，必须以最适宜之科学教育，及最严格之身心训练，养成一般国民道德上、学术上最健全之师资为主要之任务。于可能之范围内，使其独立设置，并尽量发展乡村师范教育。"最近《师范学校法》又确定师范学校的独立地位。照现制，师范学校以初级中学毕业为入学资格，其附设的一年的特别师范科，则须高级中学或高级职业学校毕业生才能入学。[2]

〔基本训练〕 师范学校的课程包括基本训练和专业训练两部。基本训练的科目，照以前部颁《高中师范科课程暂行标准》，有国文、历史、地理、算学、物理学、化学、生物学、社会学、论理学、体育、音乐等，占全部课程的大半。"教师自己先要是一个有教育的人"[3]，这些普通科目是他自己教育上所不可缺的。即以专业的准备而言，这些科目也有密切的关系。第一，小学教材虽是浅易，却决不是简陋。尤其是要从儿童生活出发，解决实际问题，其所需要的技能、知识，几乎没有限量。教师对于人类的文化，愈有丰富的了解和深切的体验，则于小学教材的运用，愈可以左右逢源。第二，如生物学、社会学，本来是教育科学的基础。第三，教师服务以后，要有不断的进修，也先要有普通学问的工具和门径。

---

[1] 见常导之：《比较教育》，第八、第九章"师范教育"。
[2] 《师范学校法》第一条："师范学校应遵照《中华民国教育宗旨及实施方针》，以严格之身心训练，养成小学之健全师资。"第二条："师范学校得附设特别师范科，幼稚师范科。"第三条："师范学校修业年限三年；特别师范科修业年限一年，幼稚师范科修业年限二年或三年。"
[3] 引法国 P. Lapie 的话。

〔**专业训练**〕 这可以分技能、知识、理想三个目标来说：

（1）**技能** 这如"小学教学法"和"实习"，以及"小学教师应用工艺（或农业、家事）、美术、音乐"等。不熟练这些技能，小学教学是不会胜任愉快的。

（2）**知识** 教育的学科除了引导的"教育概论"以外，我们将继续修习的，有"教育心理学（包括儿童心理学）"、"小学教材研究"、"小学教学法"、"小学行政"、"健康教育"和"教育测验与统计"。现代教育学的范围，下面还要讨论。这几种科目，只是关于教育的最低限的知识而已。

（3）**理想** 最后，教师应有他的专业的理想的学习，或正确些说，"附学习"。凡是同情、客观、忠实、负责都是教师必具的理想和态度。我国人口的分配，85％在乡村，义务教育一实行，多数教师必须到乡村去服务。所以教师也必定要能够节约、自制、刻苦、勤劳。抱着儿童的爱和社会服务的志愿的青年教师，愿意受"最严格之身心训练"而不懈怠。

三　服务后的进修

〔**进修的重要**〕 教师在教学的时候，常常会发现新的困难或问题，要求新的解答。他自己的学习在服务中是不断地进行着的。古代的教育者早说过了："虽有佳肴，弗食不知其旨也；虽有至道，弗学不知其善也。是故学然后知不足，教然后知困。知不足然后能自反也，知困然后能自强也。故曰，'教''学'相长也。"[1]

有人譬喻，儿童如初栽的树苗，教师如立在树苗旁边的枯木；没有那枯朽的木桩的支住，则树苗会被风吹雨折而得不到它的正常的生长。这虽然是妙喻，却不免揶揄了教师。今日在师范学校训练中的青年，自身哪一个不是蓬勃生长的幼苗呢？如果一旦服务，即变成枯槁的朽木，那是人生的怎样一个悲剧？词人屈原有这样的叹息：

---

[1] 见《礼记·学记》。

> 何昔日之芳草兮,今直为此萧艾也。岂其有他故兮? 莫好修之害也。

所以教师服务以后的进修,是出于自己发展的强烈的要求,并不待任何人的奖诱或督促——虽然外国教育行政机关,常有以增高待遇鼓励进修的办法。

而且教师进修的机会,是很多的。在日常准备教材、改进教法、处理事务中一面做,一面学,这种机会无待于"他求"。此外,行政方面的视导,如其是能够体认实际困难,指示具体方法的,那末,视导也就是教师进修的机会了。以下所介绍的,是几种有组织的进修的活动。

〔讲习〕 第一种是系统的讲习,这如暑期学校、暑期讲习会的活动。讲习的内容不必以教育学科为限。凡最近自然与社会科学的知识,工业技术和美术的欣赏,都是教师所要补充。讲习的方法更不可独重讲演,而应该包含许多示范和实习。暑期学校大概是大学和师范学校的推广事业。暑期讲习会则可以由各县市分别举行。不过因为交通不便,所费太多;延请讲师,远道赴会,都不容易,而且为期只短短的一个月或数星期,来去匆匆,所得无几。所以又有函授学校、通信研究等办法。

例如浙江教育厅设立的师资进修通信研究部,于已出版的教育书籍中,择其叙述清晰,取材精当,可供实地试验,而价值不甚昂贵者,指定24种;按内容深浅,分为三期,循序进修,以一学期为一期,修完三期的为毕业。教师平时阅读,应做笔记或纲要,每隔二月,送部审核。有心得,可用通信方式或写作论文,在该部的《进修半月刊》上发表;有疑问,可录于质疑笺,寄部请求解答。每期修了,也写成论文或答复习题,由部评定成绩。对于成绩优良者,并有奖励的办法。[1]

〔讨论〕 其次,在同一校或同一地方的教师们,可以有"研究会"[2]或讨论会的组织。因为研究另有严格的意义,讨论是更妥当的名词。集会讨论,要有结果。会前应该预定讨论的问题,各自阅读和搜集有关的材料;会后也应该有记录

---

[1] 见民国二二年(1933)《浙江省三年来教育概况》。
[2] 参看《小学规程》,第十三章"辅导研究"。

的发表。倘使漫无计划,随意闲谈,那不如组织一个"读书会",各自阅读一种刊物,于集会时提出报告,倒可以交换新知了。教师的工作本来很是紧张,除必要的集会以外,除非真的能够帮助进修,总以节省开会谈话的时间为是。

〔观察〕 复次,观察也是进修的一种方法,这包括教学参观和成绩展览。教师在训练中,已经有很多的指导的参观。服务以后,一校内和一地方的教师,可以相互参观。新进者参观经验丰富的教师,可以得到熟练技术的示范;老成者参观新近训练的教师,也可以供给改变方法的参考。至于外地有特殊优良的学校和教法,也可以组织旅行参观团,以扩充观察的范围。

儿童成绩展览也可供教师的观察,成绩是表示教学的效能的。但寻常学校举行一次成绩展览,有一次特制的作品;而儿童平时的成绩品,却往往忽于保存。如其不是整个设计的一部分,则临时特制的成绩展览有多少功用,很是问题,而教学时间却耗费了。教师所要观察的,是实际教学的成绩,这种成绩最好由各校或行政机关取样搜集,常设展览。

〔研究〕 在学术上所谓研究,是根据客观的材料或事实,发现其因果的关系,以解决问题,控制情境的。怎样观察和搜集事实,怎样探求它们的关系,怎样试验证明而获得可靠的结论,都应该有严密的方法。因为这种方法是一切自然和社会科学所共同,所以称为科学的研究方法。教育的科学的研究,是我们最后所要陈述的了。

四 教育的研究

〔教育学的地位〕 教育的活动可以说和人类生活同时开始的;但把教育当作一种学问来研究,却是很近的事情。学者于运用严密的方法,发现自然,控制自然,得到相当的成功以后,才想用同样的方法,以发现和控制社会。可是关于经济、政治、教育一类的问题,能够放弃偏见和信仰,而一律以客观的方法来解决,这希望恐怕还很辽远,并且也有许多学者并不承认这些问题是可以用客观的方法解决的。以教育来说,就有许多科学专家,只以它为简单的教授技术,则不能和化学、生理学等同"科"。可是人类的进步,必然地会以科学的方法,控制自己的社会,决不会永远把教育的事情,当作超于自然的定律以外。任何科学无不起源于人生实际的活动,在没有成立以前,总是只有技术而没有原则的。化学最初只是炼金的法术,生理学起于疾病的医疗。今日教育的研究,至少已不是炼金术时代的化学可比吧。

〔**教育曾为哲学的附庸**〕 古代哲人早就思考着教育的问题。他们既综合自然与人生的事实,而创造成他们的理论的体系,要指示人们怎样实现他们的理论,便注视着教育了。我们试一翻教育史,即知道孔子、苏格拉底辈的教育理论,都是包含在他们的哲学之中的。因为这历史的原因,欧洲故旧的大学里,向来以教育学属于哲学的部门,而不另设讲座。

现代教育的研究已经应用科学的方法——同时,哲学也当然已经从科学取得它的基本材料——而以"附庸蔚为大国",渐渐成长为独立的学科,那末,是不是要和哲学完全分离呢?不,在教育上科学和哲学的兼容,和一般学术上科学和哲学并立是一样。史密斯说:"教育科学的目的,在事实的发现和原则的范成。教育哲学则从人生经验的全体上,检讨这些事实和原则,而估定它们的意义。"[1]努力于教育科学的人,并不菲薄教育的哲学的理解。

〔**教育科学的演进**〕 近代教育的研究和试验,是150年前裴斯泰洛齐所开始。在他以前,卢梭已有新的儿童教育的理论,但是没有实际的试验的。裴斯泰洛齐本着他对儿童的深爱和社会改造的弘愿,穷毕生之力于他的教育的实验,书中已一再提到他的伟绩了。福禄培尔跟着创立了他的幼稚园。赫尔巴特则主讲于大学而经营他的教育研究所和实验学校;他想从心理学与伦理学的基础,建造一个教育科学的体系出来。可是在他的时代,心理学与伦理学本身还没有很多的科学的材料。所以他的教学法虽风靡一时,他的教育理论依然没有脱掉思辨哲学的窠臼。

然而赫尔巴特到底是教育科学的前驱了。他的弟子分成两派,一派如斯托

---

[1] 史密斯(H. B. Smith),英国 Manchester 大学教育学教授,原文见 Watson, *Encyclopedia and Dictionary of Education*,氏所著专文。

伊、莱因等,继续着教学法的阐发;一派如冯特,却开了实验心理学的纪元。美国儿童心理学的巨擘霍尔,就是在冯特的实验室里受他的训练的。[1]

最近五十年间,教育科学及其相关的研究,已有不少的收获。这里不再繁征博引,即就我们已经知道的说,如高尔顿之于遗传问题,比纳、推孟之于智慧测验,艾尔斯、桑代克之于教育测验与统计,桑代克、巴甫洛夫、苛勒之于学习心理,杜威、德可乐利之于儿童教育方法的实验,其成就不能不说是伟大了。

教育科学的研究者不限于哪一国人。上述诸人中,已经是瑞、德、英、法、美、俄、比各国人都有。却是科学方法的应用于实际教育问题,如学级编制、课程、教学、测验、行政、视导、教育调查等,则在美国最为常见;所以一般教育书里的举例,也以美国事实为独多。这是因为如《英国百科辞书》关于《教育科学》说:"欧洲的学校在中央集权的管理之下,不容易接受科学方法的批判和检查。美国的学校由各地方各自办理,而办法又各处不同,特别需要比较和估定其效能的方法。"[2]倘使因了它的应用,在美国为最常见,便把教育科学当作美国的特产,那是十分肤浅的见解。至在我国,教育科学的研究方见萌芽,确曾因杜威等的来华,稍形茁长。但若因此便指为"肤浅之美国化"[3],那不止是肤浅,简直是错误了!

教育科学研究的内容也不限于教育事业的哪一部门。在历史上,这种研究是从儿童教育发生,结果也以在儿童教育上为最繁茂。可是青年教育和成人教育的科学的研究,也早在展开了。徒因人们对于儿童生长发展的原则和培养引导的方法,容易得到客观的认识;又以父母爱护子女的切挚,也愿意放弃他们的偏见和信仰,来受科学真理的指示;所以幼稚园小学教育的方法,不难于改弦更

---

[1] 斯托伊(K. V. Stoy,1815—1885),曾任德国耶拿(Jena)大学教授,并主教育研究所及实验学校。氏与齐勒(T. Ziller,1817—1882)同为赫尔巴特的大弟子,对于赫尔巴特的教学法,各有所阐发。莱因(W. Rein,1847—1929)为斯托伊的弟子,继承他的讲座和专业。影响美国游德的教育学者甚多。冯特(W. M. Wundt,1832—1920),德国生理学和哲学者。初习医,1875年任莱比锡(Leipzig)大学哲学教授,适创实验心理研究所。霍尔(G. S. Hall,1844—1924),美国儿童心理学者。初任 Johns Hopkins 大学心理学教授;弟子多杰出者,杜威即其一人。1889年至临殁,任克拉克(Clark)大学校长及教授,一时克拉克成为儿童心理学研究的中心。
[2] 见 *Encyclopedia Britannica* (14th Edition)。
[3] 见国联教育考察团编,国立编译馆译:《中国教育之改进》,第19、127页。

张,而一涉中学或大学,则传统的信仰,竟还是牢不可破。

〔教师和研究〕 教育研究的花果,虽仅繁荣于儿童教育的小小的园地,而在做着园工的小学教师们,却正是莫大的安慰。教师不是人人能够希望做一个科学研究者,但至少能够跟着研究的专家,继续自己的学习,而不厌倦。有人问孔子是不是圣者,孔子答:"圣,则吾不能,我学不厌而教不倦也。"凡人的我们,怎样倒可以厌且倦呢?编者已兢兢致意于教师的进修,却深感自己的言不尽意。在结束这最后的一章,最好引用梁启超的几句话:

> 教育这门职业,一面诲人,一面便是学;一面学,一面便拿来教诲人。两件事并作一件做,形成一种自利利他不可分的活动。对于人生目标的实现,再没有比这种职业,更为接近,更为直捷的了。[1]

阅读

俞子夷:《小学行政》,第八章"教师"。

庄泽宣:《教育概论》,第十二章"教师的专业"。

波特著,孟宪承译:《教育哲学大意》,商务,第十二章"教育与哲学"。

罗廷光:《教育科学研究大纲》,中华,第六、第七章"教育科学研究的现况一斑"。

问题

(一) 你为什么喜欢做教师?

(二) 师范学校何以应该独立设置?

(三) 调查本省或本县小学教师进修的设施。

(四) 列举若干种教师进修用的教育书报。

(五) 何谓教育哲学?今日欧美教育哲学的权威是谁?

(六) 何谓教育科学?举例说明。

---

[1] 见梁任公:《学术讲演集》(第二辑),第115页。

参考书要目

Bode, *Modern Educational Theories*. 孟宪承译:《现代教育学说》,商务。

Bonser, *The Elementary School Curriculum*. 郑宗海、沈子善译:《设计组织小学课程论》,商务。

Boyd, *History of Education*.

* Burton, *The Nature and Direction of Learning*.

Chapman and Counts, *Principles of Education*. 赵演改译:《教育原理》,商务。

* Chapman and Counts, *Principles of Education*. 程其保编译:《教育原理》,商务。

Charters, *The Teaching of Ideals*. 吴增芥译:《理想的培育法》,商务。

Cubberley, *State School Administration*.

Dewey, *How We Think*. 刘伯明译:《思维术》,中华。

Dewey, *Schools of Tomorrow*. 朱经农等译:《明日之学校》,商务。

* Dewey, *The Child and Curriculum*. 郑宗海译:《儿童与教材》,中华。

* Dewey, *Democracy and Education*. 邹恩润译:《民本主义与教育》,商务。

Educational Yearbooks of the International Institute of Teachers College, Columbia University.

Freeman, *Mental Tests*.

* Gates, *Elementary Psychology*. 朱君毅译:《普通心理学》,大东。

Good, *How to Do Research in Education*.

Hans, *Principles of Educational Policy*. 陈汝衡译:《教育政策原理》,商务。

* Kilpatrick, *Foundations of Method*. 孟宪承、俞庆棠译:《教育方法原论》,商务。

Koffka, *The Growth of Mind*. 高觉敷译:《儿童心理学新论》,商务。

McCall, *How to Measure in Education*. 杜佐周编译:《麦柯尔教育测量法撮要》,民智。

Peters, *Foundations of Educational Sociology*.

Russell, *Education*. (美国本名 *Education and Good Life*)柳其伟译:《罗素教育论》,商务。

* Russell, *Education and the Social Order*. (美国本名 *Education and the Modern World*)赵演译:《教育与群治》,商务。

Sandiford, *Educational Psychology*.

Spencer, *Education*. 任鸿隽译:《教育论》,商务。

Thorndike, *Educational Psychology* (Briefer Course). 陆志韦译:《教育心理学概论》,商务。

* Thorndike and Gates, *Elementary Principles of Education*. 宋桂煌译:《教育之基本原理》,商务。

Watson, *Psychology from the Standpoint of a Behaviorist*. 臧玉诠译:《行为主义心理学》,商务。

Woodworth, *Psycholoty* (Revised Edition). 谢循初译:《心理学》,中华。

有 * 号的是最低限的参考书。

名词对照表

A

Ability	能力
Activity	活动
Self activity	自动
Activity analysis	活动分析
Activity curriculum	活动课程
Adjustment	适应
Adolescence	青年期
Administration	行政
Adult	成人
Adulthood	成人期
Aim	目的
Annoyance	烦恼
Appreciation	欣赏
Apprenticeship	徒弟制
Art	艺术
Assignment	指定(功课)
Association	联想
Attainment	成绩
Attention	注意
Attitude	态度

B

Behavior	行为
Inherited behavior	遗传的行为
Learned behavior	学习的行为
Explicit behavior	外表的行为
Implicit behavior	潜伏的行为
Bond	联纽,结
S→R bond	刺激—反应的联纽,感应结

C

Change	变化
Character	品性
Child	儿童

Childhood	儿童期	Desire	欲望
Church	教会	Development	发展
Citizen	公民	Individual development	个人的发展
Civic education	公民教育	Stages of development	
Clan	氏族		发展的阶段或顺序
Class	学级	Difficulty	困难
Class organization	学级编制	Discipline	训练
Comparative education	比较教育	Formal discipline	形式训练
Compulsory attendance	强迫就学	Distribution	分配
Concept	概念		
Conditioned reflex	制约反射	**E**	
Conditioning	制约	Education	教育
Conduct	行为(操行)	Efficiency	效能
Consciousness	意识	Effort	努力
Conscious processes	意识作用	Elementary education	初等教育
Content	内容	Elementary school	小学,初等学级
Continuation education	补习教育	Emotion	情绪
Continuation school	补习学校	Anger	忿怒
Control	控制	Fear	恐惧
Culture	文化	Love	爱
Curriculum	课程	Hate	恨
		Jealousy	妒
D		Joy	欢喜
		Sorrow	悲哀
Day nursery	托儿所	End	目的
Democracy	民主政治,平民主义	Environment	环境
Demonstration	示范	Equipment	设备
Direction of learning	学习的指导		

Evolution	演变,进化	Growth	生长
Social evolution	社会的演变	Guidance	指导
Examination	考试	Educational guidance	教育指导
Exchange	交换	Vocational guidance	职业指导
Executing	执行		
Experience	经验		
Experiment	试验,实验		

H

Habit	习惯
Health	健康
Health education	健康教育
Heredity	遗传
Higher education	高等教育
History of education	教育史
Home education	家族教育
Hypothesis	假设

F

Fact	事实
Family	家庭
Feeling	感情
Pleasant	快
Unpleasant	不快
Five Formal Steps	五段教学法
Preparation	准备
Presentation	提示
Comparison	比较
Generalization	总括
Application	应用
Form	形式
Function	职能

I

Idea	观念
Ideal	理想
Imagination	想象
Image	意象
Imitation	摹仿
Impulse	冲动
Individual	个人
Individual differences	个性差异
Individual teaching	个别教学
Infancy	婴儿期,幼稚期
Inference	推论

G

Grade	等第(分数),学级(美国用)
Group	团体
Group teaching	团体教学

Insight	领悟	Law	定律
Inspection	视察	Laws of learning	学习律
Instinct	本能	Readiness	准备
Curiosity	好奇	Exercise	练习
Avoidance	逃避	Effect	效果
Repulse	拒绝	Learning	学习
Domination	统御	Conditioned reflex learning	制约反射的学习
Submission	屈服	Trial and error learning	尝试成功的学习
Gregariousness	群居	Observational learning	观察的学习
Approval and disapproval	赞许和轻蔑	Primary learning	主学习
Parental	父母性	Associate learning	副学习
Sympathy	同情	Concomitant learning	附学习
Instruction	教学	Leisure	休闲,闲暇
Intelligence	智慧	Education for leisure	休闲教育
Intelligence quotient	智慧商数	Lesson	功课
Interest	兴趣	Lesson plan	教案
		Library	图书馆
		Life	生活
		Logic	论理学
		Deductive	演绎
		Inductive	归纳
		Logical order	论理的次序

J

Judging	批评

K

Kindergarten	幼稚园
Knowledge	知识

L

Labor	劳动
Labor school	劳动学校

M

Maturing	成熟

Marks	分数	Observation	观察
Measurement	测量	Organ	器官
Memory	记忆	Organism	有机体
Method	方法	Organization	组织

Scientific method	科学的方法		

P

Method of teaching	教学法	Parent education	父母教育
Lecture method	讲演法	People's education	民众教育
Observational method	观察法	Perception	知觉
Method of expression	表现法	Personality	人格
Developmental method	启发法	Philosophy	哲学
Problem method	问题法	Philosophy of education	教育哲学
Project method	设计法	Planning	计划
Direct teaching	直接教学	Play	游戏
Indirect teaching	间接教学	Practice	练习
Morals	道德	Practice teaching	教学实习
Motivation	引起动机	Preparation	预备
Motive	动机	Principle	原则
Museum	博物馆	Principles of education	教育原理

N

		Principles of learning	学习的原则
Nation	民族	Principles of teaching	教学的原则
Need	需要	Problem	问题
Normal school	师范学校	Process	过程
Nursery school	婴儿园	Production	生产

		Profession	专业

O

		Professional training	专业的训练
Objective	目标	Program of studies	课表

Progress	进步
Project	设计
Project curriculum	设计课程
Project teaching	设计教学
Psychological order	心理的次序
Psychology	心理学
Behaviorist psychology	行为主义心理学
Gestalt psychology	完形主义心理学(格式塔心理学)
Child psychology	儿童心理学
Educational psychology	教育心理学
Punishment	谴罚
Purpose	目的,志愿
Purposing	决定目的

Q

Question	问语
Questioning	发问

R

Reacting	反应(动)
Reaction	反应(名)
Reasoning	思考
Reconstruction	改造,改组
Reflective thinking	思考
Reflex	反射
Religion	宗教
Research	研究
Response	反应
Motor response	筋肉动作的反应
Emotional response	情绪的反应
Result	结果
Reward	奖励

S

Satisfaction	满足
Scale	量表
School	学校
School finance	教育经费
School survey	教育调查
School system	学校系统
Science	科学
Science of education	教育科学
Secondary education	中等教育
Secondary school	中学,中等学校
Selection	选择
Sensation	感觉
Skill	技能
Social organizations	社会的组织
Social activities	社会的活动
Economic activities	经济的活动
Political activities	政治的活动
Cultural activities	文化的活动
Society	社会

Sociology	社会学	Informal test	非正式测验
Educational sociology	教育社会学	Textbook	教科书
State	国家	Thinking	思维
Statistics	统计学	Thought	思想(结果)
Educational statistics	教育统计学	Training	训练
Stimulus	刺激	Transfer of learning	学习的转移
Subject	科目		
Subject matter	教材		

U

Unit	单位
Teaching unit	教学单元
University	大学

Success	成功
Supervision	指导(视导)

T

Teacher	教师
Training of teachers	教师的训练
Improvement of teachers in service	服务中教师的进修
Teachers institute	教师讲习会
Teaching	教学
Test	测验
Intelligence test	智慧测验
Educational test	教育测验
Individual test	个别测验
Group test	团体测验
Standard test	标准测验

V

Verification	证实
Vocation	职业
Vocational education	职业教育

W

Want	欲求
Work	工作,作业

Y

Youth	青年,青年期

孟宪承文集·卷二 | 教育通论

孟宪承　陈学恂编

目录

师范教科书编辑说明		131
编辑大意		132
第一章	中国教育的演进	134
	一 中国文化的悠远	134
	二 先秦的诸子讲学（前722—前222）	135
	三 汉代的学校（前200—200）	136
	四 唐代的科举（620—900）	139
	五 宋明的书院（1000—1650）	140
	六 清末的学校改革（1860—1910）	143
	七 民国的教育	146
第二章	各国教育的普及	150
	一 德意志与丹麦	150
	二 英国与美国	153
	三 苏联	155
	四 土耳其	158
	五 墨西哥	159
第三章	大教育家的思想	163
	一 孔子	163
	二 苏格拉底	166
	三 朱子	168
	四 王阳明	171

五	颜习斋	174
六	夸美纽斯	175
七	裴斯泰洛齐	177
八	福禄培尔	179
九	蔡孑民	180
十	杜威	184

第四章　儿童的发展　　189

一	发展	189
二	行为	190
三	学习的历程	193
四	行为发展的顺序	195
五	个别的差异	197
六	人格的发展	200
七	教育的意义与目的	201

第五章　文化的传演　　204

一	个人和社会	204
二	社会的活动	205
三	社会的组织	206
四	文化的意义	210
五	文化的历程	212
六	再论教育的意义与目的	214

第六章　国家的教育目的　　217
一　政治与教化　　217
二　现代思潮　　219
三　三民主义　　224
四　三民主义的教育宗旨　　226
五　教育文化的基本国策　　228

第七章　国民学校　　231
一　国民教育的沿革　　231
二　国民教育的实施　　234
三　国民学校的目标与功能　　235
四　国民学校的组织与课程　　236
五　研究与实验　　239

第八章　教学　　242
一　教材和学习　　242
二　学习的原则　　243
三　教学的分类　　245
四　技能的教学　　247
五　知识的教学　　248
六　欣赏的教学　　251
七　教学结果的测量　　253

第九章	训导	256
一	道德行为的发展	256
二	道德的教学	260
三	教学的原则	262
四	国民学校的训育	265
五	问题的儿童	267

第十章	教师	271
一	为什么做教师	271
二	专业的准备	272
三	服务后的进修	274
四	教育的研究	276

参考书要目	281
名词对照表	283

师范教科书编辑说明

（一）师范教科书系根据教育部颁布之《课程标准》编辑而成。

（二）师范教科书文字流畅，意义明显，说理深入浅出，极适合师范学校教科之用；但若简易师范学校采用为教本，亦极相宜。

（三）书中困难部分，已用星号标出；简易师范学校可将标出部分略去不教。

（四）各书取材精审，系统完备，极适合小学教师进修之用。

编辑大意

本书系就二十二年(1933)宪承所编《教育概论》,依据现行《师范学校课程标准》,增订而成。关于它的体例,敬向读者略先申说:

(1) 教材的组织 照《课程标准》所列《教材大纲》,类归比次,为十章,可分三组:一,历史的绪论,凡三章;二,教育的意义与目的,凡三章;三,国民学校的教学与训导,凡四章。每组既各成一单位,教者就可以依不同的观点,或教学上的便利,自由变更其次序。遇有繁复或困难的部分,另于每节的标题下,加一"＊"号,如简易师范学校暂行采用本书时,可以酌量删节。

(2) 阅读与问题 教科书是"最低限的教材",教师固然要活用,学者也要能够多作课外的阅读和讨论。各章末后所列书名,以学生易得而能读者为限。教师所需较高深的参考书,则另选要目,附于书末。问题也和阅读有关。期于引起讨论,非只供寻常复习之用。

(3) 名词的解释 使学者了解科学上的常用术语,以为专门研究的准备,十分重要。许多学说上的论争和误解,都起于概念的混乱、意义的模糊。书中关于心理学、社会学上诸有关概念,不避烦冗,随处加以比较辨别。书后附有英汉文名词对照表,以备检查。

卫湜说:"他人著书,唯恐不出于己;予之此书,唯恐不出于人。"编者所引用的各家著作,均于附注[1]内列明,不敢掠美。但任何叙事说理,不免同时渗入

---

[1] 根据《孟宪承文集》体例,均改为脚注。——编校者

一点作者自己的情感和意思。要真的一点没有主观，必须一点没有思想，那就书也用不着写了。只希望我们没有损伤了科学的真实；如有错误，更希望幸而能得读者的注意和批评。这书从初编到增订，已费过不少时间。唯以能力有限，欠缺尚多；补充引申，再俟异日。

孟宪承　陈学恂
三十六年(1947)十二月

第一章
中国教育的演进

一 中国文化的悠远

中国有很古的文明。现在我们还能够看到四千年前商代人的器物、文字;知道他们的祭祀、历法,和那一个大农业社会的生活情形。西周的历史记载更多了;那时的家族和政治制度,更完备了。商周两代,奠定了我们民族文化的初基。春秋战国间,诸子百家的学说,灿烂光辉;和希腊文明,一样地照耀古代世界。秦始建立一个大帝国,统一了文字、法制、钱币和度量衡。到汉代,更开拓武功,修明文治;大兴学校,选举贤良,确立了以后二千年的教育文化制度。威尔斯(Wells)说:"欧洲的史家囿于偏见,过分美称罗马文明。其实,罗马的盛世不过二百年,以与同时代的中国汉朝一比,便缩成世界史上一小页。罗马帝国是早没有了。中华民族却以他们文化的统一,绵延数千年而至今:分了又合起来,有时被征服了,又反而同化了他们的征服者。为什么?因为那愚昧的罗马帝国,全不懂得教化人民的重要,而汉朝人却已经有太学、郡国学和选举孝悌茂才的宏远规模了。"[1]

从上古到东汉,是我们固有文化的开发时期。魏晋到两宋,才接触外来的文化,为我们吸收印度思想的时期。元明以后,则是欧洲文化渐渐输入的时期了。

---

[1] Wells, *Outline of History*, 1931.

清末,对外战争失败,门户洞开,列强经济政治势力的入侵,引起我们社会组织和文化思想的急剧变化。

上古的教育文化 传说的虞、夏、商的教育制度,贵族和庶民子弟分别入国学和乡学。国学又分大学、小学;其名称在虞为上庠、下庠,在夏为东序、西序,在商为右学、左学。乡学的名称各代也不同:夏曰校,商曰序。这所谓庠、序、学、校,大概是敬老尊师、演示礼乐和练习射事的地方。[1] 和现在的学校,当然是迥乎不同的。

西周社会有两大阶级:一是天子以下的诸侯、卿、大夫、士;一是以农民为主体的庶人。据《周礼》所载当时的教育制度,贵族聚居的都邑——称为"国"——设国学,分大学、小学。天子设的大学称辟雍,诸侯的称泮宫。都邑以外的地方区域——称为"乡"——设乡校,则都是小学。国学培养贵族的政治人才,主要的课程是六艺:礼、乐、射、御、书、数。六艺在那时是实用的知能。书、数谓之小艺;书指六书,数指九数(九九)。礼、乐、射、御谓之大艺。礼、乐是文,要传授演习;射、御是武,要训练而有威仪。乡校注重人民的礼仪教化。西周是否真有这样完美的制度,如《周礼》所传的,很成问题。但有两点是确定的:第一是政治与教育的密切相联,有谓"官师合一"、"政教不分";第二是政教俱以礼仪为中心,是道德理想的表现。

二 先秦的诸子讲学(前722—前222)

春秋战国的社会,发生了重大变动,而造成一个学术思想的黄金时期。西周的封建制度,到春秋逐渐崩坏。有的贵族世官降为庶人,有的庶人却骤跻于士大夫之列。在这变动中,失职的礼官、乐官流落民间,便以"相礼教书"为业,称为儒家。儒家是春秋末年兴起的。到战国初,墨家也起来和儒家抗衡,并称当时的"显学"。到战国中叶,法家、道家、名家也渐盛了。战国之末,各家又渐渐汇合

---

[1] 依顾颉刚说。

起来。

诸子的讲学　儒家的第一个大师是孔子。孔子"有教无类",弟子无贵贱、无贫富、无愚智,"自行束脩以上,未尝无诲焉"。从孔子起,才把学术传播给平民。他的教育思想,见下第三章。照司马迁《仲尼弟子列传》,他的弟子多到三千人!他们也各聚徒传授,而渐分流派。战国儒家继起的大师,有孟子、荀子。他们性格不同,所以学说又各别,见下第九章。

墨子是墨家的第一个"巨子"。他的门徒也很多,现在可以考定的只四十余人。他们多是贫贱的人;墨子教他们诵《墨经》,学守备的器具和方法。墨子看了周末"文胜"的弊端,主张恢复夏代的节俭勤劳,所以他"非乐",而劝人薄葬短丧。他反对战争,所以他"非攻",而教人"兼爱"。

荀子的弟子中,出了集法家思想大成的韩非和佐成秦治的李斯两个人。韩非虽身死秦国,他的学说却成了秦人的国策。法家和儒家根本反对,他们不尚"礼"而尚"刑";他们不要《诗》、《书》,而只要以农富国,以战强兵,安定那个混乱了的农业社会。韩非曾说:"明主之国,无书简之文,以法为教;无先王之语,以吏为师。"[1]后来李斯更建议于秦始皇:"史官非《秦纪》皆烧之。非博士官所职,天下敢有藏《诗》、《书》百家语者,悉诣守尉杂烧之。有敢偶语《诗》、《书》者弃市;以古非今者族!"

道家、名家也各著书授徒。他们传授的情形,可惜史籍没有详细的记载了。这道家影响我们民族的哲学思想很深。所以在先秦虽说儒墨相衡,到后世则以儒道并重。

三　汉代的学校(前200—200)

汉初的政教思想　秦代实行法家的国策。"其兴也勃焉,其亡也忽焉。"汉初,黄老之学和申(不害)韩(非)之法术,一度平行。这和当时的社会情形很有关

---

〔1〕　阅《韩非子·五蠹》、《商君书·农战》。

系。因为战乱之后要与民休息,所以想清静无为;同时因为要抑制封建势力,所以又不得不重刑法。不过,道家、法家,只供给暂时的治术;儒家的礼乐教化,却是汉朝立国的常经。

汉武帝幼时深受其师傅王臧的儒学熏陶。在他即位的次年,便诏举贤良方正。大儒董仲舒,即以贤良被举对策(见下第六章)。他以为一统的国家,须有一统的学术。"诸不在六艺(《易》、《诗》、《书》、《礼》、《乐》、《春秋》)[1]之科,孔子之术者,皆绝其道,勿使并进,然后统纪可一,法度可明。"他主张兴学和举贤:关于学校,要"立太学以教于国,设庠序以化于邑";关于选举,要废任荫贵选,而"使诸侯及吏二千石,各择吏民之贤者,岁贡各二人"。武帝采纳了他的意见,这对于汉和汉以后中国二千年的教育文化,有极大的影响。

学校 汉代学校,有中央的太学和地方的郡国学,都在武帝时设立了。太学置五经博士(《易》、《诗》、《书》、《礼》、《春秋》)和博士弟子50人。五经博士像国家特设的讲座;授经而外,博士也常与闻国政。博士弟子由太常选补,受业一年一考,能通一经以上者补文学掌故,高第者得为郎。郡国学始于蜀郡文翁所设,武帝嘉其治绩,命天下仿行。后来各郡有学宫文庙。何武在扬州,韩延寿在颍州,俱以兴学著称。汉代奖励儒学的结果,是学校的发达、师生的众多。但末流已不免有奔竞利禄的风气。不过到东汉末年,朝事紊乱的时候,太学生代表民意,有过几次热烈运动,也很可以表现他们的劲节高行。

选举 除前述的选举贤良方正和博士弟子外,在文帝时,已曾诏求过孝悌、力田和廉吏。武帝以后,令诸州岁举孝、廉各一人,秀才一人(东汉避光武帝讳,不用秀字,改称茂才)。这些选举,多重德行,而依据的是乡里的评议。所以汉代士人,最爱名声风节,但也不免有竞炫礼法、朋党标榜的流弊。

民间教育 两汉经师,授徒甚盛。私家教学,弟子常多至数千人,有所谓录牒,略如现代的学籍簿。《汉书·儒林传》,常称弟子著录若干人;如张兴弟子著

---

[1] 前述西周国学以礼、乐、射、御、书、数为六艺,与此处《易》、《诗》、《书》、《礼》、《乐》、《春秋》之六艺称谓同,内容异。后者亦谓六经。六艺与六经之间是继承与发展的关系。主要区别在于六艺基本属于军事技艺性的,六经主要是理论知识性的。——编校者

录万人,牟长弟子著录前后万人,马融诸生千数,郑玄传授数千人:我们不知这统计是否正确。经师教于乡里,传经而外,以耕、樵、佣、牧、陶、渔自给者甚多,可以想象那时农村教化的淳美;甚至连黄巾贼也相约不犯郑玄的家乡。但也有像马融那样"施绛纱帐,前授生徒,后列女乐"的人。《郑玄传》说:"融素骄贵,玄在门下三年不得见,仅使高业弟子传授于玄。会融集诸生考论图纬,闻玄善算,乃召见于楼上。"郑玄是集汉朝经学的大成的一人。

我们所更关心的,是这个大农业国家里民间初等教育的情形。汉朝闾里书师所设的私塾,称为"书馆"。每年正月,农事未起,15岁以上的"成童",入馆读《五经》;春耕休业,到十月农事毕再入馆。9岁以上的"幼童",不任劳作,"砚冻释"即入学,严寒盛暑而外,终年在馆。正月到十月,学《篇章》,读和写。所谓《篇章》是字书,以三言,或四言编成的韵语。有《急就篇》,有《三苍篇》(《三苍》指《苍颉篇》、《训纂篇》、《滂熹篇》)。冬天砚冻,没有火炉,不能写字了,就读《孝经》和《论语》。[1]

文化变动 从曹魏篡汉,到隋唐统一,中间经过二百数十年的长期混乱。国家的学校,兴废无常;只有世家大族,如南朝的王氏、谢氏,北朝的崔氏、卢氏,还有他们世代相传的"家学"。选举因为"士人播迁,详覆无所",也不行了;魏晋试过一次"九品中正"的制度。

只有一件大事。在这长期混乱中,我们的文化已默默地经过一个大变动。中国文化开始融合外来的印度文化了。佛教是汉末传入的。到曹魏,便有朱士行亲往西域求教,他是西行学法的第一人。从此中国僧人西去,番邦名师东来,络绎不绝。西行的高僧,最著名的,在东晋有法显,在北魏有惠生,唐太宗时有玄奘,唐高宗时有义净。奘师远游17年,还唐译成经典73部1330卷。义净在国外25年,还唐译成经典56部230卷。"无弃寸阴,自立程课。弟子请诫,盈廊溢庑。"综观这西行求法运动,以公元5世纪和7世纪为最盛。5世纪西行高僧61人;7世纪56人。梁启超为之作《千五百年前之中国留学生》[2]。他们实在是

---

[1] 见崔寔:《四民月令》(《怡兰堂丛书》)。
[2] 梁启超:《饮冰室专集》,卷五七;汤用彤:《汉魏两晋南北朝佛教史》,第十二章。

伟大。

四　唐代的科举（620—900）

唐科举始盛　汉朝取士，以选举；隋唐以后，便凭考试。选举依乡里的公评，重在品德；考试由主司的衡鉴，只重在文章。科举这名词，原指"设科举士"；但实际上只是"考试选才"罢了。唐制因隋制，学校"生徒"以外，以"乡贡"、"制举"选拔人才。但制举是由天子策问，所以待非常之才，并不定期举行，所以唐朝科举，实际上又只是这乡贡。

乡贡主要是"明经"、"进士"两科；虽偶也设秀才、俊士、明法、明算的科目。士人怀牒自列于州县，参与考试；有帖经（填充文句）、墨义（笔答经文）、口义（问答经义）、时务策等。进士科考试则重诗赋。唐人贵进士，贱明经，有"焚香礼进士，瞋目待明经"之说。汉举贤良孝廉，延访很有礼意。唐试明经进士，钩校苛繁，"脂炬餐食，皆人自将。吏一唱名，乃得列入棘围，席坐庑下"。士流以此为进身之阶，全忘了汉时处士自重之节。而且竞相"干谒"，不以为羞。"天下之士，什什伍伍，戴破帽，骑蹇驴，未到门，辄下马，奉币再拜，以谒主司，投所作文，名之曰'求知己'。如是而不问，则再如前之所为，名之曰'温卷'。"[1]这种制度和风气，从此直到清末才废止，足足行了1300年。使全国聪明才智的人，消磨于帖括诗赋；不但教育和人生隔离，学术的内容也变得空虚贫乏。

唐学校亦盛　可是唐朝的教育，还有它的特别光辉。就是，唐朝的学校，还是和科举一样兴盛的。中央有六学二馆。六学是国子学、太学、四门学、书学、算学、律学；各置博士助教，以国子祭酒总其学政。二馆是弘文馆、崇文馆，置学士，掌图籍，教诸生。地方有府学、州学、县学，亦置博士、助教，授《五经》，习礼。此外，中央和地方还设立过玄学、医学。《唐书·儒学传》说："贞观初，大征天下儒士，以为学官。国学学舍增至一千二百区，诸生员额多至三千二百人。高丽、百

---

[1] 马端临：《文献通考·引》。

济、新罗、高昌、吐蕃,并遣子弟入学。鼓箧升堂者八千余人。"

日本人来求学 日本就在这时接受了中国的文化。日本的遣使学问僧和留学生来华,始于隋而盛于唐。学问僧中,有最澄和空海。空海回日,编《依吕波歌》及五十音图,即"平假名"。留学生以吉备真备、大和长冈、阿部仲麿、膳大丘成绩最好。吉备通经史历数,归国后,创"片假名"。大和擅唐律,有功于日本法学。阿部仕唐不归,唐名朝衡,与盛唐诗人王维、李白为友。膳大丘传儒经,归后议从中土,尊孔子为文宣王。

五　宋明的书院(1000—1650)

宋、元、明、清沿袭唐制,都以科举取士,学校渐成为考试的预备,或廪膳的取给机关。真的学问,另有传授,那就又要回到私家讲学了。宋明大儒,讲学多在书院。这造成了我们的书院制度。

书院讲学起 宋朝私家讲学,始于孙复、胡瑗。胡安定曾在湖州州学,设过经义、治事两斋;明经而外,学者兼修兵、农、水利。程颐说:"从安定先生学者,醇厚和易之气,望之可知。"以后,程颢程颐兄弟、朱熹、陆九渊诸儒,便专事私人讲学了。北宋四大书院,是嵩阳、应天、白鹿洞、岳麓。到南宋,嵩阳、应天受战乱而衰废。岳麓和白鹿洞,以张栻和朱熹先后主讲,声光烂然。因与陆九渊的象山书院,吕祖谦的丽泽书院,又并称南宋四大书院。书院有学田,有礼殿、祭器,有讲堂、书库。学生有膏火(取自田租),有时也有官费。书院生活很受佛教禅林的影响;多择名山胜地,供师儒的藏修息游。朱子《白鹿洞学规》(见下第三章),后来成为准则。

明代讲学书院的大师,有湛若水和王守仁(亦见下第三章)。湛若水所至建书院,祀先师,曾创白沙、新泉、新江、大科等书院。他的知友王守仁,也有龙冈、贵阳、濂溪、稽山、敷文诸书院。都有盛名。阳明先生殁后,他的弟子,又到处立书院祭祀他。他们还往来各地,集会讲学,谓之"讲会"。这种讲会是公开的,听讲的人也有樵夫、陶匠、农工、商贾,可见其影响之大。明末著名书院,在京师有首善,在江南有东林。东林书院讲学以外,还批评政事,引起党祸。直到满清入关后,明儒严于民族大义,匡复不成,隐遁没世,也还以书院讲学,启迪后人。如黄宗羲的证人书院,王夫之的船山书院,颜元的漳南书院(见下第三章)。

科举盛学校衰 宋朝贡举,还是明经、进士两科;待非常之才的制举,改称博学鸿词科。到明朝,分三试。(一)府、州、县试:及格者为"生员",指入了学了;也称秀才。(二)乡试:每三年生员到省城会考,及格者为举人——被举了的人。(三)会试:举人到京试再会考,及格者为进士。进士经天子廷试后,分三甲。一甲只三名,为状元、榜眼、探花;授职翰林院修撰或编修。二甲、三甲,授翰林院庶吉士。满清沿明制。

宋朝学校,中央还是设太学、四门学、律学、书学、算学。值得注意的是添了一个画学。地方也还是设州学、县学。自称淮右布衣的明太祖,对于学校,很有一番政治上的雄心,所以奖励而约束之者甚力。中央的太学,改称国子监,设祭酒、司业、监丞、博士、助教、学正、典籍、掌馔等官。诸生廪饩既厚,逢令节,还要赏节钱,赐布帛。地方则仍设府、州、县各学;有教授(府)、学正(州)、教谕(县)等官,各学均设训导。这个规模真不小。但究其实,教官忙于岁试,讲课具文而已。满清沿明制。

因为科举盛而学校衰,在宋朝的盛时,有抱负有识见的宰相,已屡次提出改革的方案。如范仲淹,就劝仁宗要普及州县学,要考策论而轻诗赋。王安石上仁宗《言事书》,说得尤其激切(见下第六章)。荆公后在神宗朝,命太学取三舍法,每舍严格考课,依次递升;他命科举罢诗赋,专考经义。但是科举的积弊深了,依然改革不起来。明朝科考,倒是注重经义的,可是又出花样。那种《四书》、《五经》的题目,要根据规定的经书注疏,照规定的排偶格式,写成文章;只是代圣人立言,而不是自由抒说意见。那文章的体裁,俗称八股。顾炎武说:"经义之文,敷衍传注,或对或散,初无定格。成化二十三年会试,乃以反正虚实浅深扇扇立格。八股之制,实始于此。"[1]满清沿明制。

私塾不改良 宋明民间初等教育的情形怎么样?陆游有一首《秋日郊

---

[1] 顾炎武:《日知录》。

居》诗：

> 儿童冬学闹比邻，据案愚儒却自珍。
> 授罢村书闭门睡，终年不着面看人。

放翁自注："农家十月乃遣子入学，谓之冬学。所读杂字《百家姓》之类，谓之村书。"另《北窗》一首，也有"俚儒朱墨开冬学，庙史牲牢祝岁穰"之句。可见宋朝的门馆村塾，还是和汉朝的书馆一样，成童要十月收获谷物以后，才入学的。所谓村书、杂字，也像汉朝的《急就》、《三苍》，是三言、四言的韵语。汉以后这种作品，出版了好几部。最杰出的是梁朝周兴嗣的《千字文》。传说梁武帝要他从钟繇、王羲之帖中，集出千言韵语；要字无复冗，词有藻彩。周自负才高，一夕而成，须发皆白。文中从"日月盈昃，辰宿列张。云胜致雨，露结为霜"的自然现象，到"龙师虎帝，鸟官人皇，始制文字，乃服衣裳"的文化历史，再到"资父事君，日严与敬。孝当竭力，忠则尽命"的道德格言；亏他串起来。因为没有相同的事，所以可用来作字帖，编号码，但怎么想到用来当教科书呢？唐李翰撰《蒙求》专编古人事迹，如"王戎简要，裴楷清通"，"吕望钓渭，诸葛卧龙"之类，也不是村童所能欣赏。至于放翁所说的《百家姓》更只可作无意义文字测验的材料了。宋朝人编的这类书，较好的是王应麟的《三字训》或《三字经》。这书历元、明、清都经增补。最后是民国章炳麟的改订本。刘后村的《千家诗选》，明人增订过；坊本寥寥数十首，只是刘选之选。给村童读，到底太高深。还有宋朝白云禅师的"上大人，孔乙己。化三千，七十士。尔小生，八九子；佳作仁，可知礼"，则成为描红写字的教材。大概从宋明到清末，私塾儿童的课本，除经书以外，就只有这些所谓"村书"。塾师则大多数也只是放翁所谓"冬学俚儒"而已。

文化又变动 欧洲那时的文化已大不相同。它早已经过文艺复兴和宗教改革的思想解放。崇祯末年（1642），伽利略卒而牛顿生。[1]笛卡儿、培根，都和王

---

[1] 伽利略（1564—1642）；牛顿（1642—1727）。——编校者

夫之、颜元同时。欧洲人已步入自然科学研究的大道了。

元朝意大利人马可·波罗东游,所作游记,极意描写中国的文明富庶,已引起欧洲人东来的兴趣。到明神宗时,耶稣会士利玛窦(Mateo Ricci)遂入华传教。他上神宗疏,自称"逖闻天朝声教文物,窃欲霑被其余。用是辞离本国,航海三年,路经八万里,始达广东。音译未通,有同喑哑。僦居学习文字十五年,颇知中国古先圣人之学。诵记经籍,粗得其旨。臣于本国,忝与科名;天地图及度数,深测其秘。制器观象,考验日晷,并与中国古法吻合"云云。这些天主教士,是饱学的人。他们不专说教义,却来一个心理攻势,先拿出西洋的科学、哲学,灌输给明朝的名士大夫,让他们诧为闻所未闻。利公以时钟和《万国图志》献神宗,以天文、数学和朝士徐光启、杨廷筠深相结纳。终于和徐光启译成欧几里得《几何原本》六卷。其徒傅泛际(Furstado)又和李之藻合译亚里士多德《名理探》[1]。庞迪我(Pantoja)、汤若望(Bell)汉文典雅,均以历算之学入掌钦天监。这是汉魏印度文化传入以后我们文化上又一次大变动的开始。

六　清末的学校改革(1860—1910)

战败以后　从1842年中英战争[2],经过1894年中日战争[3],到1900年八国联军之役,这半个世纪里,每次对外的抗战与求和,没有一次不失败,不屈辱。国事急了,刺激深了,每次要变法自强,就每次想到改革教育。

同治后,为要造就外国文翻译人才,就有同文馆、广方言馆的设立。左宗棠在福州设造船学堂,曾国藩在上海创机器学堂,则是为了国防急需,想学外国人造船造炮。1896年盛宣怀在上海创立南洋公学,意义就更大了。这公学先考选成才之士40人为师范院,别选幼童100余人为外院(小学)。到外院毕业升中

---

[1] 原名《亚里士多德辩证法概论》,一部西方逻辑著作。原著为17世纪葡萄牙科英布拉大学的逻辑讲义,主要内容为中世纪经院派所述亚里士多德的范畴学说,基本上代表了经院哲学的逻辑面貌。——编校者
[2] 即1840—1842年之鸦片战争。——编校者
[3] 即1894—1895甲午战争。——编校者

院,中院升上院。先只设师范院和外院,再逐步扩充;因为中上两院的教习,要从师范院培植出来。这具有了一个新式学制的轮廓。

改革教育制度 中日战后,侍郎李端棻上《推广学校疏》,相传出梁启超笔。他力请在京师先设大学,在各省遍设省学、府学、县学。还要选派出洋留学生;开大报馆、大书局;创仪器院和大藏书楼。京师大学堂遂于1898年先筹备。同时文学重臣张之洞著《劝学篇》,风行全国。他的主张也差不多。他提出一个中西并重的教育方针,所谓"以中学治身心,西学治世变;中学为体,西学为用"。

光绪二十八年(1902),已有一部《钦定学堂章程》。次年,交张之洞、张百熙复议。修订成20册奏上,谕旨颁行,称《奏定学堂章程》。这就是中国新教育制度的起点。

废科举兴学校 光绪三十一年(1905),再以张之洞等六大臣之奏请,下谕废止科举,裁撤国子监,设学部总全国学政。京师大学堂已先成立;各省高等学堂、师范学堂、府学堂、县学堂从此纷纷开办起来。这是隋唐以后中国历史上最重大的一个教育改革。

所谓《学堂章程》者,用现在的名词说,是一个全国教育制度的总纲,里面包括得很广。主要的有:(一)学校系统:初等小学堂修业5年,高等小学堂4年,中学堂5年,高等学堂3年,另有平行的各级师范学堂和实业学堂。其上,京师大学堂修业3、4年。(二)教育行政系统:京师设学部;各省会设学务公所,以提学使为主管长官,但像是一个委员制,另聘地方绅士为议长、议绅;各府县设劝学所,地方官只处监督地位,另聘当地人士为总董,为劝学员。那时各省的学务公所议长和劝学所总董,是名誉职,地位高而权责大。这点关系,我们现在必须明了。因为这倒不是什么"民主化"的话头,而是实际上当时的兴学,是由地方发动、地方维持的。当时兴学,是朝野共同一致的要求,是社会各阶层广泛深刻的爱国爱乡情绪的发泄;所以激扬奋厉,汇合潮流,成为那么样一个大运动。

兴学名人 清末兴学名人有三:张之洞、张百熙在朝;张謇在野。张之洞是湖广总督,驻节武昌,声名赫奕。张百熙在北平,环境就不同。他是学部未成立以前的管学大臣,兼管京师大学。他受尽满洲亲贵的猜疑诽谤,而老成持重,不屈不挠。科举还没有废,他先谕大学生勿诵八股文,勿应考,也得不到那时大学诸生的谅解。他恳求吴汝纶应聘为总教习,至于具衣冠伏拜地下说,"吾为全国求人师"。他抈循弟子,腕诚恳切;首次选派出洋,亲送登车,殷殷勉以宏大之业。"及百熙殁,旧日生徒会祭者,皆哭失声"。张謇是状元,却居乡不仕,毕生经营南通的教育和工业。他从南通师范和小学办起,到纺织学校、盲哑学校、图书馆、博物馆,使这江苏一个偏僻小县,一时成为大江南北的文化之都。

此外,各省首先兴学的,在浙江,有著《墨子闲诂》的孙诒让,从瑞安设学起,推广到温处2府16县;12年间,成立300余校。在山东,有提学使湘人罗正钧,注重师范教育,所养成的人才,遍及冀鲁豫三省。其它各地私人的创校,如天津严修的南开学堂,长沙胡元倓的明德学校,名贤振教,所在有之,不能列举。[1]

尤其值得纪念的,是没有读书而发愿兴学的人,如上海澄衷学堂的创办人叶成忠,浦东中学的杨斯盛都是。奇人武训是山东堂邑的乞丐,他积资设立柳林、馆陶、临清各处的义塾。张謇也为之赞叹说:"不观夫名满海内山东之武训乎?幕天席地,四大皆空,真丝毫无所凭藉。然一意振兴教育,日积所乞之钱,竟能创立学塾数所。此士大夫对之而有愧色者也。"

编辑教科书　小学既渐渐增多和改进,宋、明传下来的杂字村书,不适用了。最早的新式小学教科书,是南洋公学外院所出的《蒙学课本》,俞复编的《蒙学读本》,陆基编的《启蒙图说》。到《学堂章程》颁布后,上海商务印书馆"首先按照学期制,编辑修身、国文、算术、历史、地理、格致数种,每种每学期一册;另编《教授法》,定名为《最新教科书》;实开中国学校用书之新纪录。当时张元济、高梦旦、蒋维乔、庄俞、杜亚泉诸君,围坐一桌,构思属笔。每一课成,互相研究删改,必多数以为可用而后止。《最新国文》第一册初版发行,三日而罄,其需要情形,可以想见。自此扩大编纂,小学而外,凡中学、师范各教科书,均陆续出版"[2]。

编译教育名著　光绪二十七年(1901)起,有王国维主编的《教育丛书》,由教育世界社分期刊行。从日文转译而介绍欧洲大教育家如苏格拉底、柏拉图、夸美

---

[1]　黄炎培:《清季各省兴学史》(《人文》月刊第1、2卷)。
[2]　庄俞:《最近三十五年之中国教育》。

纽斯、康德、裴斯泰洛齐、赫尔巴特、福禄培尔等的名著；也有王静安先生[1]自己的教育与哲学论文。这丛书连续出版7年，裒然成巨帙。那时湖北提学使黄绍箕也以孙诒让的商订，编成第一部《中国教育史》。

七 民国的教育

三民主义的国家 国父于清末领导革命。《民报》发刊辞说："欧西各国之进化，以三大主义为要点。罗马亡后民族主义兴。18世纪至19世纪，民权主义盛行。20世纪则为实行民生主义之时代。"中国革命即以三民主义为依归，期将政治与社会革命，毕其功于一役。1911年，革命成功；次年，国父就任临时大总统，为民国元年。

确定教育方针 因为这是数千年来政治上一个大变动，在教育上也要宣布一个新方针。照民国元年(1912)教育总长蔡元培的理想，这方针是"注重道德教育，以实利主义、军国民主义辅之，更以美感完成其道德"（说明见下第三章）。十八年(1929)，国民政府又确定《教育宗旨》如下：

> 中华民国之教育，根据三民主义，以充实人民生活，扶植社会生存，发展国民生计，延续民族生命为目的；务期民族独立，民权普遍，民生发展，以促进世界大同。（说明详见下第六章）。

修订教育制度 民国元年(1912)，也公布一个新的《学校系统》。这比较十年前《学堂章程》之所规定，除废止高等学堂，大学改为四年至六年制以外，各级学校年期都缩短了：计初等小学(民四(1915)曾改称国民学校)4年，高等小学3年，中学4年；另有与中学平行的师范和实业学校，与大学平行的专门学校。

教育行政系统，则中央的学部改称教育部，各省的提学使司，改为教育司(民

---

[1] 王国维，号静安、静庵。——编校者

六(1917)改为教育厅),各县劝学所仍旧(民十二(1923)改为教育局)。

十年后,民国十一年(1922),又有《学校系统改革令》,这是十七年(1928)国民政府所颁《中华民国学校系统》所本。直到现在,节目上虽经过增减,而大体无甚变更。依照最近公报[1],其图如下:

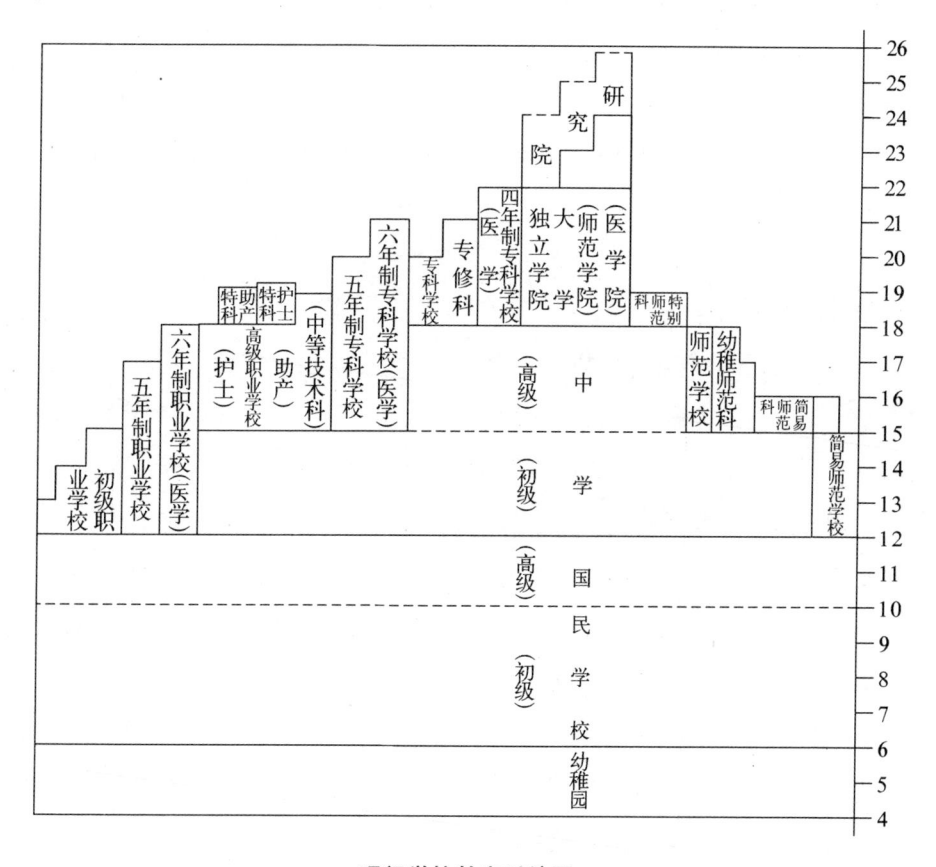

现行学校教育系统图

附注

1. 国民学校内失学民众补习教育部分未列入本图内。

2. 师范学校及职业学校为适应实际情形,入学年龄均得酌予提高,因而在学

---

[1] 见《教育通讯》,复刊第4卷第1期。

年龄亦随同提高。师范学校入学年龄为15足岁至22足岁,初级职业学校入学年龄为12足岁至18足岁,高级职业学校入学年龄为15足岁至22足岁,高级护士职业学校入学年龄得定为16岁至30岁,高级助产职业学校入学年龄得定为17岁至30岁,简易师范学校入学年龄提高至12足岁。本图仅能表示入学资格,对于入学年龄无法绘明。

3. 专科以上学校入学年龄无明令规定。

4. 专修科肄业2年或3年附设于专科以上学校内。

5. 边疆教育部分为适应特殊需要,对于现行学制有酌予变通之处未绘入图内。

普及教育的各方面 民国四年(1915),已有《筹办义务教育令》,改初等小学为国民学校,强迫入学。以袁世凯叛国,内乱起了,没有实行。九年(1920),教育次长袁希涛出国考察,又有分期筹办义务教育的计划。十九年(1930),国民政府召开全国教育会议,又以《训政时期义务教育方案》为主要的议程。

美国教育家杜威(Dewey)于民国八年(1919)来华讲学,行踪遍十一省,讲演录销行十余版。以后十年间,美国专家来华调查、计划、研究的,先后有孟禄(Monroe)、麦柯尔(McCall)、克伯屈(Kilpatrick)、华虚朋(Washburne)等,对于我们普及教育的理论和方法,也有很深的影响。

在这期间,国人也发起过几项重大的普及教育运动和实验。为适应工业化的需要,有中华职业教育社的组织和活动;为改造农村,有晓庄乡村师范的试验;为扫除文盲,有平民教育、民众教育的各地方的实验与示范。

抗战建国 二十六年(1937),对日战事起。全国军民以"抗战必胜,建国必成"的信念,经过八年的苦斗和牺牲。胜利以后,于三十五年(1946)召开国民大会,制定《中华民国宪法》,关于教育文化的基本国策,已有明确的规定(见下第六章)。一俟宪政告成,中国教育又将进入一个新的时期。兹引在抗战中《中国之命运》之名言以为本章的结束:

我们要建设三民主义的国家,以求生存于世界,并要进而尽我们对于世界的责任;必先求教育、军事、经济的合一,方得完成国家整个的建设。若论教育,我们必须本于中国六艺教育的精义,以自卫的实力,与求生的本能,训练国民,使每一个国民,都能致力于生产,献身于国防,手脑并用,智德兼修。[1]

阅读

陈东原:《中国教育史》,商务。

王凤喈:《中国教育史》,正中。

黄炎培:《中国教育史要》,商务。

孟宪承:《教育史》,中华。

周予同:《中国学校制度》,商务。

问题

(一) 先秦诸子有几家? 儒、法二家对以后教育各有何影响?

(二) 比较两汉所谓选举与隋唐的科举。

(三) 什么是书院制度的特点?

(四) 清末兴学的蓬勃生气,有哪些原因?

(五) 中国普及教育的主要困难何在?

(六) 国民政府有哪些教育设施?

---

[1] 蒋介石:《中国之命运》。

第二章
各国教育的普及

一 德意志与丹麦

联合国教育科学文化组织(United Nations Educational, Scientific, and Cultural Organization,简称 UNESCO)开会的时候,研究世界教育普及的情形。据估计:在北欧,如丹麦、挪威、瑞典、荷兰、芬兰、瑞士、德意志;在西欧,如英国、法国;在北美,如美国、加拿大;这些国家,教育已普及了,文盲几乎没有了,所以称之为"光明带"(bright zone)。但在南美,如阿根廷、巴西、古巴;在非洲;在亚洲,如印度、中国,教育没有普及,文盲的人数还很多,就称之为"黑暗带"(dark zone)。我国自古文教昌明,历史悠远,既如上章所述,为什么突然降入黑暗带呢?反之,欧洲在我们盛唐的时代,他们的历史家自称是"黑暗期"(dark age),为什么现在升到了光明带呢?读者细绎欧洲近世史,知道文艺复兴和宗教改革,引起怎样思想的变动;知道 17 世纪自然科学的兴起,18 世纪工业技术的革命,以及民主政治和民族国家的运动,引起怎样一个文化的转型;便了然于这世界文化的升降,光明与黑暗的分布的关键了。我们古人说:"他山之石,可以攻玉。"本章略述几个国家普及教育的先例,作为我们的借鉴。

各国普及教育,向着两个方面进行:一是义务教育;一是成人教育。在欧洲诸国家中,德意志完成义务教育最早,而丹麦则推行成人教育,最有成功。

德意志的民族复兴 1871 年以前的德意志,是一个地理上的名词;在政治上,名为德意志联盟,受奥地利统制,实则还是许多各各分立的封建小邦。受了宗教改革者路德(Luther,1483—1546)等鼓吹兴学,启迪民智之赐,这些小邦,从16世纪起,教育便渐渐推进了。举几个著例来说:(一)北部各邦,如不伦瑞克(Brunswick)于1528年,汉堡(Hamburg)于1529年,已有国民学校(Volksschule)的条例。(二)萨克森(Saxony)邦于1528年,维登堡(Wurtemburg)邦于1559年,已有文科学校(Gymnasium)的法规。(三)哥达(Saxe-Gotha)邦于1642年以夸美纽斯(见下章)一个弟子的拟订,已有强迫就学的制度。这蕞尔小邦,大概是世界上第一个施行义务教育的国家了。(四)普鲁士(Prussia)邦,也于1763年,颁行义务教育的法令,并且首先将教育事业完全和教会分开,直接归政府的管辖。

1806年,拿破仑侵德,在耶拿(Jena)一役,把普鲁士击溃了。哲学家费希特在柏林公开演讲。他登高疾呼,号召全德民族,统一团结;号召以教育文化谋祖国的复兴(见下第三章)。那时,开明的普王腓特烈·威廉三世(Frederick William Ⅲ),宰相施泰因(Stein),大将沙恩豪斯特(Scharnhorst),也励精图治,发愤自强,俨然以全德民族统一的领导者自命。1808年,设立教育部,任洪堡(Humboldt)为部长,积极促进全邦各级教育的事业。关于国民教育,就严厉执行6岁至14岁儿童强迫入学的法令。因为沙恩豪斯特的《强迫兵役法》,自始就把国民的"入伍义务"和"入学义务"一贯而行;要做到"举国皆兵,无人不学"。又以费希特的建议选派教师17人赴瑞士,跟裴斯泰洛齐学习教育的方法;同时邀请裴翁的弟子齐勒(Ziller)在德主持师范学校,大规模地进行小学教师的训练。

经过几十年的生聚教训,到1866年,普王威廉一世,宰相俾斯麦(Bismarck),大将毛奇(Moltke),发动对奥战争,一举而替代奥地利,统一了德意志联盟的诸邦。到1870年,又发动对法战争;在色当(Sedan)一役,俘法皇拿破仑三世,德兵直捣巴黎城。次年即在巴黎宣告新德意志帝国的成立。"色当的胜利,毛奇大将归功于小学的教师。"胆寒的法国人,传遍了这一句话。

普鲁士领导的新德意志,在我们这世纪,已经掀起了两次的世界大战:是她自己的毁灭,也是人类的极大祸殃。许多人因此又归咎于她的黩武主义的国民教育。但历史家很明了：当年《兵役法》的制定者，是沙恩豪斯特，决不是瑞士的裴斯泰洛齐；普鲁士的决策者，是施泰因，也不是费希特。经过这一次的惨酷教训，德意志民族未来的复兴与教育总应该改变一个方向了。

丹麦的农村改造 丹麦是北欧毗连普鲁士的一个小农国。1864年遭普鲁士的侵略，丧失了2/5的国土。那时，她对外的谷物贸易陷于停顿；国内的农村濒于灾荒。在这严重的局势下，她却和平地改革土地制度，改良农业技术，增加谷类畜牧的产量，组织购买与消费的合作，提高农人教育文化的水准。和平地成功了一个农村改造的运动。

格龙维(Grundtvig, 1783—1872)是丹麦的诗人、历史家，同时也是一个爱国的志士。他的思想，很受费希特的影响；他的教育事业，也很可与裴斯泰洛齐争辉。他想用民众高等学校，来改进人民的生活，使丹麦人从过去光荣的回忆里，得到将来民族的自觉。他提倡以北欧的文学、诗歌、音乐、历史和神话，来激发人民的爱国热情；以"活的语言"(Living Word)来觉醒民族的精神生活。他自述他的理想说："我希望不久能够创设一个丹麦语的高等学校，公开于青年民众。以丹麦语、历史、诗歌，唤起他们的爱国心，使他们能够了解人生问题而乐尽国民天职。这样的学校，便是我们丹麦人自救的药石了。"

格龙维的理想，靠了许多弟子的努力，逐渐变成了事实。丹麦的第一个民众高等学校，于1844年设立在罗亭村(Rodding)。在学校设立的《宗旨》里曾说："我们定名为'高等学校'的理由，是这学校的对象，不是儿童而是青年与成人；我们加上'民众'两字的原因，是这学校的入学资格，没有阶级的限制。"学校里面的学科是文化的，而非职业的；特别注重丹麦文学、历史、歌谣、音乐、宗教和地理。教学的方法要活泼生动，鼓励学生自由的讨论。每年分两个学期，全部学科两年可以结束。罗亭民众高等学校开创规模，后来柯尔德(Kold)和施洛特(Schröder)分别设校，从事试验，更充实了民众高等学校的内容，加速了它的传播。丹麦的制度很快地传入了斯堪的纳维亚诸国家，挪威、瑞典和芬兰都纷纷设立民众高等学校。第一次世界大战以后，在瑞士、捷克，民众高等学校，也变成了重要的成人教育机关了。

二 英国与美国

英国的教育普及,经过很长的时间才逐渐完成。最先教育事业由私人和教会主持,国家完全采取放任政策。到 19 世纪末年,开始制定义务教育的法律,成立管理全国教育的机构,国家教育事业便顺利地推行了。美国的情形和英国相似,各州施行普及教育的时期和办法各不相同,到 1918 年,全国才都有强迫入学的条例。

英国的工业革命 18 世纪下半叶是英国社会经济变动剧烈的时代。1760 年后,新式机械的生产,逐渐代替了旧时手工的制造;工厂代替了作场。人口集中在新兴的都市里,许多劳工的儿童贫苦无依,整天游浪在街头上。这般儿童的教育问题,引起了许多慈善家和政治家的注意。教会和慈善团体便在各地设立慈善学校,教养这般贫苦儿童。19 世纪初年兰卡斯特(Lancaster, 1778—1838)和贝尔(Bell, 1753—1832)分别组织私人教育团体,试行教生制度[1](Monitorial System)。这制度比了旧时的个别教学,既省时,又省费,大群的贫苦儿童,便增加了入学的机会。社会主义的慈善家欧文(见下第六章)设幼稚学校[2](Infant School)收容劳工的幼儿;这是英国幼稚教育的开始。沙图华兹(Kay-Shuttleworth)于 1840 年设师范学校(Training School),以一人之力经营十年,则是英国师资训练的开始。

英国教育的发展 19 世纪末,议院制定了禁止雇用童工的法律,又在《工厂法》里列入了劝告厂主附设学校的条文。1850 年以后,用教育补助金制度奖励各地设立学校。1876 年通过义务教育的法律,规定 5 岁到 12 岁为就学年龄。以后教育就逐渐普及了。在 1881 年,只有小学 18 000 所;到 1900 年,便增加到 20 000 所。入学的儿童数增加得更是迅速,1870 年,只有 100 余万人,到 1900 年,就有 600 万人了。1889 年,设立教育部(Board of Education);1902 年,完成

---

[1] 教生制度即导生制,又称贝尔—兰卡斯特制。——编校者
[2] 幼稚学校,今又称幼儿学校。——编校者

国家教育制度,统一教育行政。1918年的《教育法案》,把义务教育的年限,延长到14岁;1944年的《教育法案》,又延长到15岁。同时规定以后师资和设备,逐渐充实,还要提高到16岁。

义务教育以外,英国的补习教育和成人教育,也很发达。1851年起,就开设夜间补习班(Continuation Classes)。1918年的《教育法案》,又规定14岁至18岁为义务补习教育期间。成人教育的提倡,远在1823年,就有"工人讲习所"(Mechanics Institute)。后来又有"民众学院"(Peoples College)。1870年后,剑桥大学和牛津大学开始大学推广运动(University Extension)。1903年,曼斯布里吉(Mansbridge)汇合这几种重要事业,组织劳工教育协会(Workers Educational Association)。1944年的《教育法案》,着重"继续教育"(Further Education)的实施。所谓"继续教育",包括的范围很广,除了上述的补习教育和成人教育以外,也兼指地方学院(County College)和青年服务(Youth Service)而言。

美国的民主政治 最先移殖在新大陆新英格兰(New England)的清教徒(Puritans)具有独立自由的精神。那时大家努力开拓荒土,阶级不分,机会均等,早就孕育着民主的理想了。1776年,北美移民向英国宣告独立;到1783年,终于建立了他们的民主国家。建国以后,他们的政治家、教育家,就汲汲于普及平民的教育;就是普通公民,也笃信民主与教育的理想。开国初期的几位总统,如华盛顿(Washington)、麦迪逊(Madison)都说民主政治的成功,要靠教育的普及。杰斐逊(Jefferson)总统,对于民主教育,尤其有坚定的信仰。他很早就在弗吉尼亚州(Virginia)提出教育普及方案,建议由州设立免费公立小学。他的方案虽然没有立刻实行,但是对于美国以后的普及教育运动,却有深切影响。1840年,教育家贺拉斯·曼(Horace Mann, 1796—1859)和巴纳德(Henry Barnard, 1811—1900)等,到欧洲考察普鲁士等国的教育制度,归国以后,发起"国民学校复兴运动"(Common School Revival)。贺拉斯·曼的《欧洲教育报告书》,竭力推扬普鲁士的国民学校,提高了全国教育人士的警觉。他的影响不限于新英格兰和东部诸州,同时也遍及于南方各州。美国人民坚信民主的理想,追求个人的自由,想用教育的力量来造成一个新社会。在欧洲人看来,美国人对于教育的热忱,几乎可说是他们的宗教信仰了。

美国教育的普及 新英格兰是美国普及教育最早的地域。马萨诸塞州(Massachusetts)于1635年便创办公立学校。1642年又制定了强迫入学的条例，可是并没有能够切实施行。1837年贺拉斯·曼就任马州教育局长以后，才确定教育普及的方案。1852年严格执行强迫入学条例，凡8岁到14岁的学童，必须一律入学。又创立师范学校，训练小学师资。马州的办法，各州都先后仿行。但南方诸州，因为生产落后，种族复杂，到了20世纪才逐渐制定强迫入学法律。1918年密西西比州(Mississippi)颁布义务教育规程，这是全美实施强迫教育最迟的一州。各州强迫就学的年期和时限，并不相同；近年共同的趋势，却在不断地延长。例如1891年，各州免除强迫入学的年龄，平均约14岁，到1935年，便延长到16岁了。

20世纪起，美国教育愈加普及了。一面公立中学大量地扩充；一面补习教育和成人教育也逐渐发达。美国的公立中学不征学费，有才智的青年都有入学的机会。不专重升学的准备，而有各种的职业训练来适应个性的差异。补习教育自从1917年《职业教育法案》通过以后，便有长足的发展。这法案规定14岁以上18岁以下的青年，一律受强迫的补习教育。至于成人教育，种类很多，包括各州立大学的推广事业（暑期学校、通信教授等），各文化机关的教育设施（图书馆、博物院等），和一切的电影、播音等活动。据近年统计，美国有3 000万的人民就在这许多设施和活动中，继续不断地受教育。

三 苏联

1900年，在普及教育史上是一个重要的年代。这以前，像德、丹、英、美等国，教育已经普及了。1900年以后，有许多国民教育落后的国家，如苏联、土耳其和墨西哥，相继发生革命（苏联，1917；土耳其，1923；墨西哥，1910）。由于他们政治领袖的远见和努力，在很短的二三十年中，教育也居然有个规模了。以下我们续述苏联的文化建设、土耳其的教育改革和墨西哥的农村教育运动。

社会主义的试验　1917年十月革命以后，俄罗斯的工农群众在沙皇统治的帝国废墟上，建起了一个苏维埃共和国联邦，这是社会主义的空前的试验。1921年起，施行新经济政策。1928年起，实行第一次五年计划，注重农业的集体化和工业化。到1932年完成了。1933年起，又实行第二次五年计划，侧重克服资本主义的残余和提高劳工的福利。第二次世界大战结束，又重订新五年计划，以恢复战前的国民经济，同时在生产技术和工业发展方面，还希望超过资本主义的国家。这计划预定1950年完成。苏联认为在社会主义下，经济建设和文化建设密切相联，不可分割。列宁(Lenin)曾说："社会主义的国家同时需要高度的生产和高度的文化。"

文化建设的成绩　苏联经济制度，固然引起广泛注意；它的文化建设，尤其来得惊人。以前是东欧最保守的国家，现在变成了一个很进步的国家。旧时俄罗斯帝国的沙皇因恐教育的普及会危害政治的统治，所以下令禁止农奴、劳工受中等教育。那时的人民愚昧无知，有少数民族甚至于没有文字。1877年的教育部长曾经估计：要普及全国教育，至少需增设247 000所学校，7 800万卢布的经费；这须待125年以后才能完成！在革命的前夕，沙皇统治下的人民，文盲占到70%；在偏僻的区域，文盲甚至于占到99%。苏维埃共和国联邦成立以后，对于教育普及急起直追，原定计划要在革命十周纪念日，宣布文盲廓清的成功。但是到1927年，文盲还占人口的44%。随着两次五年计划的进展，到1935年，文盲减到8%，全国人民几都有识字读书的能力了。

苏联文化建设标揭三大纲领：（一）教育儿童，使能创造新社会秩序；（二）教育成人，扫除文盲，使能理解新社会秩序；（三）培养联邦以内各民族的特有文化，而得到发展的均衡。苏联人民不分性别和种族，都有享受教育的机会；其教育注重公民和生产的训练、科学的知识，以及艺术的兴趣。以下再试举几件教育普及的显著事实，来说明它的文化建设的成就。

关于儿童的教育，从1930年起，制定强迫就学的法律，规定8岁到11岁的男女儿童都得进四年制的小学。在许多工业城市里，强迫教育延长到7年，学龄儿童入七年制(8岁至15岁)的学校。1934年以后，又延长到10年，学龄儿童入十年制(8 岁至 18 岁)的学校。1944 年在俄罗斯等共和国,把入学年龄提早 1 年,7 岁入学。学龄以前的儿童,由国家设立托儿所、幼稚园和运动场。

成人教育的推广,在苏联,更加视为重要。1919 年,就公布了扫除文盲的法令,规定 8 岁到 50 岁的人民,必须学会读书和写字。到处设立"文盲扫除会",全国的农场、工厂和企业都是扫除文盲的据点。1930 年后,成人教育的推行愈形积极。除成人学校、政治学校(Party School)和工人学院(Rabfacs)以外,全国都市和乡村设立无数的图书馆、博物馆、美术馆、剧场和公园。电影、无线电、新闻事业和出版事业,也非常发达。

苏联境内,民族非常复杂,它们的经济情况和文化程度有很大的差异。在帝俄时代,只许应用俄文;各民族的语文是被禁止的。有少数非俄罗斯民族,甚至于没有文字。其文化的落后,可从 1897 年的识字人数统计看出来。亚美尼亚(Armenia)只占全人民 4.7%;乌兹别克斯坦(Uzbekistan)只有 1%;雅库茨(Yakuts)也只有 5%。革命以后,苏联特别注意到少数民族的文化,努力使国内各民族的经济和文化差别渐渐消除。他们的政策是:"社会主义国家的文化,从内容上说是社会主义的;从形式上说是民族的。"所以规定各民族在各级学校和各类教育机关中都应用本族的语文,同时更奖励各民族固有的文学、音乐和戏剧。自从这政策施行以后,各民族的教育文化便有很大的进步:如亚美尼亚,到 1934 年识字人数已经增加到 95%;乌兹别克斯坦也增加到 66%。

帝俄时代估计至少 125 年才能完成的普及教育计划,苏联在 30 年中便逐步完成了。但他们对于文化建设的过去成绩也依然还不满足,所以在 1946 年的新五年计划又有如下的规定:关于儿童和青年,全国城乡,7 岁以上学龄儿童一律受强迫教育。到 1950 年,全国应有小学、七年制学校和十年制学校,共计 193 000 校;学生 31 800 000 人。集体农场和工厂的青年,在工作余暇分别入劳动青年学校和乡村青年学校受中等教育。关于成人教育,1950 年时全国应有剧场 898 所,电影放映站 46 700 处,图书馆和俱乐部 284 900 所。此外博物馆、美术馆、出版事业,也谋大加扩展。要利用这许多学校机关和文化组织来传布科学、技术和艺术知识,提高政治意识,发扬群众的创造精神。

四　土耳其

土耳其像苏联，同样以教育的普及来建设它的新国家。苏联从专制帝国进展到社会主义联邦；土耳其却从中古式的神权国家，蜕变成现代化的民族国家。它放弃阿拉伯的传统，而采取西方的文化。人民从笃信回教转变到忠爱国家；爱国的热情，竟克服了宗教的偏见。这土耳其的政治和教育改革，真的也是一个艰巨而伟大的史迹啊！

民族国家的建立　土耳其在15世纪时是近东一个强盛的大国；1453年灭了东罗马帝国以后，她的势力已骎骎与西欧争雄。土耳其的统治者苏丹（Sultan）是皇帝，又是回教的教王。当时土耳其宗教和政治不分，是一个庞大的神权国。19世纪以后，国势逐渐衰落，外受列强的侵凌，内有专制政治和回教教会的压迫，人民生活贫困得可怜；文化程度自然更落后。1908年，土耳其青年党发起维新运动，要求实行宪法，保障人民自由，可是没有效果。1919年，凯末尔（Mustafa Kemâl）领导国民党，再度革命成功。1923年，建立土耳其民主共和国，对外取消列强不平等条约，对内废止专制政体和回教教王。次年，颁布新宪法。

文字和教育的改革　革命以前，土耳其的教育由回教教会管理，设立小学和神学院。主要的学科是《可兰经》[1]；学习的是阿拉伯文。阿拉伯字母形式复杂，学习艰难，所以全国能阅读和书写的只有极少数人。据估计全国文盲占80%以上。1924年起，国家开始管理教育事业。曾邀请美国教育家杜威商订改革的计划。[2]。1928年改革文字。1935年起，实施新土耳其计划（New Turkey Plan），其教育方针，在以民族思想为中心，培养爱国热忱，根绝宗教迷信。而其首要工作，在"扑灭愚昧"（Suppression of ignorance）。

---

[1]《可兰经》即《古兰经》，伊斯兰教最高经典。"古兰"为阿拉伯语 Kor'ān 的音译，意为"诵读"。——编校者

[2] 土耳其共和国于1923年10月29日成立。1924年6月至9月，杜威应邀访问土耳其。在这三个月里，杜威进行了深入的调查，并先后向土耳其教育部提交了两份报告，提出诸多建议。（参见单中惠：《现代教育的探索——杜威与实用主义教育思想》，人民教育出版社2002年版，第441—450页）——编校者

文字改革是废弃原有的阿拉伯文，而代以拉丁新文字。旧时阿拉伯文阅读书写和排印书籍都不方便，同时由于文字限制，始终只受阿拉伯文化影响，就和西欧文化互相隔绝。新文字用拉丁字母来拼土耳其语音。每个字母都有音，同一种音，始终只用同一种字母来记录。这样的文字改革，使土耳其文字在读写方面就变得非常简易。学校里的儿童学习新文字，固然感到便利；就是成人，在极短的时间也能学会读和写。文盲急剧地减少了。境内的"少数民族"文化水准亦逐渐提高了。文字的改革促进了人民教育的普及。

土耳其的教育改革，自始便重视儿童就学的强迫和成人教育的推广。1931年起，厉行强迫教育，规定全国7岁到12岁的儿童，一律入学。据1923年的教育统计，全国小学学生共334 000人。到1936年便增加了一倍，达698 762人了。至于15岁到50岁的失学成人，也得全部进民众学校，学习新文字。获得了读和写的技能以后，还要有1年的时间研究公民问题。土耳其推行普及教育，最重要的机关是"民众教育馆"（Peoples Houses），这是学校、会社和文化组织的合体；全国各地都有这种机关。"民众教育馆"设立民众学校，教授读、写、算的技能和缝纫、农事等技艺，举办医药、卫生、图书阅览、社会合作等事业，举行戏剧、艺术、音乐、演奏、运动竞技等活动。

五　墨西哥

农民生活的改善　墨西哥的普及教育，和其他国家不同；她不只注重人民的识字读书，而着眼在农民全部生活的改善。墨西哥是一个农业国，全国85％以上的人口是农民。由于土地的贫瘠，雨量的缺少，农业生产不能充分发展；农民的经济非常穷困，营养不良，乡村里流行着各种病症。境内的种族和语言尤其来得庞杂，有西班牙人、印第安人和白人与土人的混杂种人（Mestizos），说着不同的语言。印第安人和混杂种人愚昧无知，迷信神巫，喜欢狂饮烈性的药酒，成天没有正当娱乐。

旧日西班牙对于墨西哥的统治完全采取愚民政策，农民在租税和徭役的压迫下没有受教育的机会。1821年,墨西哥独立后,农民生活依然没有改进。到朱亚雷(Juárez)总统,施行宪政,改革土地制度,同时推行普及教育,这才开始注意到农民的生活问题。1910年革命以后,民权获得了解放,大家热烈地讨论农村经济的改善和教育的普及了。1921年,奥勃雷刚(Obregón)总统实施新政制,成立联邦教育部,设立乡村学校(Rural School)和"文化辅导团"(Cultural Mission),作为改善农民生活的中心机构。农民的文化水准才逐渐提高,农村生活也大见改进了。

乡村教育的建设 墨西哥的教育事业,向来归天主教会管辖。教会在大城市里设立学校,教授简单的读、写、算和宗教的教条。1856年,朱亚雷总统下令没收教会的财产,教育事业也改归国家执掌。革命以后,农民的教育很是迫切,1912年便有乡村学校;1922年后,校数更急剧地增加了。1924年只有1 089校,到1940年便增到23 000校。乡村学校分别设立儿童班和成人班。儿童班在日间上课,成人班便在夜里施教。这种乡村学校是整个乡村的社会中心。它和乡区里面的家庭和社团有着密切的联络,举行各种文化的集会和活动。乡村学校的学科除了读、写、算以外,特别注重健康、生产、公民、娱乐等知识和技能,目的在教学生如何改进自己的生活。乡村学校又附设"农艺场",作为实习农事、畜牧、养蜂、养蚕的场所;又有"露天剧场",表演游艺,演奏音乐。

自1922年起,乡村学校大量扩充,为辅导师资的训练,设立"辅导员"(Missioners or Supervising Teachers)。1923年又成立"文化辅导团"(Cultural Mission)。其最先的工作原为辅导乡村学校,以后扩充工作范围,从事乡村各种文化服务:如改良交通、增进农产、传授工艺、防疫保健、提倡竞技、举行游艺表演等。1926年便有6团的"文化辅导团",1935年,增加到18团;1943年,又增加到34团,同时中央又成立了"文化辅导部"(Cultural Mission Department)。

"文化辅导团",巡回乡村,用教导、演示等方式来辅助农民,改进他们的生活。最初组织很是简单,包括一位制皂教师、一位制革教师、一位木工教师、两位农业专家和一位家政教师。现在的组织却非常庞大:有团长、社会工作指导员、护士、助产士、农事教师、工程教师、工艺和商业教师、机械教师、电影放映员、音乐教师和游艺指导员等。文化辅导工作,种类也很繁多,如农艺、家庭工业、建筑、机械制造、防疫、清洁运动、育婴、婚姻指导、音乐、家庭娱乐、竞技和军事训练等。

除了乡村教育以外,近年墨西哥对于都市里的劳工教育也逐渐注意。1937年设立劳工教育部(Department of Workers Education),扩充各级的劳工夜校(Night Schools for Workers),墨西哥的教育普及又推进一步了。

附注

关于各国教育普及的经过和现状,本章不能缕述。像欧洲的法国,东亚的印度和日本,她们普及教育的历史也很值得我们注意。限于篇幅,本章只举了德、丹、英、美、苏、土、墨作为代表。读者如感兴趣,可查近代教育史和比较教育的专著。

本章引征资料和统计,为避繁冗,不加详注。关于各国普及教育现状,可参考《教育年鉴》(美国出版的称为 *Educational Yearbook*;英国出版的称为 *Yearbook of Education*)和教育杂志(如 *Foreign Education Digest*)之类。关于各国推行普及教育的经过,可参考下列各书:

通论如:W. C. Bagley, *A Century of the Universal School*, 1937;

J. Dewey, *Impressions of Soviet Russia and the Revolutionary World, Mexico-China-Turkey*, 1929.

德意志:T. Alexander, *The Prussian Elementary School*, 1918;

T. Alexander, *The Training of Elementary Teachers in Germany*, 1929.

丹麦:H. Begtrup, H. Lund and P. Mannche, *The Folk High-Schools of Denmark*, 1926;孟宪承译:《丹麦的民众学校与农村》,商务。

英国:F. Smith, *A History of English Elementary Education*, 1760—1902, 1931;

G. A. N. Lowndes, *The Silent Social Revolution: An Account of the Expansion of Public Education in England and Wales*, 1895—1935, 1937.

美国：P. Monroe, *Founding of the American Public School System*, 1940;

E. P. Cubberley, *Public Education in the United States*, 1934.

苏联：B. King, *Changing Man: the Educational System of the U. S. S. R.*, 1936;

Voks 1933 *The School in the U. S. S. R.*

土耳其：D. E. Webster, *The Turkey of Atatürk*, 1939.

墨西哥：G. I. Sánchez, *Mexico: A Revolution by Education*, 1936;

G. Booth, *Mexico's School Made Society*, 1941.

阅读

康特尔〔康德尔〕著，韦悫、罗廷光译：《比较教育》，商务。

常导之：《各国教育制度》，中华。

孟宪承：《民众教育》，世界。

吴志尧：《各国国民教育》，胜利出版社。

问题

（一）各国推行普及教育的原因何在？有什么共同的趋势？

（二）德意志为什么是普及教育最早的国家？黩武主义，应否归咎于教育的普及？

（三）丹麦和墨西哥对于改进农民生活的教育设施，有什么不同？

（四）英国和美国普及教育的进程，何以反而迟缓？

（五）苏联和土耳其，为什么在短期内会变成现代化的国家？她们推行普及教育，有什么方针？

第三章
大教育家的思想

一 孔 子

孔子（前551—前479），名丘，字仲尼，春秋时鲁人。尝为鲁司寇，相定公会齐侯于夹谷，复侵地。因与大夫季桓子不合，去鲁，栖栖于宋、卫、陈、蔡诸国间十二年。年六十八，归鲁；叙《书》，传《礼记》，删《诗》，正《乐》，序《易》，修《春秋》。弟子三千人，身通六艺者七十二人。年七十三卒；葬鲁城北泗上，树松柏为志。弟子服心丧三年，始相诀而去，哭复尽哀；子贡庐于冢上六年而去。弟子及鲁人从冢而家者百有余室，名其居曰孔里。汉大史家司马迁作《孔子世家》（《史记》卷四十七），赞道："《诗》有之：'高山仰止，景行行止。'虽不能至，然心向往之。余读孔氏书，想见其为人。适鲁，观仲尼庙堂、车服、礼器，诸生以时习礼其家，余低回留之，不能去云。"

教育的目的与内容 孔子以教学养成人格，"实践方面看得重，知识方面看得轻"。其教学的内容是六艺：《易》、《诗》、《书》、《礼》、《乐》、《春秋》。这都是春秋时固有的学问，孔子自说"述而不作"，他不过给以整理发挥罢了。六艺是儒家的学问，也就是人民的教化，所以说：

入其国，其教可知也。其为人也，温柔敦厚，《诗》教也。疏通知远，《书》教也。广博易良，《乐》教也。洁静精微，《易》教也。恭俭庄敬，

《礼》教也。属辞比事,《春秋》教也。(《礼记·经解》)

儒家以为治国先要教人;教人先要养成他们的人格。《礼记·中庸》说:"为政在人,取人以身,修身以道,修道以仁。"这是极紧要的话。《大学》更详细说:

> 大学之道,在明明德,在亲民,在止于至善。……古之欲明明德于天下者,先治其国;欲治其国者,先齐其家;欲齐其家者,先修其身;欲修其身者,先正其心;欲正其心者,先诚其意;欲诚其意者,先致其知;致知在格物。物格而后知至,知至而后意诚,意诚而后心正,心正而后身修,身修而后家齐,家齐而后国治,国治而后天下平。自天子以至于庶人,壹是皆以修身为本。

有了理想的人格,才能有理想的国家。

理想的人与理想的国　　理想的人,称为君子,也称为仁人。君子与小人,以前原是区别地位阶级的名词,治人者为君子,治于人者为小人。但孔子用这名词来区别人的品格。他指出种种理想的标准,作为人格的范型。不论什么地位,要合于这些标准的,才够得上为君子。君子所修的"道"——六艺,以"礼"为首要。表现于行为的是"礼",而内涵于品性的就是"仁"。孔子说:"克己复礼为仁。"如果仅有礼的仪文,而没有仁的品德,就如孔子所说:"人而不仁,如礼何?"所以六艺之教,莫先于礼;诸德之美,全备于仁。后来宋儒程颐、朱熹都说"仁包四德"(仁、义、礼、智)。因为这个缘故,君子也称为仁人。

人格的理想,扩大了就是国家的理想。理想的国,所以也就是仁治之国。孔子因为春秋时仁治久已不能实行了,他希望由礼治而进于仁治;或说,由小康而进于大同。《礼记·礼运》说:

> 大道之行也,天下为公,选贤与能,讲信修睦。故人不独亲其亲,不独子其子,使老有所终,壮有所用,幼有所长,鳏寡孤独废疾者,皆有所

养;男有分,女有归。货恶其弃于地也,不必藏于己;力恶其不出于身也,不必为己。是故谋闭而不兴,盗窃乱贼而不作,故外户而不闭,是谓大同。今大道既隐,天下为家,各亲其亲,各子其子,货力为己;……故谋用是作,而兵由此起。礼义以为纪,以正君臣,以笃父子,以睦兄弟,以和夫妇,以设制度,以立田里。禹、汤、文、武、成王、周公,由此其选也;此六君子者,未有不谨于礼者也。以著其义,以考其信……型仁讲让,示民有常,是谓小康。

教学的方法 《礼记》里,《学记》、《乐记》二篇,也和《大学》、《中庸》二篇同样精粹。但《礼记》经汉以前儒家的纂集,已好像一部丛书;所记孔子言行,或也未必尽是实录。我们只好依据《论语》指出孔子教学方法的特点:

1. 因材 孔子"有教无类",弟子众多;他的教学因材而施,不拘格式。《论语》中所记弟子问礼、问仁,他的答语各各不同。他曾把高材弟子分成四个类型:"德行(颜渊、闵子骞、冉伯牛、仲弓);言语(宰我、子贡);政事(冉有、季路);文学(子游、子夏)。"他品评弟子的性格,如:"闵子,訚訚如也;子路,行行如也;冉有、子贡,侃侃如也。"书中随处可见。关于个性的差异,他说:"性相近也,习相远也。""中人以上,可以语上也;中人以下,不可以语上也。""惟上智与下愚不移。"

2. 启发 孔子说:"学而不思则罔,思而不学则殆。"这所谓学与思,近人的解释,以为相当于西方哲学上所谓经验与理性。理性或思维的启发,孔子十分注重;他说:"不愤不启,不悱不发,举一隅,不以三隅反,则不复也。"颜渊赞美其师,说:"仰之弥高,钻之弥坚,瞻之在前,忽焉在后。夫子循循然,善诱人,博我以文,约我以礼。欲罢不能,既竭吾才,如有所立,卓尔;虽欲从之,末由也已。"所谓循循善诱,欲罢不能,是启发的最好的描写了。《论语》中最有趣味的一部分,读了最能"想见其为人"的,便是孔子和弟子的谈话——问答、辩难。这种谈话都是优柔餍饫,恳挚自由。如《先进》篇的《子路曾皙冉有公西华侍坐》一章,很像柏拉图记的苏格拉底对话,文情并美,百读不厌。

三千弟子中,孔子独称颜渊的"好学"。我们知道这颜子的生活,在同学中是顶苦的。孔子常感叹："贤哉回也；一箪食，一瓢饮，在陋巷。人不堪其忧，回也不改其乐：贤哉回也。"孔子自己说过："知之者不如好之者；好之者不如乐之者。"颜渊的最为好学，会不会因为他好之而又能乐之呢？后来宋儒每令人寻孔颜乐处。这"乐"，大概是古代圣与贤、教与学的最高境界了。

二 苏格拉底*

苏格拉底(Socrates,前469—前399)，于孔子卒后10年生于希腊的雅典。那时雅典人骛于个人主义的学说，思想虽然自由，而品性日趋低落。苏格拉底想探求真知，转移这个风气。他敝衣跣足，常常在道旁、屋隅、廊前、檐下，聚集一群青年，和他们谈笑辩论。他教人的目的，是"知识"；初听起来，似乎和中国圣人不同。可是他说："知识即道德。"(Knowledge is virtue.)他以为寻常人所称知识，只是各人主观的"意见"(opinion)，而不是人人共同的、客观的"真知"(knowledge)。人们误以意见为知识，才造成思想的分歧，私欲的放纵。不知道德是客观的标准；有了客观的真知，自会拥护这标准，所以真知即美德。真知向哪里去探求呢？真知是人人理性之所具的，只待启发出来罢了。启发的方法，他名之为"辩证"(dialectic)。辩证者，指对话，指辩难，也指矛盾的合一，正反的相生。他与其徒常是随便闲谈，自由辩论，俨如他老人一无所知一样。经他层层驳诘，又如剥茧抽蕉，使他那对话者的矛盾全部显露，他才肯指出一条综合的道理来。他揭发那时雅典政教的颓靡，他指责人们思想的褊浅，在许多青年胸中燃起烈烈的求知的火焰。终于遭忌了，以叛教的罪名被控；被判死刑了。他守法不挠，还是侃侃自辩；也不许人代他纳罚金自赎。在狱中谈笑雍容，饮鸩而没。他的死，是人类史上第一个大思想家为自己的思想而作的伟大的牺牲。

苏格拉底自己没有著作，他的言行都从弟子，尤其是柏拉图的记述流传下来。

柏拉图 柏拉图(Plato,前427—前347)，是希腊的奇才。他少年时痛悼大师的逝去，离开雅典故乡，遍游埃及、西西里和意大利南部。在西西里，想发抒他的政治抱负,劝他的君主建立一个理想的国家;触了那暴君的怒,被鬻为奴。以公元前387年放归雅典,于城北创立"学院",聚徒讲授,享其高年。他著作甚富,有《对话集》(*Dialogues*)43篇;里面有动人的故事,有调侃的谐谈,有华贵的文辞,有精微奥衍的哲学。虽说都是苏格拉底的讲话,而后人看出柏拉图的思想渊深,才情横溢,怪他为什么把自己的创作,全假托着苏格拉底来发表。其实,这或许是古人"述而不作"的一种文章体裁,中国儒家的记述孔子,有时还不是这样?[1]

《理想国》(*Republic*)一篇,称为欧洲教育思想上第一部大书,现在大家认为是柏拉图自己的思想。

理型与理性 人的知识,寻常以为是从感觉得来的。柏拉图以为感觉之所得,我们称为具体事物的,只是变化无常的"现象",而不是永恒不变的"实体"。例如我们所知的人,总是有生有灭的;所看见的树,总是有荣有枯的。但人和树的所以为"人"或"树"者,是永恒不变的。这不变的,是"人"和"树"的"理型"(idea or form)。这,在我们称为抽象概念的,他却认为是"实体"。个别的人或树,多少要合于"人"或"树"的理型,才能成其为人或树,才像一个人一棵树的样。因此,只有理型的知识,才是真知;而真知的获得,是不靠感觉,而靠理性(reason)的。人虽生在这"现象世界"里,却原从那"实体世界"而来,所以生来具有这理性。以理性求真知,仿佛引起前世的回忆,所以人的爱慕真理,好像游客的怀念其故乡。在那实体世界中,万事万物的理型,好好地排列成一个等级,层层向上;如一塔然,其最高巅的理型,是一个庄严华美的"善"(good)。善如太阳,万物被其光而有色彩。一切事物的趋于善,犹之塔的层级达于巅。所以人们好"善",乐"善",欢善赞叹,鼓舞向上,不能自已。

理想的人与理想的国 人之完全符合"人"的理型者,是理想的人;国之完全符合"国"的理型者,是理想的国。凡是人,皆有理性、有情绪、有欲望。理想的人,使他的理性所发的"智慧"(wisdom),控驭其内心的全部,能令情绪发而为

---

[1] 参阅柏拉图著,郭斌龢、景昌极译:《五大对话集》,国立编译馆;又柏拉图著,张东荪等译:《对话集六种》,商务。

"勇敢"(courage),欲望发而为"节制"(temperance);这三德合起来,便成人的全德,名之曰"正义"(justice)。把理想的人格扩大了,便是一个理想的国家。一国之中,优于理性的人,应该做立法行法的哲王;富于情绪的,做卫国的战士;耽于欲望的,勤劳生聚,做服从而有节制的工匠、农民。这三类人合起来,人尽其才,才得其分,就成为一个正义的国。这三类人怎样区分的呢?不看他们出生的家庭,单看他们在教育上的成就。

全国儿童一律强迫入学。照雅典旧制,以体操、音乐为主科。(一) 16 岁,甄别,其性格只耽于欲望的,好比上帝造人的时候,用铜和锡做他们的坯子的,编入农工的一群;其余续受军事的教育。(二) 20 岁,再甄别,其偏于情绪的,上帝用铁打成的,一齐入伍做战士;其余续修数学、几何、天文、音乐。(三) 30 岁,三甄别,凡没有最高智慧的,上帝用白银造成的人,任用为佐治官员。其余再修哲学,即理型学。到 35 岁,可以"出将入相"了;再要历练到 50 岁,他们是上帝用真的黄金铸造的人了,便是"哲学之王",轮流起来任一国的执政。执政者受全国人民的敬礼和供养,有无上之隆崇,但不许私有任何物质的遗产。他们自己既是"实体"的黄金塑造的,怎样还好沾惹人间"现象"的金银?然而哲人老矣,他们不愿轮流执政又怎么样?那就只有责以大义,令他们懔于天职而无所逃。

三　朱子

朱熹(1130—1200),字仲晦,号晦庵;宋婺源人,生于福建尤溪。年十九,登进士第,官枢密院编修。屡以被称"伪学"受劾。尝建白鹿洞书院以教士。博学而勤于著述,成《易本义》、《诗集传》、《大学中庸章句》、《论语孟子集注》、《资治通鉴纲目》、《楚辞集注》等;又《文集》百卷。"以整个中国学术史观之,若谓孔子集上古之大成,则朱子乃集中古之大成者。"朱子的生活,据其门人黄榦所撰《行状》说:"其色庄,其言厉,其行舒而恭,其坐端而直。其闲居也,未明而起,深衣幅巾方履,拜家庙以及先圣。退而坐书室,几案必正,书籍器用必整。其饮食也。羹食行列有定位,匕箸举措有定所。倦而休也,瞑目端坐;休而起也,整步徐行。……威仪容止之则,自少至老,祁寒盛暑,造次颠沛,未尝须臾离也。"

理与气 朱子的哲学,也认为形而上的理世界中只有"理"——这一点和柏拉图相同,而形而下的器世界,或具体世界的构成,则赖着"气"。在论理上,理虽另有一世界;在事实上,理即存在于具体事物之中。这具体世界,乃是理与气之合;人在这世界中,也是这样。他得于理而有其"性",得于气而有其"形"。性是"天理",由形骸而起之情,流而至于滥者,便是"人欲"。道德的修为就在于"存天理,灭人欲"。他说:

> 孔子所谓"克己复礼";《中庸》所谓"致中和、尊德性、道问学";《大学》所谓"明明德":圣人千言万语,只是教人存天理,灭人欲。……人性本明,如宝珠沉溷水中,明不可见。去了溷水,则宝珠依旧自明。自家若得知是人欲蔽了,便是明处。……所以程先生说"敬"字,只是谓我自有一个明底物事在这里;把个"敬"字抵敌,常常有个"敬"在这里,则人欲自然来不得。

敬与致知 那程先生指程伊川(颐)。朱子以为程氏兄弟(程颢、程颐),接孟子之真传;而他自己的老师李侗,则是伊川弟子杨时的再传弟子,所以自称私淑于程氏。他常引伊川的一句话:

> 涵养须用敬,进学则在致知。

读者应该记得,《大学》八条目的开始,是"致知在格物";朱子以为《大学》原文,这里漏了一段,所以他在所著《大学章句》上补写了这样一大段:

> 间尝窃取程子之意以补之曰:所谓致知在格物者,言欲致吾之知,在即物而穷其理也。盖人心之灵,莫不有知,而天下之物,莫不有理;惟于理有未穷,故其知有不尽也。是以大学始教,必使学者即凡天下之

物，莫不因其已知之理而益穷之，以求至乎其极。至于用力之久，而一旦豁然贯通焉，则众物之表里精粗无不到，而吾心之全体大用无不明矣。此谓物格，此谓知之至也。

这是有名的格物补传，引起后儒无数的争论。因为致知在即物穷理，所以伊川的"敬与致知"，朱子也称之为"居敬穷理"。他说：

学者工夫，惟在居敬穷理。此二事互相发明，能穷理则居敬工夫日益进，能居敬则穷理工夫日益密。

教育的目的 朱子有白鹿洞书院《学规》，其文如下：

父子有亲，君臣有义，夫妇有别，长幼有序，朋友有信。
右五教之目。尧舜使契为司徒，敬敷五教，即此是也。学者学此而已。而其所以学之之序，亦有五焉，其别如左。
博学之，审问之，慎思之，明辨之，笃行之。
右为学之序。学问思辨四者，所以"穷理"也。若夫笃行之事，则自修身以至于处事接物，亦各有要，其别如左。
言忠信，行笃敬。惩忿窒欲，迁善改过。
右修身之要。
正其谊不谋其利，明其道不计其功。
右处事之要。
己所不欲，勿施于人。行有不得，反求诸己。
右接物之要。

这五条《学规》，全用经传中的成语。

学问的方法 因为朱子注重穷理致知，他的书中论学问和读书的方法，特别精详。从《语录》里引几段：

> 天下岂有一理通，便能万理皆通，也须积累将去。
>
> 万理虽只一理，学者且要去万理中千头万绪都理会，四面凑合来，自见得是一理。
>
> 天下无书不是合读底，无事不是合做底。若一个书不读，这里便缺此一书之理；一件事不做，这里便缺此一事之理。
>
> 读书始读未知有疑，其次则渐渐有疑，中则节节是疑。过了这一番后，疑渐渐解，以至融会贯通，方始是学。
>
> 读书之法，在循序而渐进，熟读而精思。字求其训，句索其旨。未得于前，不敢求其后；未通乎此，不敢志乎彼。先须熟读，使其言若出于吾之口，继以精思，使其意若出于吾之心。

我们细读上引的"格物补传"，便看出朱子把人心与物理分开。而他的诤友陆象山(九渊，1139—1192)，却说"心即理"。朱子教人"学"，象山教人"思"。朱子重"道问学"，象山重"尊德性"。朱子要人读书，象山问，"尧舜以前，读甚么书？"从此两派弟子，辩论不休，到明王阳明更倡象山之说，遂成理学史上程朱与陆王的对峙。

四　王阳明

王守仁(1472—1518)，字伯安，自号阳明子，明余姚人。28 岁成进士。以刑部主事劾刘瑾，下狱，谪贵州龙场驿丞。在瘴烟忧患中三年，赦归为庐陵令。尝与门人遨游琅琊让泉间，环龙潭而坐者数百人，歌声振山谷！门人王畿谓："先师之学，凡三变而始入于悟。……其少禀英毅豪迈，超侠不羁，于学无所不窥。尝泛滥于词章，驰骋于孙吴，虽志在经世，亦才有所纵也。"迨谪龙场，始动心忍性，以默坐澄思为功；提"致良知"三字教学者。后因讨平宸濠功，官至兵部尚书。奉命征思田,卒于途。有《王文成公全书》三十八卷。

致良知 阳明说:"心即理也,天下岂有心外之事、心外之理?"因此,他辟朱子即物穷理之说,谓:

> 朱子所谓格物云者,在即物而穷其理,是就事事物物上求其定理者也;是以吾心而求理,析心与理为二者也。鄙人所谓致知格物者,致吾心之"良知"于事事物物也。吾心之良知,即所谓"天理"致吾心良知之天理于事事物物,则事事物物皆得其理矣。致吾心之良知者,致知也;事事物物皆得其理者,格物也。是合心与理而为一者也。

他不但以"致良知"释"致知格物",而且以"致良知"包括《大学》的"明明德,亲民,止于至善"三纲领。所作《大学问》说:

> 大学者,昔儒以为大人之学。大人者,以天地万物为一体者也;其视天下犹一家,中国犹一人焉。……明明德者,立其天地万物一体之体;亲民者,达其天地万物一体之用;至善者,明德亲民之极则也。天命之性,粹然至善,其灵昭不昧者,皆其至善之发现,是乃明德之本体,而即所谓良知者也。

知行合一 良知是知,致良知便是行。人必须致良知于行事,而后知才完成。门人徐爱在《传习录》里这样记:

> 爱曰:"如今仅有人知得父当孝,兄当悌者,却不能孝,不能悌。便是知与行分明是两件事。"
> 先生曰:"此已被私欲隔断,不是知行的本体了。未有知而不行者。知而不行,只是未知。圣贤人知行,正是要复那本体,不是着你只恁的便罢。……某尝说,知是行的主意,行是知的工夫;知是行之始,行是知

之成。若会得时,只说一个知,已自有行在;只说一个行,已自有知在。"

教育精神 致良知是直觉的道德工夫,不是朱子的积累穷理方法,更不是他的循序渐进的读书学问。所以阳明说:"你们拿一个圣人,去与人讲学;人见圣人来,都怕走了,如何讲得行?须做得个愚夫愚妇,方可与人讲学。"他的《年谱》里有这样的记载:

> 在越稽山书院。海宁董沄以能诗闻于江湖,年六十八,闻先生学,以杖肩其瓢笠诗卷来访,登门长揖上坐,先生异其气貌,礼敬之。与之语,连日夜。沄有悟,纳拜称弟子。八月之望,月白如洗,先生集诸弟子于碧霞池之天泉桥上,在侍者百数十人。酒半行,命歌诗。诸弟子比音而作,翕然如协金石。少间,能琴者理丝,善箫者吹竹,或投壶,或鼓棹,远近相答,先生顾而乐之。即席赋诗,有"铿然舍瑟春风里,点也虽狂得我情"[1]之句。
>
> 才士风神,依依如画。宋游酢、杨时,初见程伊川,伊川瞑目而坐,二子侍立。既觉,顾谓曰:"贤辈尚在此乎?日既晚,且休矣。"及出门,门外之雪深一尺。两相比较,气象迥不同了。

训蒙大意 阳明有《训蒙大意》一文,示社学教读刘伯颂说:

> 大抵童子之情,乐嬉戏而惮拘检。如草木之始萌芽,舒畅之则条达,摧挠之则衰痿。故凡诱之歌诗者,非但发其意志而已;亦所以泄其跳号呜啸于咏歌,宣其幽抑结滞于音节也。导之习礼者,非但肃其威仪而已;亦所以周旋揖让而动荡其血脉,拜起屈伸而固束其筋骸也。讽之读书者,非但开其知觉而已;亦所以沉潜反覆而存其心,抑扬讽诵以宣

---
[1] 曾点鼓瑟事,见《论语·先进》"子路曾皙冉有公西华侍坐"章。

其志也。若责其检束而不知导之以礼,求其聪明而不知养之以善,彼视学舍如囹狱而不肯入,视师长如寇仇而不欲见矣,求其为善也得乎?

五 颜习斋

颜元(1635—1704),字浑然,明末崇祯八年(1635)生于河北博野。徽贱刻苦自励。补县学生,绝意科举,学医,学兵,精技击,究战守机宜,常彻夜不睡。开家塾教乡里子弟。感于"思不如学,学必以习",名所居曰习斋。家贫,躬耕行医以自给,昼勤农圃,夜观书史。从学者渐多,李塨亦来请业。晚年主漳南书院,以清康熙四十三年(1704)卒。著有《存学》、《存治》、《存人》、《存性》四编。

实学与实习 如果宋儒是理性主义者,习斋可称为经验主义者。他著书反对宋儒,自谓:

> 仆妄论宋儒,谓是集汉、晋、释、老之大成者则可,谓是尧、舜、周、孔之正派则不可。……某著《存学》一编,申明尧、舜、周、孔三事六府六德六行六艺之道。(《尚书·大禹谟》:正德、利用、厚生,谓之三事;水、火、金、木、土、谷,谓之六府。《周礼》:六德为知、仁、圣、义、忠、和;六行为孝、友、睦、姻、任、恤;六艺为礼、乐、射、御、书、数。)大旨明道不在诗书章句,学不在颖悟诵读;而期如孔门博文约礼,身实学之,身实习之,终身不懈。

他以为古代圣贤教人者只此;《大学》所谓格物者亦指此。他在漳南书院,就设四斋:文事、武备、经史、艺能。率弟子行孝弟,存忠信,日习礼、习乐、习书数,究兵、农、水、火诸学,堂上琴筝、弓矢、筹管森列。

做事或读书 他最反对"学问是读书"的观念,以为这决不是孔孟教育的意思。他像写一幅讽刺画一样的说:"请画二堂,子观之。一堂上坐孔子,剑佩,觿玦,杂玉,革带,深衣。七十子侍,或习礼,或鼓琴,或羽籥舞文,干戚舞武,或问仁,或商兵农政事,服佩亦如之。壁间置弓矢、钺戚、箫磬、算器、马策及礼衣冠之属。一堂上坐程子,峨冠博带,垂目坐,如泥塑。游、杨、朱、陆侍,或反观静坐,或执卷伊吾,或对谈静敬,或搁笔著述,壁间置书籍、字卷、翰研。此二堂同否?"他常说:"人之岁月精神有限。诵读中度一日,便习行中错一日,纸墨上多一分,便身世上少一分。"他主张做事,不是废学问,正是要在做事上求学问,要由习而学,由行而知。所以说:"必有事焉,学之要也。"文字是不能替代学问的。"文字固载道,然文字不是道。如车载人,车岂是人。""譬之学琴然。书犹琴谱也,烂熟琴谱,讲解分明,可谓学琴乎? ……譬之于医,览医书千百卷,熟读详说,以为余国手矣,视诊脉、制药、针灸、摩砭为术家之粗不足学,可谓明医乎?"

动或静 他说:"宋元来儒者皆习静,今日正可言习动。""三王周孔,皆以动造成世道之圣人,汉唐则袭其动之一二以造其世者。晋宋之苟安,佛之空,老之无,周程朱陆之静,徒事口笔,总之皆不动也。而人才尽矣,圣道亡矣,乾坤降矣。吾尝言:一身动,则一身强;一家动,则一家强;一国动,则一国强;天下动,则天下强。益自信其考前圣而不谬,俟后圣而不惑矣。"习斋窜身草野,几于绝迹人寰,不料他有这样气魄。

六 夸美纽斯

夸美纽斯(John A. Comenius, 1592—1670),生于摩拉维亚(Moravia,时属奥地利),为捷克人。少年时遭欧洲三十年宗教战争(1618—1648)[1],新教徒受着残酷的迫害。他的家宅被劫,妻子被戮,书籍文稿被焚。以1632年离去故国,流亡于荷兰;在那里,被摩人举为主教,设立难童学校,苦心教育。曾一至英,两游瑞典,而卒于荷兰。著有《大教育学》、《光明之路》、《语文入门》、《事物图形》等[2]。后二书为课本;《事物图形》插有图画,利用感觉辅助,一时风行。他

---

[1] 三十年战争,欧洲史上一次大规模国际战争,以德意志为主要战场。名为新旧宗教(天主教与新教)之争,实为皇帝、新旧教诸侯之争,几个大国则借机侵略,致使1618—1648年成为德意志的"恐怖年代"。——编校者

[2] 拉丁文书名:*Didactica Magna*;*Via Lucia*;*Janua Linguarum*;*Obis Pictus*。

久历艰难,生活刻苦而严肃;但对于人类的能够自救,从没有失掉他的信心。

普及教育的理想　他身受战争的苦厄,在《光明之路》里,主张欧洲成立一个国际同盟,"以勇气来宣告:一切学术、宗教、政治,确定共同遵守的原则,使人类的愚昧、残忍、分裂、斗争,永远绝灭,而展开一个光明与和平的大时期"。这种"天下一家"的新社会秩序,须先有"天下一家"的新教育。因此,他又主张各国采用同一语文,同一教育制度。他理想中的学校制度,受教育者不分男女、贫富,一律按照年龄和能力的发展分成四个阶段,每阶段各为六年如下:

1. **婴儿时期**　家庭
2. **幼稚时期**　本国语小学
3. **儿童时期**　拉丁语中学
4. **青年时期**　大学

这样,他想把每个人的学校教育展长到 26 岁。

教育的目的　照夸美纽斯的宗教哲学,人的发展可分三层:在自然界,他是理性的动物;在文化界,他是道德的人格;在神圣界,他肖着神的范型。依这三个层次,而有知识、道德与宗教信仰的三个教育目的。他相信那时英国经验主义哲学家培根(F. Bacon, 1561—1626)的学说。培根不是说"人了解了自然,才能征服自然",所以"知识是权力"吗? 夸美纽斯的教育,对知识十分重视。也如朱子所说:"大而天地阴阳,小而昆虫草木,皆当理会。一物不理会,这里便缺此一物之理。"[1]

方法的原理　培根还有一个憧憬。他想,他所创的归纳逻辑是一种思想方法,可以泯除人的智愚的不等,而同获科学的真知。就是,人只要会得使用这个方法,就不论所禀赋的智力如何,一样会发现自然的真理的。现在我们知道,这是一个美丽的幻想;而夸美纽斯相信得非常认真。他想,在教育上如果也找到这样一种普遍有效的方法,不也就"功参造化"吗? 他说:"只要发现这个方法,则教育无数儿童,会省力得像以一架印刷机印出成千成万张清晰而整齐的书页一样;……像一座时钟,机械地发生毫厘不差的动作一样。"教育上,方法与技术的

---

[1] 培根语:Knowledge is power。

追求,从此开始了。

这种方法非人力之所能为,而也必然是自然界不易的定理。夸美纽斯没有现代心理学的帮助,他只直觉地从人与自然的"类比"(analogy),拟出若干条原理来。例如:

1. 自然的生长,有一定的顺序;教学也必须"慎始",必须"及时",必须"循序渐进"。

2. 自然的生长,自内而发外;教学也必须使儿童以自己的内力去探求知识,而不可仅拾取他人的知识。要像一棵树的自生枝叶,自开花朵;不要像人工的接木移花。

3. 自然的生长,先质(matter)而后型(form);教学也必须先具体而后抽象,先实物而后文字。

4. 自然的生长,先简而后繁;教学也必须先易而后难,先整合而后分析。

七 裴斯泰洛齐

裴斯泰洛齐(J. H. Pestalozzi, 1746—1827),瑞士人。18 世纪瑞士的农村很衰落,裴斯泰洛齐受了卢梭的影响,发愿以教育来改造农村。他在乡里自立学校,收贫童五十余,教养兼施,工读并进。自谓:"为要学习如何教乞儿成人,自己须过得乞儿样的生活。"19 世纪初年,他始在布格多夫(Burgdorf),继在伊弗东(Yverdun)创设大规模的乡村小学及师范学校,苦心经营历 25 年。因 1806 年费希特《对德意志国民演讲》里,给他郑重褒扬,德国首先选送小学教师来留学,后来各国学生都有了。伊佛东几于成了欧洲儿童教育的圣地。裴斯泰洛齐以寿考之身,享崇高之誉,但以学校里几个教师的意气纠纷,也略感暮年的悲苦。所著有《隐者夕话》、《贤伉俪》、《爱子义方录》。[1]

---

[1] 英译名:*The Evening Hour of an Hermit*; *Leohard and Gertrude*; *How Gertrude Teaches Her Children*。
〔《隐者夕话》,今译《隐者夜话》;《贤伉俪》,今译《林哈德与葛笃德》;《爱子义方录》,今译《葛笃德如何教育子女》。——编校者〕

教育的意义 教育有"成己"、"成物"的双重意义。从儿童自己的观点说,它是一个自然发展的历程。裴翁爱用"树木"、"树人"的比喻,他说:"教育的象征,是那溪边沃土里的种子。一粒种子包含一棵树的全型;一个婴孩包括一个人格的潜力,只待渐渐地开展、长成。教师不能给他增添什么新的才能,注入新的呼吸、生命;只能当心着,不让外来影响摧折他的生机罢了。"18世纪的人,跟着卢梭辈,相信自然与人的和谐,天人的合一。他们看教育,有些像旧时人看诗,说"此事由来非力取,三分人事七分天"那样。至于人格发展的各个方面,裴翁也爱用新名词,而说"手、脑、心"(hand, head, heart),意指动作、思想和感情,即技能、知识和道德的三方面的教学。

从社会的观点说,教育就是社会改造的一个原动力。裴斯泰洛齐想,待到这些儿童发展成人了,这个贫穷、疾病、愚昧、贪污、扰乱的可怜的局面,自然也完全改观了。任何好心肠的改良,比不上教育的改其根本。他是一个慈善家,是孔子所谓仁人;他以一腔恻隐之心,真想发明一种儿童教育的仁术。

方法 他创制了许多实际的教材、教法,涉及语文、算术、自然、地理各科,成为后来欧洲小学教学的范本。主要的方法是:

1. 直观法 他推绎卢梭感觉训练之说,要儿童从经验中事物的观察,获得明了的观念,同时得到语言文字的技能,不像传统学校的只用文字书本来传授模糊的知识。这也就是所谓先具体而后抽象的原理。

2. 归纳法 他把各科知识,化成最简单的原素,依次排列,由浅入深;反复练习,使了解更透彻,保持更坚牢。其实,这并非培根归纳逻辑的意思,只是夸美纽斯先简单而后复杂的原理。裴斯泰洛齐深知方法要合于儿童心理的历程,所以提出"教育的心理化"的口号。可是他的时代,心理学也只发展到这么一个阶段。

他的教育的真正的成功,并不仅靠这些教材、教法的智巧,而实在靠他的"亲爱"(love)的精神。费希特说得好啊:"有爱而无智,其爱盲,有智而无爱,其智死。""裴斯泰洛齐的生活的灵魂是爱。他爱贫穷与被压迫的人们。他的爱有福了——使他的所获远过于他的所求;他求的是贫苦孩子的启蒙,获的是人类教育的大道。"

八 福禄培尔

福禄培尔(F. Froebel, 1782—1852),德人。少年时入耶拿大学,习数学、地质学,贫困辍业。以1808年游瑞,在裴斯泰洛齐指导下,助教自学凡二年。回德,重入大学,博涉科学、哲学,自悟学贯天人。1837年,于勃兰根堡(Blankenburg)创立学校教幼童,因忆裴翁的比喻,学校为儿童生长的园地,教师应像懂得植物培育的园丁,名其校曰幼稚园。1851年,普鲁士政府因误会而封闭幼稚园,福禄培尔郁郁赍志而没。著有《人的教育》、《幼稚园教学法》及《自传》。[1]

教育的原理 福禄培尔的天人一贯,又是一种说法。他以为上帝、自然以及人类,是一个统一体(Unity)。上帝是一自觉的精神,乃自然与人所从出,而又即弥纶于自然与人之中;非此世界以外另有一上帝也。人的精神,既与自然万物为一体,他从自然界的观察,便可悟出这一体的道理来。例如儿童玩的圆球,就象征那浑然的全体;玩的立方积木,就象征那全体的化分。以此类推,幼稚园的教具和活动,莫不各有其命意与象征的作用。在他煞费匠心;在我们看来,这种形上论的解释到底过于牵强。

实际教学的原理,他着重三点:

1. 自然的发展 在万有一体的演化中,人类教育只是它的历程中的一段;教育的方法,无他智巧,只有一顺自然。卢梭说得对:"教育应该是消极的、顺应自然的,不应该是干涉的、人为的。"

2. 自发的活动 这顺应自然的教育,就利用儿童自发的活动(self-activity)。画图、塑形、制物等创造性的活动,比文字书本的学习有价值得多。这点,又与颜习斋未谋而合——所谓学必以习,由行而知。

---

[1] 英译名:*The Education of Man*;*The Pedagogics of Kindergarten*;*Autobiography*。

3. 社会的参与　儿童在学校里发育、生长着,学校就是他们生活的社会。在共同活动中发生共同的兴趣,分负共同的责任,从而学习社会的——人与人间的——关系,养成分工、互助、领导、服从的品性。这是教育的道德的一方面。

幼稚园的方法　儿童最早的自发活动是游戏。幼稚园的课程,大部分就是有组织、有意义的游戏。分三部:(1)唱歌,(2)姿势,(3)制作。附带的是语文活动。各个活动尽量联络;如教师说了故事以后,便叫小朋友用口语复讲,用唱歌和手势表演,再从手工的制作实现出来。其教材、教具亦有三种:(1)游戏和歌唱,(2)恩物,(3)作业。使用了而形式不变的为恩物——上天赐予的玩具,如圆球、立方体、圆柱体,以及形式不同、大小不一的积木。使用了而形式改变的,为作业,如纸、沙、黏土、木材。

1894年,杜威在美国芝加哥创实验小学。来参观的客人问有没有幼稚园。主人答,这不是幼稚园吗?客为之愕然。原来杜威已把福禄培尔的原理,移用到整个小学里来了。

九　蔡孑民

蔡元培(1868—1940),字鹤卿,后改孑民;绍兴人,生于清同治六年。17岁补县学生,历应乡试、会试;及第,授翰林院编修。甲午(1894)后,始学日本文;主绍兴中西学堂,倡新思想。辛丑(1901),任上海南洋公学教习,组织中国教育会。公学学潮起,率退学诸生自立爱国学社,约章太炎(炳麟)、吴稚晖(敬恒)为教员,震动朝野。不久追随国父,入同盟会。曾密赁屋自制炸弹未成。丁未(1907)游欧,入莱比锡(Leipzig)大学,研究心理学、美学,而旁及文化史、人类学、哲学诸科。著述译书自给,成《哲学大纲》、《中国伦理学史》、鲍尔生(Paulsen)《伦理学原理》等。辛亥(1911)民国诞生,归国为第一任教育总长。元年(1912)夏,再游欧,入莱比锡文史研究所。五年(1916)归,任国立北京大学校长,锐意兴革,从此领导中国教育、科学、文化新运动者二十余年。民国十七年(1928),任中央研究院院长。以二十九年(1940)抗战中卒于香港。蔡先生在民国开国史上,永远被后人忆念的,犹不止于他的勋名、他的学术思想,而还有他的光明俊伟的人格。吴稚晖先生说:"蔡先生之为人,真如孔子所谓,'君子和而不同'。他对什么人,都很和气;然而绝不因为和气就人云亦云。蔡先生所到之地,谁和他相处,都像前人见了程明道(颢)一样,'如坐春风之中';不过虽坐春风之中,很感到有一种严肃之气。如果我们以之比古人,蔡先生很像周公。'不骄不吝','一沐三握发,一饭三吐哺';对什么事情,也是'仰而思之,夜以继日;幸而得之,坐以待旦';俨如周公的风度。"

民主教育 民国元年(1912),蔡先生在全国临时教育会议上,发表他的民主教育的主张,说:

> 民国教育方针,应从受教育者本身着想。有如何能力,方能尽如何责任;受如何教育,始能具如何能力。裴斯泰洛齐有言:"昔之教育,使儿童受教于成人。今之教育,乃使成人受教于儿童";谓成人不敢自存成见,当立于儿童之地位而体验之,以定教育之方法也。君主时代之教育,以君主之利己主义为目的。现在民国须立于国民之地位而体验其在世界、在社会,有如何之责任。

元年(1912)公布的《教育宗旨》:"注重道德教育,以实利主义、军国民主义辅之,更以美感完成其道德。"读者且莫说:"那个,太陈旧了;我早知道了。"你细看下引的文章,就会看出大道理来:

> 教育有二大别:曰隶属于政治者,曰超轶乎政治者。专制时代(兼立宪时代而含专制性质者言之),教育家循政府之方针以标准其教育,为纯粹之隶属政治者。共和时代,教育者得立于人民之地位,以定标准,乃得有超轶政治之教育。
>
> 隶属政治之教育,腾于众口者,曰军国民主义之教育;……曰实利主义之教育;……曰公民道德之教育。……世所谓最良之政治,不外以

最大多数之最大幸福为鹄的。然人不能有生而无死。现世之幸福,临死而消灭。人而仅以临死消灭之幸福为鹄的,则所谓人生,有何等价值乎?就一人言之,杀身成仁也,舍生取义也,舍己而为群也;就一社会言之,争民族之自由,不沥全民族最后一滴血不已也;有何等意义乎?

以现世幸福为鹄的者,政治家也,教育家则否!盖世界之有二方面,如纸之有表里:一为现象,一为实体。现象世界之事为政治,实体世界之事为宗教。教育者立于现象世界,而有事于实体世界者也。故以实体世界之观念,为其究竟之目的;而以现象世界之幸福,为其达于实体观念之作用。提撕实体观念之方法如何?曰:消极方面使对于现象世界,无厌弃,亦无执着;积极方面使对于实体世界,非常渴慕,而渐进于领悟。循思想自由、言论自由之公例,不以一流派之哲学,一宗门之教义梏其心;而惟时时悬一无方体,无终始之世界观以为鹄。如是之教育,吾无以名之,名之曰,世界观之教育。

虽然,世界观之教育非可以旦旦而聒之也,且其与现象世界之关系,又非可以枯槁单简之言说袭而取之也。然则何道之由?曰,由美感之教育。美感者,合美丽与尊严而言之,介乎现象世界与实体世界之间,而为之津梁;此康德所发,而哲学家未有反对之者也。在现象世界,凡人皆有爱恶惊惧、喜怒悲乐之情,随离合生死祸福利害而流转。至美术,则即以此等现象为资料,而能使对之者生美感以外,一无杂念。例如采莲、煮豆、饮食之事也,一入诗歌,则别成兴趣。火山赤舌、大风破舟、可骇可怖之景也,一入图画,则转堪展玩。是则对现象世界无厌弃亦无执着者也。人既脱离一切现象界相对之感而为浑然之美感,则即与造物为友,而接触实体世界之观念矣。故教育家欲由现象世界而引以达于实体世界之观念,不可不用美感之教育。

蔡先生任教育总长,只极短时期;这《教育宗旨》,没有实际影响。他在中国教育上最永久的功绩是:(1)他主持北京大学,造成了新的学风;(2)他创立中央研究院,奠定了中国科学研究的基础。

科学与美术 民国八年(1919)的"五四"运动,演变为一"新文化运动"。蔡先生的大学里主张最力的是:(1)思想的自由;(2)科学的研究。

他以为"大学之所以为大",就因为它代表学术思想的自由。他尝说:"大学者,'囊括大典,网罗众家'之学府也。《中庸》曰,'万物并育而不相害,道并行而不相悖',足以形容之。"关于科学,他远在清末,已说中国学术没有进步的原因,是为它没有自然科学的基础。他这样说:"自汉以后,虽思想家辈出,而其大旨不出儒家之范围,……以晦庵之勤学,象山、阳明之颖悟,而所得乃止于此,是何故哉? 一、无自然科学以为之基础;二、无论理学以为思想之规则;三、学问与政治相结合;四、无异国学说相比较。此其所以自汉以来,历二千年,而学说之进步仅仅也。"[1]

同时,他也忘不了美育。他在《文化运动不要忘了美育》一文里说:"文化不是简单,是复杂的。运动不是空谈,是实行的。要透彻复杂的真相,应研究科学。要鼓励实行的兴会,应利用美术。"他的有名的《以美育代宗教说》,大意是这样:宗教起于精神的三种作用——知识、意志、感情。初民视一身与万物,均不可思议。生自何来,死将何往,创造之者何人,管理之者何术? 皆以宗教解答之。现代人求其解答于科学,不复以宗教为知识。道德之规律,古人亦托之于天命或神示,现代人类学、社会学,说明道德习惯,随时随地而变迁,则道德的意志亦与宗教脱离了。于是宗教所余者,只一感情之作用,或美感。凡山水之胜,花木之茂;峻秀之塔,崇闳幽邃之殿堂,精致瑰丽之壁画与造像,微妙入神之音乐与歌词,皆美术作用而已。然以此美术作用,附丽于宗教,则徒以刺激感情、束缚思想,故美术之进化亦有脱离宗教之趋势。欲免除刺激感情之弊,而专尚陶冶感情之功,只有舍宗教而代以纯粹之美育了。

---

[1] 见蔡元培:《中国伦理学史》,商务,第151页。

十　杜威

杜威(J. Dewey, 1859—　)[1]，美国人。毕业于约翰·霍普金斯(Johns Hopkins)大学。1894年，主芝加哥(Chicago)大学哲学与教育系，创实验学校，著述研究凡十年。所著《学校与社会》、《儿童与课程》等，一时风行，引起全美的新教育运动。1904年以后，任哥伦比亚(Columbia)大学哲学教授；近年年老退休，居纽约。他于1918—1920年间[2]，曾在日本和中国讲学。后又游苏联与土耳其。有关于这几个国家的印象记和论文。他的《思维与教学》、《民主与教育》诸书，各国也多有译本。他60岁以后，始陆续发表他的哲学巨著，有《哲学之改造》、《人性与行为》、《经验与自然》、《确定之寻求》、《美术与经验》、《哲学与文化》、《逻辑——求知的理论》、《共同的信仰》等，其它论文、选集，多至不能列举，巍然称一代大师。[3]

实验主义　杜威的哲学是一种经验主义，他又称之为实验主义。为什么？

1. 经验　从生物学的观点说，经验是有机体与环境的交互行动。寻常我们叫它"行为"。人——或者就说我，是一个有机体；我的体外的一切，只要是和我的活动有关的，不论是物或是人，不论是自然的或人为的，统是我的环境。我的活动没有不要和环境相交互的：呼吸要空气，饮食要茶饭，游戏要玩具，工作要器材，阅读要书报，乃至爱要有友人，恨要有敌对。这些活动是我对它们的作为，同时岂非它们对我的行动，所以谓之交互行动(interaction)。在我与环境的交互行动中，为满足我的需求，达到我的目的，我要控制我的环境——改变它或适应

---

[1] 杜威卒于1952年。——编校者
[2] 杜威于1921年7月11日离北京，再莅山东，讲演游览，实于8月2日离开青岛，经日本归国。——编校者
[3] 原著名：*School and Society*(刘衡如译：《学校与社会》)；*Child and Curriculum*(郑宗海译：《儿童与教材》)；*How We Think*(孟宪承、俞庆棠译：《思维与教学》)；*Democracy and Education*(邹恩润译：《民本主义与教育》)。杜威哲学著作，原书名：*The Reconstruction in Philosophy*；*Human Nature and Conduct*；*Experience and Nature*；*The Quest for Certainty*；*Art as Experience*；*Philosophy and Civilization*；*Logic: the Theory of Inquiry*；*A Common Faith*。

它,但先要能够了解它。了解我有什么作为,它才给我什么效果。这作为与效果之间关系的了解,就是经验的意义的了解,也称为"智慧"。经验如其不是智慧的,便非高级的经验,只是盲目的冲动,或机械的习惯了。

2. 生长 人的经验,有累积的增长;他会把一次经验的,保存下来,移到后来的活动里去应用。寻常叫它"学习"。因为人和环境都在息息变化中;控制适应,也就须时时改变。专靠旧习惯,不够应付新情境,人要常常学习,常常改变他的经验。"经验的改变,如其是使它的意义更加多,使它应用于后来的活动更有效的谓之生长。"生长指经验品质的长进、提高——由冲动的、习惯的,提高到智慧的;不是任何经验上的改变都算得生长。我们再要注意:经验是我与物交互着的。你要改变一个人的游戏工作,你能不改变他的玩物或工具吗?你要改变一个人的心、他的思想感情,你能不牵涉到他所接、所拒、所爱、所恶的物、人或事吗?你真的把他的环境改变了,他的"人"也改变了。须知生长包括人与环境的相连而交结的改变,不要单看"人"的一面。这点认识,在教育上是十分重要的。

3. 求知 经验中意义的寻求,起于行动的发生疑难、障碍。最初,人不会为求知而求知;现在,小孩也还不会。思维知识,即使在学问的专家,也还是要超于一个问题,而成于它的解决。而问题呢,无论怎样专门,也还是经验中的问题。这是经验中的知行合一。王阳明说:"知是行之始,行是知之成。"照杜威,我们应该说:"行是知之始,知是行之成。"颜习斋说:"思不如学,学必以习。"照杜威,我们应该说:"学必以习,习必有思。"行动中的困难,必须以思维或智慧来解决。思维的全程是:(1)疑难;(2)假设(效果的预期);(3)情境的观察;(4)假设的推想;(5)试验与证明(以手段达效果)。如果效果达不到,则疑难依然,假设错了;再换一个假设,按步进行,递进至达到效果而后止。这是一个尝试——错误——成功的历程,也就是一种实验的态度或方法。杜威名之为实验的求知方法论。所以他的经验主义(empiricism)又称为实验主义(experimentalism)。

以上各点,中间都包含着一个概念,就是"变化"。这是一个讲变化的哲学。古人"求常",杜威"求变"。前面说过,人与环境,都在不息变化中;经验因之在不断长进。现在扩大了说,人生和世界都在绵延演化之中。这世界不是静止的、已完成的,它是动的、发展着的。它发展到怎么样,人虽然渺小,也有他一分的决定的力量。过去,人用自然科学和工业技术,对自然的控制已有很大的成功。将来,为什么就不会用社会科学、心理学和它们的技术,对人自己的社会,同样作一番控制呢?人为的压迫、分裂、战争、灾害,为什么倒比自然还难改变呢?只是没有肯用"智慧"来解决这些问题罢了。荀子说,"从天而颂之,孰与制天命而用之";对啊。但杜威仿佛还要加一句说,"从人而诅之,孰与制人性而改之";至少可以从小孩子来改起。正唯人与环境都可以改变,而且是交互着改变的,我们对这人生和宇宙还能够有希望、有信心、有勇气。

教育的目的 教育就是经验的改变,或生长。生长是一个历程同时也是它的目的。一个人的远大的理想和目的,都从他自己的经验里发展出来。如果预先把任何一个目的笼罩他、限制他,倒反阻碍他的生长了。这是从儿童自己一方面说的。另外一方面,社会当然也有它施行教育的目的。例如民主社会的教育目的,便是民主了。照杜威的解释,民主就是最配合个人生长的一种社会生活的型式。所以生长和民主这两个概念是相融而一致的。

儿童的环境与活动 改变儿童的经验,就是改变他的环境和活动。学校是为他特设的一个环境;课程是他在这环境里的种种活动。旧时学校只是一个读书的地方,儿童从家庭里来,好像突然换了一个世界;虽也学习一些形式的科目,但只是形式而已,实际上,他的知识和行动脱离,他的教育和生活分成两橛。理想的学校,如裴斯泰洛齐、福禄培尔所要实现的,是一个扩大的家庭,课程是儿童自发的和参与的共同活动。

根据实验主义由行而知的原理,课程的发展,可分三阶段:(1)游戏与劳作的活动;(2)为解决活动里的问题而寻求的自然与社会的知识;(3)具有逻辑组织的科学。儿童还不能达到那求知的最高阶段。所以儿童的课程,只以"游戏与劳作"为中心,渐次深入"自然与社会"的了解。劳作包含园艺、纺织、缝纫、烹饪、木工、金工等,是人类所由取得衣、食、住的基本活动。从这些活动中,儿童会领悟人类在他的进化史上,所有科学和艺术的成就是怎样的艰难,怎样的珍贵;也会养成社会生活所必需的分工、互助、负责任、守秩序的习惯,和自由活泼、亲爱平等的精神。含有这种活动的一个学校，不只是家庭的扩大，也是未来社会的雏型了。

从孔子到杜威　前节说到吴稚晖先生以蔡孑民比周公，而蔡先生欲引杜威比孔子。民国八年(1919)，杜威在北平度他的60岁生日。在一个庆祝的晚会上，蔡先生代表国立北京大学致词，中间说：

> 博士与孔子同一生日。这种时间的偶合，在科学上没有什么关系。但值博士留滞我国的时候，我们不能不有特别的感想。博士不是在我们大学说，现今大学的责任，就在给东西文明作媒人么？又不是说，博士也很愿分负此责任么？……博士的哲学，用19世纪的科学作根据，由康德[1]的实证哲学，达尔文的进化论，詹姆士的实用主义[2]，递演而成，我们敢认为西洋新文明的代表。孔子的哲学，虽不能包括中国文明的全部，却可代表一大部分，我们暂认为中国旧文明的代表。孔子说尊王，博士说民主；孔子说女子难养，博士说男女平权；孔子说述而不作，博士说创造。这些都根本不同。因为孔子所处的地位时期，与博士不同，我们不能怪他。但我们既认旧的亦是文明，则在它里面寻出与现代科学不相冲突的，亦非不可能。即以教育而论，孔子是中国第一个平民教育家；……他的教育重在发展个性，适应社会，决不是拘泥形式，专讲划一的。孔子说，"学而不思则罔，思而不学则殆"：这就是经验与思维并重的意思。孔子说，"多闻阙疑，慎言其余；多见阙殆，慎行其余"：这就是试验的意思。我觉得孔子的理想，与博士的学说也很有相同之点。这就是东西文明要媒合的证据了。但媒合的方法，必先领得西洋科学的精神，然后用它来整理中国的旧学说，才能发生新的意义。

---

[1] 此处康德，今译孔德(Auguste Comte)，法国哲学家、社会学家，实证主义创始人。——编校者
[2] A. Comte, 1798—1857; C. Darwin, 1809—1882; W. James, 1842—1910.

阅读

冯友兰：《中国哲学史》，商务。

蔡元培：《中国伦理学史》，商务。

陈东原：《中国教育史》，商务。

姜琦：《现代西洋教育史》，商务。

《论语》、《礼记》、《大学》、《学记》。

柏拉图著，郭斌龢、景昌极译：《对话集》，商务。

黄宗羲：《宋元学案》(晦庵)；《明儒学案》(阳明)，商务。

庄泽宣译：《近三世纪西洋大教育家》，商务。

杜威著，孟宪承、俞庆棠译：《思维与教学》，商务。

杜威著，邹恩润译：《民本主义与教育》，商务。

吴俊升：《教育哲学大纲》，商务。

问题

（一）孔子的人生理想是什么？他以什么教人？他的教法是怎样？

（二）柏拉图述，苏格拉底教人，用什么方法？柏拉图的现象与实体何所指？他理想中的贤人政治，如何实现？

（三）述朱子教育的目的与方法。

（四）朱子和王阳明对于格物致知，各有何种不同的解释？阳明的教育精神，有什么特点？

（五）颜习斋在中国教育思想史上，有什么新贡献？

（六）溯述欧洲教育思想从夸美纽斯到福禄培尔的演进。福禄培尔的方法原则，哪几点为杜威所采用？

（七）说明蔡子民的教育理想。宗教为什么要替代，怎样说美育可以代宗教？

（八）杜威与王阳明的知行合一，有什么不同？

（九）杜威所谓经验、生长，意义是什么？他的实验学校实验的是什么？

第四章
儿童的发展

一　发展

　　什么是教育？为着什么而有教育？这看似简单的问题，实在不是可以简单地解答的。读者只须翻检几本教育书，便知道他们的答案是怎样的分歧了。

　　这里我们且耐心着从受教育的儿童说起。人类的婴儿，和任何动物不同。雏鸟生来不久便会飞，小牛、小马生来不久便会走。它们身体的构造和机能很快地成熟，它们的行为很早地就有效能。可是动物的等级愈高，成熟便愈慢，换句话说，其幼稚期便愈长。到人类而达到了顶点。人类的初生儿比起成人来，真是十分幼小而无能的。神秘的老子不是说过么："我独泊兮其未兆，如婴儿之未孩"？这自比于婴儿的哲人，是在描写一种具足能力而又没有表现什么出来的状态。

　　婴儿怎样慢慢地长大为成人，他的行为怎样从散漫而没有效能，变化成顶巧的技能、顶精的知识、顶崇高的理想，这是一个很长很缓的过程。这个过程，我们泛称为发展。

　　幼稚期的最大意义，在于它包含着发展的可能。低等动物的幼稚期短，没有多少发展的可能。人类的幼稚期最长，发展的可能也最大。

　　发展的两个因子，是遗传和环境。发展被遗传所决定，是显然的。鸟只能长成鸟，牛马只能长成牛马，它们的构造和形态是遗传决定了的。可是环境当然也有很大的影响。没有适合的环境，任何生物的发展会被阻碍或遭着伤害。人类发展的过程独长,他受环境的影响尤巨。人类的婴儿那样没有效能的行为,就是在人类的环境中逐渐变化,而组成各种有效的技能、知识和理想的。

研究人的发展、遗传和环境的学问很多。教育学所特殊注意的,是人的行为在环境中所发生的变化。什么叫做行为?新生儿有哪些的行为?行为怎样变化?要了解教育的意义,我们还须耐心地先把这些问题说个明白。

二 行为*

一切行为是有机体对于刺激所发生的反应。这不是一句浅近的话,却也没有更浅近而又正确的说法。心理学里,用 O 表示有机体,S 表示刺激,R 表示反应,把行为写成这样一个简括的公式:S→O→R。

有机体 对于刺激能够发生反应,第一,有机体必须有生理的构造。鸟无翼不会飞,兽无足不会走,这是很浅的例。人类所作种种复杂的反应,因为有复杂的生理机构。列举地说:(1)受纳器官,如视、听、嗅、味、皮肤、平衡等感官。每一感官的末梢神经接受了刺激,会传达于中枢神经。(2)联络器官,中枢神经系统受末梢神经传来的刺激,送出于动作器官。(3)动作器官,这包括筋肉和腺等。

其次,对于刺激能够发生反应,有机体也必须有适宜的生理的状态。例如:在睡眠中,虽有音波的刺激,我们不会有听觉的反应;在饱足中,虽有食物的刺激,我们不会有求食的反应。

刺激 能够引起反应的刺激有二种:一是环境的刺激,如音、光、热、冷等自然变化,以及人、物和事情。二是体内的刺激,如有机体的饥、渴、疲劳等。而一个反应,也可以转为其次反应的刺激,如食物入口而咀嚼,咀嚼而吞咽,是连续的。

有机体所受的刺激,在同时是众多而复杂的。例如读者看着这本书,书是主要的刺激,但同时读者也有体内的各种变化,和外界的声音、光线,以及许多事物的刺激。刺激的组合,谓之情境。

反应 反应是受着神经传来的刺激而发生的筋肉的动作，或腺的分泌。有机体的反应，第一，是选择的。同时虽然有很多的刺激，而它在一时间内只能作一个反应。对于什么刺激而作反应，这是要看生理状态、已有反应，和准备着做的反应而定的。第二，反应也是组合的。有机体能综合许多个别的反应，而成调整的反应型。例如读者在读书的时候，有很精细的头部和眼的动作，也有认识、记忆、思维、感情等反应，综合了而成调整的行为的。

行为组型 任何行为都有确定的组织和型式，谓之行为组型。简单的行为组型，是有机体的一部分，对于刺激发生反应。例如闪眼、握物。复杂的行为组型，是整个有机体对于刺激发生反应。例如坐、立、跑、跳。睡在摇篮里的婴儿，他的眼球会跟随着摇摆的玩具左右移动；他会伸手攫取玩具；他要抚摩玩弄；也许会塞进嘴里，伸舌吮咂；这些都是婴儿的重要行为组型。[1]

人类的行为 人类的行为与其他动物比较，同样地是有机体对于环境的反应。他与动物的不同，在于有机体的生理机构特别来得发达：(1) 感受器官锐敏，能够精密地辨别和观察；(2) 大脑很是发达，能够记忆、思考和想象；(3) 动作器官灵巧，尤其是人类的双手，以前哲学家曾比作"外脑"，能够使用和制造各种的工具；(4) 发音器官复杂，能够创造语言、符号和文字。[2] 他的环境，不但是自然的，同时是文化的。就是自然的环境，也是经过人力改变了的。他的反应，则是大部分经过了社会文化的影响，学习而获得的。愈是低等的动物，它的行为愈是固定而不能变化，人类的行为在他的发展过程中，能因环境的影响而有很多的变化。要说明行为的变化，我们先须知道婴儿生来到底有些什么基本的行为组型。

新生儿行为组型 新生的婴儿，脱离母体，呱呱坠地，他的有机体和环境发生急剧的变化。本来靠了母体呼吸、营养、消化、排泄和调节体温。现在要自营生理的作用了。胎内的环境很是简单，现在环境的刺激非常繁多了。他

---

[1] A. Gesell, *Infant and Child in the Culture of Today*, 1943, p. 16.
[2] 见 D. Katz, *Animals and Men*, 1937。

生来虽然具有几种基本的行为组型，过了几天或几星期，便很快地受到学习的影响了。通常说人类的行为，可以分为"性"与"习"；以前心理学家也分为本能和习惯两类。旧说以为本能是"不学而能"的本然反应，包括一组连环的反射，像新生儿的吮乳本能，便可以分析为唇、吮、咽等反射；至于习惯则是经过学习的自动反应，因此新生儿的行为便只有反射和本能。现在经过许多心理学家的研究和批评，对于反射的观念有了新的修正，最先是全身的、浑同的和散漫的动作；以后才逐渐化分成局部的和固定的动作。这种有组型的动作，在胚胎期里发展，到了诞生已经有打嚏、掌握、吮吸、瞳孔等反射。本能的数目，旧说以为是很多的，现在心理学上已经不用这个名词，而用动机或需欲，我们这里就称为需欲。

需欲 婴儿的需欲可分成三类：一是生理的需欲，如呼吸、饮食、排泄、睡眠、休息、性欲和调节体温等，这类需欲是保持生存和安全的必要条件；二是对事物的反应，如好奇、试探和玩弄；婴儿对于光亮和鲜明的东西会注意观察；对于小手接触得到的物件，会探索和拨弄；三是对人的反应，如自炫和顺从；婴儿一方面喜欢旁人注意自己，同时却又顾念旁人。

婴儿的行为，都由于上面所述的各种基本需欲引起来的；就是情境的能够引起行为，也因情境适合需欲。需欲可以使有机体产生紧张，引起各种活动。满足以后，紧张解除，重趋平衡。例如婴儿有饮食的需欲，肠胃空虚，觉得饥饿，就不能睡眠，大声哭吵，喂奶以后，全身松弛，便舒适地熟睡了。婴儿需欲的表现，有两种趋向：一类是消极的，引起逃避和摒拒的行为；一类是积极的，引起追求和趋就的行为。婴儿环境中的事、物、人对于他有吸诱或排拒的力量。避拒行为产生苦恼、不快、忧愁；趋就行为产生怡悦、快乐和舒畅。这种"苦"与"乐"，心理学上称作情绪。

情绪 "情"和"欲"有密切关系。许多情绪便是有所需欲时的反应。以前认为某种刺激，引起某种情绪反应，如恐惧以为由于大声和身体下坠，现在知道，引起情绪的不是简单的刺激，而是整个的情境。婴儿的情绪，很是浑同，只有兴奋。需欲愈急迫强烈，反应就愈紧张兴奋。以后情绪逐渐化分，有苦恼和愉快的反应了。苦恼再化分成恐惧、忿怒和苦痛三种情绪;愉快也化分成欢乐和爱慕两种情绪。[1]我们人生热烈的情味,就是这些情绪交织成的。

行为的变化 人类的行为大部分是学习的结果。需欲和情绪,在发展过程中可以随时发生变化。从基本的原始的需欲转变为新的需欲,从各种的情绪发展为复杂的情操。行为的发展虽然靠学习,但成熟也是重要方式。低等的动物像蝌蚪的游泳,雏鸡的啄食和小鸟的飞翔,便专靠成熟,不必学习。人类婴儿生来柔弱无能,除了成熟以外,尤其要靠学习。一切人类社会所需的知识、技能和理想,都是学习的结果。

三 学习的历程*

这里,我们也要耐心先知道几种动物学习的实验。

制约反射的学习 制约反射[2]是巴甫洛夫创用的名词。他做过许多实验,例如每次饲狗以前,先按电铃(buzzer)反复多次,因为铃声和食物是同时的刺激,以后即使没有食物,狗听到铃声,口腔也流出唾液来。原来,铃声的刺激只引起听觉的反应;食物的刺激才引起分泌唾液的反应,却因两个刺激同时反复出现的结果,把铃声做了食物的替代刺激,而与流涎的反应构成一个新的联络了。

新的刺激反应联络固然可以用制约反射构成,也可以用同法使它消失。例如每次按铃而不给食物,起初狗会流出很多的唾液,后来流得少些,最后则仅有铃声,唾液是一点也不流了。

制约反射的学习是最简单的。刺激既不是整个的复杂的情境,反应也不是经过多少变化而组合的反应型。

尝试成功的学习 复杂一点的学习包含多次的反应,其中有的是错误的,有的是成功的。反复尝试,把错误的反应逐渐减少以至于完全淘汰,把成功的反应

---

[1] 见 K. M. Bridges, *Social and Emotional Development of the Preschool Child*, 1931。
[2] 制约反射即条件反射。——编校者

选择了,而和刺激或情境构成一个联络。举例来说,桑代克把饥饿的猫禁闭于一个谜笼中,使它在笼内可以望见笼外的食物而无法攫取。它把腿伸出来,用脚爪抓着笼的木条;它在笼内乱碰乱撞,终于偶然地把门闩转动而笼门开了,才得到了它的食物。反复试验几次,这猫的乱动逐渐减少;最后则一入笼内,便毫不费力地把门闩开了。又如白鼠在谜宫中的试验也是一样。谜宫的中央放着食物,达到食物有一条正路,几条绝路。白鼠最初不辨路径,辗转进行。反复多次,它跑进绝路的次数逐渐减少;最后则一进去就上了正路。

领悟的学习　更复杂的学习,还有没有呢? 还有领悟的学习。

苛勒的实验是这样:一个猩猩看着上面高高地挂的香蕉,而没有法子可以取得,只得尝试玩弄所有的两支竹竿。这两竿本是有一头粗,一头细的;若将一竿的细的一头,纳入另一竿的粗口,便可接成一支长竿,用来击落香蕉,便绰有余裕了。这猩猩在玩弄的时候偶尔领悟了这个关键,而把两竿接了起来。苛勒又使第二个猩猩看着它做,然后把第一个猩猩移去,让第二个来做。这回,它立刻把竹竿接起来,而得到了它的香蕉。这实验证明猩猩的学习中,有领悟,也有摹仿。高等动物是能够由观察整个情境的结构和关系而学习的。

关于学习历程的问题,依据上面的几种实验,就有不同的解释,在学习心理学上,依然是聚讼不决。其实,试验学习的动物,智慧既不相同,学习的工作有难易,学习的情境有差别,当然不能获得一致的结论。他们解释的歧异,也正由于他们偏重了学习的一个方面。例如在学习的情境没有观察清楚以前,当然只有反复尝试。次数逐渐增加,整个情境的关系就逐渐了解,最后便能豁然领悟了。

人类的学习　因为动物的学习简单而便于控制,所以心理学者研究学习的问题常用狗、猫、白鼠和猩猩等来试验。读者或许要惊奇地问:动物学习的原则,是不是就可以应用于人类的学习呢? 我们答:是的。不过人类学习的情境更复杂,他的智慧要比任何动物为高罢了。人类学习的特点在:(1) 观察锐敏,可以帮助了解学习的情境;(2) 运用思考,可以发现学习的关键;利用想象,能够避免动作的尝试;(3) 人类有语言符号文字,可以很简括地指示学习的方法,节省时间的浪费和学习的错误。[1] 这不是任何动物所能比拟的了。

婴儿生来本是幼小而无能的,因为学习的结果,便无所不能了。在生理需欲方面,他养成了饮食起居作息的习惯和礼仪。他不断地试探和玩弄事物,获得了"空"、"时"、"数"、"形"、"结构"、"颜色"、"因果"等观念。思考(心理的试探)和想象(心理的玩弄)的逐渐发达,对于科学的发明与艺术的欣赏也有浓厚的兴趣了。由于自炫和顺从,产生了竞争与合作,自尊与自卑;有时是骄傲,有时却变得谦恭;有时是反抗,有时又非常服从了。他的情绪方面也有着"爱憎"、"好恶"、爱慕、同情、惭愧和忧郁。

四　行为发展的顺序

儿童行为的发展有一定的规律和顺序。发展的规律是整合中的化分——从全体到局部,从浑同到晰异。例如儿童对于各种事物的知觉,最先是浑沌模糊的印象,以后才能分辨事物的特性、形状、大小、结构、位置等。儿童的动作,最初是全身的蠕动,以后才有固定的局部的动作。发展的顺序,好比音乐的曲调,依照节奏起伏进行,有抑扬、有回旋、有转折,不过整个发展的历程,依然是绵延的、连续的,正好像一首和谐的歌曲只是连续的一个调子。

心理学者依据儿童行为的发展,分成几个时期。各人的观点的不同,因之分期的方法也不一致。我们这里姑照现代学校教育的阶段,分成三个时期:(1) 婴儿期,从初生以至 6 岁;(2) 儿童期,6 岁至 12 岁;(3) 青年期,12 岁至 18、19 岁。18、19 岁到 22 岁,便称为后青年期了。这样的分期和最近格塞尔(Gesell)和伯特(Burt)[2]的意见,也没有多少差异。兹依次举出儿童各期行为发展的特点。

婴儿期　也有人把这期再分为三个阶段的:即生后 1 岁间为新生期,1 岁到

---

[1] R. S. Woodworth, *Psychology*, 4th edition, 1940, chap. IX.
[2] 见 A. Gesell, *Infant and Child in the Culture of Today*, 1943; *The Mental Growth of the Preschool Child*, 1925; C. Burt 分期见英国出版 *Report on the Primary School*, Appendix III, 1931。关于行为发展"节奏"一概念最为重要。

2岁为婴儿期,2岁到6岁为幼儿期。新生儿表现生理的作用和简单的筋肉的动作。2岁以内,身体的发育是很快的。感官也跟着发育,而会倾听凝视(注意),渐渐地会认识(知觉)。大脑的重量也很增加,神经渐能经营其传达联络的功能。光明的东西和音乐,会引起他的微笑或高兴的神情;陌生的人物,会引起他的恐惧的容貌(情绪)。15足月以后,反应的动作渐有效能,慢慢地会走路,会说话,会独自饮食游戏。自从有了言语,他的思维(和想象)也很容易被观察了。

婴儿期的学习是很多的。不过这学习就在游戏中;儿童和成人不同,他的游戏不是休息,却是工作。就在沙箱、积木、玩具、画册等的游戏中,学习了物体的形状、性质和功用;就在摹仿的游戏中,学习了许多简单的技能;也就在他的游戏中,获得了社会行为的理想。个人"一生之中,无论在哪一个时代,断没有像游戏时代那样学得多。即在学校教育开始以后,游戏依然是不可看轻的。因为人的内部精力,在游戏时反比之教学时更能自由发展。所以教育学把关于儿童兴趣和学习的游戏看得很重,那是应该的"。

儿童期 这期各部器官和筋肉,继续发育;大脑重量则到7、8岁时已经长足,和成人的差不多。儿童所有注意、记忆、思维(思考和想象)等及反应,和成人比起来只是程度之差。旧说以这期为记忆的黄金时代,虽不无理由,但若以为儿童只能记忆不能思维,那却错了。在他的社会行为发展中,喜欢赞许、竞胜、屈服、同情等,都很显著。

学校教育以这期开始。只要记得生长发展是连续的过程,并不能于某一年龄突然划一阶段,则入学年龄也只有相对的标准。至于怎样顺着儿童发展的过程,从游戏渐渐地引导到工作,从家庭的环境渐渐地使适应学校的环境,更是儿童教育上所要注意的了。

青年期 前此身体生长的比率,以第一岁的新生期为最高;到了青年期,这比率又增高了。女童约在13岁,男童15岁,达到了最高度。筋肉的发育渐臻完备,各种器官都形发达(如性的器官也开始变化)。性欲的动机渐旺盛,对于异性的注意渐显明。从前视为满足的游戏,到这期觉得幼稚而无意味。因为血压增高,情绪也加强烈。生活里充满着无名的烦恼和不安。好斗的男童变成一个吟咏的少年;抚弄着洋团团的女童,变成一个溺于想象的少女了。

五 个别的差异*

儿童的身长、体重,各不相同;儿童行为的发展,虽然有一定的规律和顺序,不过也有参差的现象,心理学上称作个别差异。个别差异的种类很多,最重要的是智慧和性格的差异。我们常用智慧测验和性格测验来测量儿童在智慧与性格发展方面差异的程度。

智慧的测量 本世纪的开头,法国心理学家比纳始用客观的测验来测量儿童智慧的差异。经十余年的研究和两度的订正,编成《智慧量表》。后来美国的推孟和英国的伯特,依据了比纳量表加以修正,使能适用于美、英。中国通行的有陆志韦、吴天敏订正的比纳测验。比纳所创的是个别测验,施行很费时间。桑代克、推孟等又编制团体测验,使得同时有很多的人可以被试。中国也有廖世承、陈鹤琴、萧孝嵘等编的团体智慧测验。

智慧的差异 从智慧测验的结果我们知道,人的智慧从上智到下愚是连续不断的参差。上智、下愚人数较少,中等智慧的儿童居多数。如果受试的人数很多,同时又没有经过选择,常会得到统计学上所谓"常态分配"[1]的图形。例如推孟测验了905个儿童,得到的智慧商数(测量智慧的单位,是实足年龄和智慧年龄的比率[2])的分配,就表示这样的情形:智慧商数在70以下和130以上,各占1%;70至79或120至129,各占5%;80至89或110至119,各占14%;90至99或100至109,便各占30%。通常依据了智慧商数而分为天才、上智、中智、智、愚、下愚和低能各等级,这是完全为了说明便利起见。应用这许多名词的时候,我们应该慎重为是。

儿童智慧商数是相对地固定的,所以儿童智慧的发展,可以依据智慧测验加

---

[1] "常态分配"即"常态分布"。——编校者
[2] 推孟智慧测验商数公式为:智慧商数=$\frac{智力年龄}{实足年龄} \times 100$。——编校者

以预测。可是儿童智慧的发展,并非永久继续,它达到了相当年龄也会停止的。我们试举上面所叙述的比纳的智慧量表,到 14 岁智慧年龄为止。欧战[1]中美国军队测验的结果,其成人的平均智慧年龄,不过 13 岁。为要决定人的智慧,到底可以继续发展到什么年龄,心理学者也会反复测验同组的被试者。虽然有人的智慧表现缓慢的发展至 18 岁甚至 20 岁的,但多数人则 14 岁以上已没有什么进步。照现在所得的结论,个人在 15 至 20 岁间的智慧,比前此任何时期为高。自此以至 25 岁,没有多少变化。25 岁以后,很慢地减低,每年约减 1%,直到 45 岁。这样说,人的学习能力,在 15 至 20 岁间已达到它的最高度,那末,在这时期以后,不是没有发展的可能了吗? 不,决不。这只是说,个人达到这年龄,已经能够努力于所要学习的专业,并且能够继续学习至 10 年、20 年、30 年,而得到他的充分的发展。智慧成熟之早,正见得学习机会之多;只要继续学习,便有继续发展的可能,任何人用不着气沮。

智慧[2]**的性质** 纯粹的智慧无从观察,我们只有在具体的情境中观察智慧的行为。所以有人说:像智慧这类名词,要当作副词用才好。许多心理学者解释智慧,或说是适应的能力、理解的能力;也有人说,是学习的能力。斯皮尔曼(Spearman)对于智慧有精深的研究,他举出了三个特点:(1) 理解经验;(2) 推演相互的关系;和(3) 推演相关的原素。[3]

性格的测量 性格的测量比了智慧要困难得多。因为描写性格的名词极为广泛,不易确定;而且性格又易于受社会环境的影响。测量性格最通行的有量表、问卷和测验三类。早在 1925 年,马士通(Marston)就编《人格评定量表》。伍德沃思(Wood-worth)的《个人事实表格》、朋路透(Bernreuter)的《品性问卷》便属于问卷一类了。最通行的测验,如罗夏(Rorschach)的《墨迹测验》[4]。中国这

---

[1] 欧战,即第一次世界大战。——编校者
[2] 这里的"智慧"英文为"intelligence"。——编校者
[3] 斯皮尔曼(C. Spearman) 称为 "neo-genetic principles" 或 "principles of cognition",分为 "apprehension of experience"、"education of relations" 及 "education of correlates"。见所著:*The Nature of "Intelligence" and the Principles of Cognition*,1923。
[4] 罗夏的《墨迹测验》(Rorschach, *Ink-blot Test*),用染了墨迹的白纸,作为测验的材料。主试者询问受试者墨迹的形象,依据受试者的答案,可以知道他的兴趣、情绪和人格等等。

类量表问卷还很稀少。萧孝嵘有订正马士通《人格评定量表》、伍德沃思《个人事实表格》。沈有乾也有改编的朋路透《品性问卷》。

性格的差异 古代对于性格的差异，依据了生理方面的因素分成四种型式：多血质，轻躁善变；胆汁质，刚强易怒；黑胆汁质，忧郁易感；黏液质，温和迟钝[1]。近代心理学者也有把人的性格分为"软心"与"硬心"，"内省"与"客观"等类型的。最通行的分类是荣格(Jung)，把性格分为内倾(introversion)与外倾(extroversion)。内倾者，孤独好静，外倾者，活泼多动。关于性格的分类，因为各人的观点不同，而有上述的差异。所谓"类型"，也只是为了说明方便，才有这样对立的名词。事实上，个人的性格属于两倾(ambivert)的也许最占多数，不过略有偏向而已。所以我们可说：狂狷者少，而中行者多。

性别的差异 男女两性在智慧和性格方面有怎样的差异，也引起近年心理学者的注意了。依据研究的结论：智慧方面，男女儿童普通智慧平均约略相等，不过有几种特别的能力略有差别：语文、记忆的能力，女优于男；数量、技巧的能力，男优于女。性格方面差异的研究，成绩很少。普通认为女子比较退缩怕羞，也许是由于社会环境的影响。

遗传和环境 个性差异的原因，不外本章开始所说，发展的两个因子——遗传和环境的不同。二者孰为重要，向来许多学者各执一端，从事不断的论战。遗传论者如高尔顿著《遗传的天才》，统计历史上很多著名的人物，如文豪、诗人、科学者、画家、音乐家等，证明无天才者，决不能臻此绝诣，有天才而虽遇环境的阻挠挫折者，也终必获得成功。反之，偏执环境论者如最近华生说："给我一打健壮的孩子，在我的控制的环境里教养他们，我可以担保任择一个训练他，可使成为任何专家——医师、律师、画家、企业者，同样可使成为乞丐、盗贼，不管他的才能、嗜好、倾向、职业，以及他的祖先的种族是怎样。"

---

[1] 希波克拉底(约前460—前370)发展了恩培多克勒(前483—前423)的人体四元说，认为人体内有四种液体：黏液、黄胆汁、黑胆汁、血液。正是这四种体液"形成了人体的性质"：在体液的混合比例中血液占优势的人属于多血质，黏液占优势的人属黏液质，黄胆汁占优势的人属胆汁质，黑胆汁占优势的人属抑郁质。希波克拉底的分类与常识相吻合甚，一直被沿用，并激发许多学者沿着相似的思路继续探讨。(参见朱智贤主编：《心理学大词典》，北京师范大学出版社1989年版)——编校者

我们是相信环境的重要的：人类正因为遗传的行为很少，在环境中的行为的变化或学习很多，所以才有教育的可能的。可是遗传的因子也不能漠视。即如智慧——学习的能力——的差异已经客观地证明，而教育也就受着它的限制。我国古语说："梓匠轮舆，能与人规矩，不能使人巧。"这句话，要等华生那样的试验真的成功，才会被完全地否认。

六　人格的发展

人格的意义　儿童的各种行为组型，常构成一个整合的全体，或说是一个有机的组织。这整合的全体不是许多行为组型的凑集，而是它的整合，通常我们便称作人格，伍德沃思说："人格是行为的整合全型。"因为有这整合的特质(total quality)[1]，所以行为的表现，便有稳定的和一致的倾向了。儿童对于事物和人的反应渐有一种确定的好恶、取舍；他确定的有所为，有所不为；就是他的"为人"，也有一个确定的、一贯的组织，这是他之所以为他那样一个人。人格是心理学上一个中立性的名词，只指一个人的"为人"，他的"面目"，他的"本色"。我们通俗所谓"人格问题"，涉及了道德的评价，指的是品格（见下第九章）。

好恶、取舍，有所为和有所不为，都是对于环境（事物和人）的行为倾向，心理学上称作人格品质。人格品质，不仅包括内在的活动(implicit activities)，也兼指外在的动作(overt movement)，所以有情绪、态度、价值，与仪态、姿势，是非常复杂的。[2]

人格的发展　儿童的人格常在不断的发展之中。环境在不息地变化，儿童的自我也在不绝地发展。人格的发展靠生理和社会两种因素的交互作用。生理

---

[1] R. S. Woodworth, *Psychology*, 4th edition, 1940, pp. 136—137. Allport 的定义："Personality is the dynamic organization within he individual of those psychophysical systems that determine his unique adjustments to his environment." Burt 的定义也没有什么差异："By personality I understand the entire system of relatively permanent tendencies, both physical and mental, that are distinctive of a given individual, and determine his characteristic adjustments to his material and cultural surroundings."

[2] 见 G. W. Allport, *Personality: A Psychological Interpretation*, 1937。

的因素,如体格、腺的分泌和血液的循环。社会的因素,对于人格发展更加来得重要(见下第五章):如家庭父母的爱护、兄弟姊妹的排行、邻里同伴的影响、学校师生同学的关系,以及社会的习俗道德。

人格发展的历程是整合中的化分。最先儿童人格的组织很是简单,以后便逐渐化分为非常复杂了。人格既是一个有机的组织,在发展中它是一个变中之常、多中之一。这组织非静止的,而是变动的,然而不因变动就失其恒常。否则时时刻刻人格便矛盾了。也不因它的多样性,就失去其统一性。否则时时刻刻,人格也就有分裂的危机了。

七 教育的意义与目的

什么是教育?我们现在应该可以解答了。

教育是发展 近世教育理论是从发展的一个概念出发的。卢梭于 18 世纪写他的不朽的寓言小说《爱弥儿》,分析发展的几个阶段。他的理想,就在排除环境的阻碍,而让儿童能够自然地发展。因为 18 世纪的旧教育是只会阻碍发展,所以他的口号是:"复归于自然"。裴斯泰洛齐深受卢梭的影响,他给教育的定义就是:

> 教育是人类一切知能和才性的自然的、循序的、和谐的发展。

福禄培尔更这样动人地说:

> 人啊,你翱游在田园里,你踯躅于原野间,怎么不听着自然所给你的静默的教训?就是花和草,也表现着各部构造和形态的和谐的发展。做父母的啊,你违背了儿童的自然性,强塑着你的定型,该让他有美丽的、和谐的发展啊!

教育是生长　杜威说："教育是生长。"发展和生长两个名词,意义上原有一点广狭的区别。因为发展有两种方式："一种是生长或成熟的发展;一种是学习的发展。"生长的发展,是自然的过程;而学习的发展,必须教育上的指导。但杜威所著书中,发展和生长是互用的,并没有这样的意义的区别。

教育的目的　生长或发展是一个历程。杜威说："这历程就是它自身的目的,于这历程以外没有别的目的。"如其有之,那么生长便受阻碍了。这完全是从儿童自己一方面说的。家庭对于子女、社会对于成员、国家对于人民所施行的教育,当然各有它的确定的目的。杜威以为民主社会的教育要保障个人自由的发展,深恐人们以固定的、褊狭的目的窒息儿童发展的生机,所以说："教育的目的,就是生长。"

为避免"教育即生长"、"生长即生长的目的"这种言词上的累赘,我们以为最好还是依照心理学的说法。就是,教育是一个人的发展的历程:这历程的趋向是使他成为一个人,成为他那么样一个人格。英国心理学家沃德(Ward)早说过的:

> 教育的目的,是人格的发展的完成。[1]

每个人的人格便是他的"自我"(self)。自我的完成也谓之"自我的实现"。这待下第九章再详释。

阅读

考夫卡著,高觉敷译:《儿童心理学新论》,商务。

桑代克著,陆志韦译:《教育心理学概论》,商务。

詹姆士著,唐钺译:《论习惯,论情绪,论思想流》,商务。

---

[1] 见 J. Ward, *Psychology Applied to Education*, 1926,末一章。

杜威著,邹恩润译:《民本主义与教育》,商务。

沈有乾:《教育心理》,正中。

萧孝嵘:《实验儿童心理》,中华。

艾伟:《教育心理学》,商务。

问题

(一) 在我国文字上,"教育"二字,原来是怎样解释的?

(二) 没有教育,人有没有发展? 如有的,那是什么样的发展?

(三) 教育为什么是可能? 为什么是必要?

(四) 说"教育是习惯的养成"对不对?

(五) 讨论下列教育的意义与目的:

    (1) "明明德。"(《大学》)

    (2) "天命之谓性,率性之谓道,修道之谓教。"(《中庸》)

    (3) "尽性","尽才"。(《孟子》)

    (4) "敬与致知。"(朱子)

    (5) "致良知。"(王阳明)

    (6) "教育是生长。"(经验之改造)(杜威)

    (7) "强健,勇敢,同情,智慧。"(罗素)

第五章
文化的传演

一 个人和社会

前章说：教育就是发展的历程。人从学习所得的发展，是他的行为在环境中所发生的变化。可是人和环境的关系还没有十分说得明白。人有他的需欲或动机，他的行为的变化是为着适应环境而满足自己的需欲。现在我们只要更具体地说明环境的性质，以及它和个人的关系，则我们自会更具体地了解教育的意义了。

人类的环境是社会的。虽然环境可以有自然和社会之分，但人类和低等动物不同，他的自然环境也是社会化了的。自然界的一切势力，固然同样地刺激着他，但这些势力已经是或多或少地人工控制了、变化了的。真的把一个婴儿抛弃于自然环境之中，他就一天也不能生活。

人要维持他的生活，固然要有可以居住的土地、气候和可以取得的生活资料——这些是自然的。但若没有共同的劳力、工具、技能，以及彼此合作互助的秩序，依然没有从自然取得生活的可能。人脱离了人的关系，怎样也不能满足他的需欲。人和人的关系，就组织成所谓社会。所以实际上从来不会有过真正生活于社会以外的个人。个人和社会，并不是互相对立的。个人好比是细胞，社会就好比是细胞组成的有机体。迫害个人，社会自然受着创伤；摧毁社会，个人也同归灭绝。个人和社会是这样有机地联系着的。

个人生来就在社会里营生活，他必然地要适应社会的环境，才能满足他的需欲。人类的适应并不像植物和动物那样，只有消极的和被动的顺应(adaptation)，而是包含着自动的和创造的行为。他对环境，更重要的是能制驭(mastery)。[1]在人类的历史上，18世纪末叶，因自然科学的发明和应用，人对于自然的制驭已经有飞跃的进步；而怎样运用科学来增进人类的幸福、制驭社会，却没有得到多少成功。以致人虽征服了自然，生产了极巨的财富，造成了极可惊奇的机械文明，而贫穷、愚昧、压迫、战争，还依然存在着，而且愈加深其危害的程度。

个人要能和谐地适应社会的环境，他的人格才可以获得发展。可是由于现代社会生活的复杂和社会变迁的剧烈，却使个人的各种需欲和社会的文化标准(cultural norms)时常互相冲突，发生不能适应的现象，而引起失常的行为，甚至人格的分裂。我们要研究个人如何适应社会，儿童人格怎样在社会文化中逐渐完成，不得不先了解社会的活动和组织。

二　社会的活动

人类需欲的满足　社会的构成，由于要有效地满足共同的需欲。我们先举动物的社群来说，它们为了要满足营养、生殖和安全的需欲，便有群体的生活。如腔肠和被囊动物的合群，由于营养；蜂蚁的合群，由于生殖；鸟兽的同群，由于防卫和安全。人类最初组成社会，也是为了满足饮食、眠息、御寒、取暖、生殖等最简单的生理的需欲。不过人类并不能直接的和个别的在自然环境里获得这些基本需欲的满足，而必须使用工具，并且与人合作，所以又有生产技术和社会组织。生产技术要靠知识的累积和传布，社会组织须有道德和宗教的维持，因此便产生了科学、艺术、道德和宗教了。[2]

社会活动的分类　个人为了满足共同的需要，便发生了各种社会的活动。社会学者对于社会活动的分类意见各不相同，比较简单的要算美国萨姆纳

---

[1] Allport, *Personality: A Psychological Interpretation*, p. 50.
[2] Wheeler, *Emergent Evolution and the Social*, 1927.

(Sumner)的分类：

(1) 生命的维持(maintenance)；

(2) 种族的延续(perpetuation)；

(3) 群体的统制(regulation)；

(4) 趣味的满足(gratification)。

个人就从这些社会的活动中，满足他的需要。

这四类活动的意义已很明了，不必多加解释。个人必需营养和安全才能维持个体的生命；又得靠生育繁殖来延续种族的生命。群体的统制包括一切道德、政治和法律的活动，对内维持秩序，对外防御强敌。至于艺术和宗教等活动，便都属于趣味的满足了。

三　社会的组织

社会组织　社会组织是人类社会活动的有组织的体系。为了生命的维持，便有家庭(家庭是原始的生产组织)、牧场、田庄、作坊、行会、工厂等生产的和职业的组织；为了种族的延续，就有家庭的组织；为了群体的统制，便不能不有民族、部落和国家等的组织；为了趣味的满足，便不能不有各种文化的组织。

如果依照教育作用，我们可以把社会组织区分为两大类：一类是虽不专为教育目的设立而却具有教育作用的社会组织，如家庭、职业组织、文化组织与国家。一类是专为教育目的而特殊设立的社会组织，这便是学校。学校和其他各种组织不同，它是一个控制的社会环境，一切知识、技能和理想的教学活动，有系统地和有计划地在学校里进行。

社会组织与教育作用　人在生长或发展中，变化他的行为，得到对于社会环境的适应：这是最广义的教育。而一切社会组织，如家庭、田庄、工场、商店等等，也便是最广义的教育机关。

在原始社会里，自然对于人的迫害很严酷，人人日出而作，日入而息，不断地以共同的劳力从事生存的竞争。没有哪一个是专施教育的人,没有哪一个是专受教育者。简单的技能、知识、信仰,就由儿童在社会组织和活动中的参加、摹仿;或长老、祭师的指挥,而获得的。这也就是他们的教育了。到了文明时代,蓄积了的复杂的共同经验,靠发明的文字记载下来。文明程度愈高,这记载下来的技能、知识、理想——凡所谓文化的——也愈丰富。没有系统的教学,几于无法可以传递了。这才有特殊的一种社会组织称为学校,和专事教学活动的教师和学生。

拿学校来和其他社会组织,如家庭、工场等相比,它的教育的效力是特别显著的。可是一个人脱离了社会的许多实际的活动,而专受学校的教育,总不能没有时间的限制。而且学校的特殊环境,无论如何只占一个人生活环境的一部分。教育的效力若真的只限于在校的时间,那岂不有"一日暴之,十日寒之"的情形?若限于学校的环境,岂不有"一齐人传之,众楚人咻之"的影响?所以学校虽然是文明社会的特殊的教育组织,却决不是它的唯一的教育机关。最广义的教育机关还是整个的社会。

旧时有人把教育分为家庭教育、学校教育、社会教育三个部门,这不是论理的分类。家庭、学校,哪一种不是社会的组织呢?社会组织和个人的发展最有密切的关系的,有家庭、学校、职业组织、文化组织和国家。

家庭与教育　在婴儿发展的过程中,家庭是他的最早的环境。他的行为的变化就最先在这环境里进行。我们虽不必定照罗素说:"儿童的品性,在6岁入学以前已大部分完成了。"可是儿童在家庭里已有的学习,后来要重新改变;所已有的教育,后来又要"改教育";不但浪费,而且困难。墨子染丝的譬喻说:"染于苍则苍,染于黄则黄。所入者变,其色亦变,……故染不可不慎。"最早环境的控制和家庭的教育真不可不慎呢。

家庭教育不外两个方面:一是婴儿健康的保持和增进;一是行为发展的指导。关于前者,婴儿卫生、保育法,以及相关的医药知识,都是做父母的所必需。关于后者,则儿童心理学和教导法,尤其是贤父母所应了解和实习。

因为近代社会生产组织的变动,大多数的父母不能不离开了家庭而入工厂。

向来儿童到 6 岁才就学的,现在已不能不为学龄以下的婴儿设幼稚园、婴儿园、托儿所一类的教养机关。虽然这样,每个做父母的人依然负有儿童教育一部分不容诿卸的责任。

学校与教育　于家庭以外,社会供给儿童发展一个特殊的环境——学校。学校是专为教育而存在的:行为的变化、技能和知识理想的获得,在学校里有计划地进行。在别的社会环境里,刺激是很复杂的,在这里却化成简单;是互相冲突和混乱的,在这里却选择而组成秩序。总之,学校是一个控制的环境;学校的发生是人类教育上一大经济。

学校英语称作"school",源于拉丁语的 schola,原有闲暇的意思。《管子》也说:"处士必于闲燕。"人没有闲暇,不能够有学校的生活。依照儿童发展的顺序,凡没有达到生产劳作的年龄,应该人人有受学校教育的闲暇的。但在生产没有发达的时候,生存艰难,连儿童的闲暇也是稀有。因此古代社会的"学校"之教都只限于少数的士人。他们既能够脱离生产的劳作,他们的学习也渐渐和生产活动无关。最初以文字符号记载一切技术知识的,到后来竟以文字符号代替了实际行为。这样,"文化"和"职业"截然分开:学校变为读书的地方,士人成了终身闲暇的分子。直到现在,我国的许多学校毕业生还是恬然不恤民生艰难、不知社会疾苦、不事生产劳作的消费者。

学校本来是社会为教育而特有的一种组织,到了这种组织和社会隔离而不能互相适应的时候,社会自然要把它改造了。杜威所说"教育即生活"、"学校即社会"就成了学校改造运动中的几个口号。

职业组织与教育　生产组织是大多数人的重要教育机关。他们在实际生产劳作中,获得生活必要的技能、知识,以及工作的效能和纪律,合作和互助等理想。这学校以外的职业教育乃是人们最普遍的教育。我们可以说:凡农业手工业阶段的生产训练,都是在生产组织的本身中进行的。

手工业的徒弟制度是这样:学徒以契约从属于业主,帮工 3 年,学习 3 年,期满得"出师"而自营所业。师傅对于徒弟,一面得自由使用他的劳力,一面就指挥他的工作,约束他的行为。每个业主所收的学徒人数既有限,而徒弟出师的期限又是那么长,这在无形中减少了同业的竞争,而学成者也就不至于失业。

工业革命以后,工厂制度代兴,工厂里众多的工人不像作坊里的徒弟可以得到师傅的个别的指导。同时,新的生产工具和技术应用着很多科学的知识,没有系统的教学也无法使工人能够了解。到了这时,徒弟制已和社会生产组织不相适应,自然地被淘汰,而让它的地位给职业学校了。

文化组织与教育 文化组织包括宗教、科学和艺术的组织,博物馆、图书馆与戏剧、电影、音乐、无线电、新闻事业、出版事业等。现在许多国家都利用了这许多组织来推行成人教育(见上第二章)。以下我们略举重要的文化组织加以说明:

先说宗教。在科学没有发达以前,人们的宗教不独是他们的行为的标准,也是他们对于宇宙的解释。原始社会里,祭师是最高的教师。欧洲中世纪的一千年中,教育是全操在基督教僧侣手里的。我们生在今日,已很难想象宗教对于教育的这样大的影响;就是读到西洋教育史的这一页,也常觉茫然无从索解。但就在中国社会里,魏晋以后的佛教,也曾在教育上留了不少的痕迹。明代基督教僧人利玛窦来华,也是欧洲文化东渐的使者。至于1842年以后,欧美各派教士在我国设立的许多学校,更是直接的教育机关了。

其次,科学和艺术。欧洲的大学,直到16世纪还在宗教的氛围中。思想没有自由,科学不能滋长。所以最早的科学者并不是学校的教师。英国化学家波义耳于1662年在伦敦组织皇家学会,为科学者结集研究的最高机关,一时称为"无形的大学",艺术教育在中世纪也只在行会的制作室里进行。无论绘画、雕刻、音乐、戏剧,都是由名师传授于学徒,并没有学校。最早的巴黎美术学校,是于1648年才成立的。现代科学和艺术已经普遍地成为学校的课程。可是科学者和艺术作家的许多团体,依然是最高的教育的源泉呢。

至于博物馆,最初只是科学和艺术的库藏,现在则渐成为教育的组织。凯因说:博物馆的功用,已经过三步的演变,其始是珍奇的府库,其次是被当作学术研究的场所,最后,则被利用为教育的工具了。以博物馆为研究场所的观念,到19世纪达尔文的生物研究后才为人们所确认。至于把它作为一般人教育的工具,那只是近三十年来的事情。

古代的图书馆,或者属于教堂、大学,或者属于皇室、私人,都不是公开的。英国于 1850 年才有公立图书馆的法律。像今日的以图书无偿地、自由地借出,并且用种种方法,分布、输送于工厂、农村的广大的读者,那也是本世纪才发现的事。

国家与教育　国家是社会的政治组织,也就是它的最高权力的组织。个人生活于社会之内,同时即不能自外于国家。国家的构造和机能,虽也为一般社会组织和活动所决定,但在决定的国家权力之下,任何社会组织,无论是经济的或文化的,都不能不属于它的支配了。民主国家是代表全体人民幸福的机关,更负增进人民幸福的责任。

近代教育大部分已直接属于国家的管辖。即如儿童就学的强迫、成人文盲的扫除,非有国家的权力不能办到。同时,一个国家倘使不能够训练它的人民,使具有生存、自卫、行使公权的能力,则人民不能够捍卫国家,而国家也不容易存在。教育既成了政治的一个重要部门,任何国家都有关于教育的许多法律规程和实施计划,国家于执行它的教育计划时,又一定有它所要达到的目的(见下第六章)。

四　文化的意义

文化的涵义　文化在人类学上的意义,比通俗的解释要广泛得多。威斯勒(Wissler)在《人与文化》里就指出:文化是人类在社会生活中,经过了学习所获得的一套生活方式(mode of life)。或更具体地说,便是一套组织的行为(organized behavior)。[1] 人生在社会里,就必须学习这一套的生活方式,否则他无法适应环境,也无从有效地满足他的需欲了。

被普遍引用而认为最简明的文化定义,是英国著名人类学者泰勒(E. B.

---

[1]　见 Wissler, *Man and Culture*, 1923。

Tylor)1871 年在《初民文化》一书里所提出的:"文化是一切知识、信仰、技术、道德、法律、风俗,以及其他人在社会生活中所获致的任何能力与习惯的复合的全体。"英国伦敦大学故人类学教授马林诺夫斯基(B. Malinowski),在 1944 年的《文化论》里,给予文化的定义依然和泰勒没有多少不同;他说:"文化是整合的全体(integrated whole),包括器具、物品、规章、观念、技术、信仰和风俗。"[1]

文化的结构与功能 文化虽然是整合的全体,为了说明方便起见,我们可以依照马林诺夫斯基区分为结构与功能。结构是形式,功能是内容。结构和功能密切联系,构成整合的全体。

文化的结构,分物质基层(material basis)、社会组织(social organization)和精神生活(spiritual realm)。物质基层包括一切器物、房屋、工具和武器,是文化构成的基础。人类创造器物工具来获取食料;构造帐幕或建筑房屋来避寒冷;运用武器来防御敌人。社会组织介于物质基层和精神生活的中间,包括家庭、邻里、职业团体、文化组织和国家等制度。精神生活是物质基层和社会组织的上层结构,包括语言、习惯、风俗、道德、科学、哲学、艺术、宗教。

每层的文化结构又有文化的功能。物质基层有技术(technology)和经济(economies);社会组织有政治(political organization)、教育(education)和法律(law);精神生活有知识(knowledge)、宗教(religion)、艺术(art)和娱乐(recreation)。各种文化功能和其他各层的文化结构也有交互的作用,关系错综复杂。[2]

文化组型 任何民族的文化,都有特定的组织和型式,谓之文化组型(cultural pattern)。同样的文化组型又常集合在同一地域,称作文化区域。文化组型是有机的整合体,包括许多互有相关的文化品质(cultural traits)。威斯勒认为任何文化组型,必包括下列各种品质:(1)语言;(2)器物;(3)艺术;(4)神话与科学知识;(5)宗教礼仪;(6)家庭与社会制度;(7)财产;(8)政

---

[1] 见 Malinowski, Culture as a Determinant of Behavior, in *Factors Determining Human Behavior*, 1937。
[2] 见费孝通译:《文化论》,商务。

府;(9) 战争。[1]

五 文化的历程

社会文化传演的历程有两种方式：一种是世代的传递(transmission)，上一代的成人，把社会文化递衍给下一代的青年和儿童。他们接受了这份社会遗产，便可以很有效地适应环境，满足需欲了。一种是区域的传播(diffusion)，一个文化区域的社会文化，由于各种的交通和接触，传播到另一个文化区域里去，两种文化合流以后，又必然产生新的融合，引起文化或徐或剧的变化。以下我们略述文化的递衍、传播和演变。

文化的传递 社会的生存，除了生物的遗传以外，还要靠文化的传递。这不绝的传递，像接力的赛跑，形成了社会的新陈代谢作用。儿童不仅生来就在自然环境里，同时更重要的还生在一个社会遗产里。社会遗产并不像普通的财产，指定留给继承的人；它是属于社会的，凡是这社会的儿童，都可以经过学习而继承分享这份遗产。

在原始社会里，文化传递的方法直截简单。前一代的成人把自己所承受和所获得的社会遗产，靠了实际的观察和摹仿、语言的说明和指导，辛勤地递衍给后一代的儿童。社会逐渐演进，社会共同积累的遗产，便变得十分丰富，非有教育的机关就无法可以传递了。

文化的传播 文化从一个区域传播到另一个区域的机会很多；如移民、贸易、传教和战争。例如英国文化传播美国，由于移民；西洋文化传入中国，则靠贸易和传教；中国造纸术传入欧洲，就因为唐代和大食的战争。至于留学、宣传和广播等，则是有组织的文化传播。例如唐代日本的派遣学生来华留学；清末我国的派遣学生分赴日本和西洋留学。

文化传播也有一定的历程。固有的文化组型，对于传入的外来文化品质常

---

[1] 见 Wissler, *Man and Culture*, p. 74。

有选择的作用。普通对于外来的物质器服,易于接受;对于外来的社会制度和学术的思想,便必须经过调适才能吸收。举例来说,印度的佛教传入中国以后,就经过了极长的时间和很大的改变,成为中国的佛教,才得到中国人民广泛的接受。

文化的演变 文化在传递的历程中,下一代的儿童不仅是被动地继承着文化,在继承中也会因学习而创造新的文化。同样,文化在相互的传播中,本地的文化等到接受外来文化以后,也能融合成新的文化。在人类历史上,文化是在不断演变之中。文化的演变也有一定的规律,斯宾塞(H. Spencer)很早就指出了化分和整合的概念。

关于文化演变的历史,人类学者博厄斯(F. Boas)曾说人类在石器时代的三万年中,文化没有显著进步。到了近代,由于器物的发明和交通的便利,文化的进展日新月异,真是一个显明的对照![1] 就西洋来说,在18世纪以前,它的文化还远不及中国和阿拉伯。因为科学的发明,机械工业的兴起,改变了生产的组织和活动,文化才有突然的进步。不过物质基层演变得过于迅速了;社会制度和精神生活却不能和它互相调适,又产生了严重的文化调适迟缓现象(cultural lag)。首先提出这现象的奥格本(W. F. Ogburn)便说:"现代文化,各部分演变的速率,并不相同,有些部分变迁得较它部分为快。因为各部分都有互相关系和依赖,所以任何一部分如果变迁得太快,就需要其他部分的重新调适。文化的调适,是愈快愈好。"[2]

我国有很古的文明。我们的祖先早就奠定了农业经济和家族制度。可是以后的演变,非常迟缓。直到西洋社会和文化急剧地转变过了,我们还是安然生活在我们古老的社会文化里。1842年战败的结果,才让西洋文化如洪流一般侵入我们这个安静的国土。可是新式的器物和发明虽然输入了,我们的社会制度、习俗礼教、思想信仰,还没有充分的新的调适、新的顺应,遂使整个社会陷于严重的文化失调状态之中。

---

[1] 见 Boas, *Anthropology and Modern Life*, p. 132。
[2] 见 Ogburn, *Social Change*。费孝通译:《社会变迁》,第156—157页。

六　再论教育的意义与目的

现在我们可以了然于教育的意义了。教育是儿童发展的历程,这历程是在社会文化的环境中进行的。个人为了要适应社会环境和满足他的需欲,所以他要不断地学习和承继社会的文化。从社会学的观点说,教育是社会组织的一种功能;它在历程,便是文化的传演了。

教育是传演　马林诺夫斯基给教育的定义是:

> 教育就是指一个文化体系的传递;在文化变迁的时候,除了传递以外,也兼指两个文化体系的传播和融合。[1]

教育的目的　许多社会学家都依据社会活动来决定教育目的。首先提出这问题的是斯宾塞。他在一篇传诵很广的《什么是最有价值的知识》里,依着等差,列举如下:

(1) 和自我生存直接相关的;
(2) 和自我生存间接相关的;
(3) 关于种族繁殖的;
(4) 关于维持社会和政治的关系的;
(5) 关于利用休闲和满足趣味的。

最近美国教育社会学家,用"活动分析法"(activity analysis)。依社会调查和统计,决定社会活动的种类和等差,编制"教育的目标"(educational objectives)。他们希望用这科学分析得到的具体的目标,替代抽象的教育的目的。例如博比特(Bobbitt)便举出教育目标十类:即语言活动、健康活动、公民活动、"社会"活动、休闲活动、心理健康活动、宗教活动、父母性活动、非职业性的实际活动和职

---

[1] 见 Malinowski, The Pan-African Problem of Culture Contact, 载 *The American Journal of Sociology*, May, 1943, "Education and Cutural Process"专号, p. 652。

业活动。每一类各分析其所需的技能、知识、理想、态度，累千百条。斯内登(Snedden)则归约为健康教育、职业教育、"社会"（包括道德与公民）教育和"文化"教育四大类。

这些教育社会学家对于社会活动（即文化品质）的条分缕析，又忽视了人格整合的特点。教育所蕲求的是个人人格如何在社会文化中获得它的发展和完成。所以教育学者斯普朗格(Spranger)说：

> 教育是为培养个人人格的一种文化活动。它虽在社会文化的有价值的内容里进行，而它的最后目的却在于觉醒个人，使具有自动追求理想价值的一个意志。[1]

斯普朗格列举文化的六种理想价值如下：真理(truth)、利益(utility)、美感(form and harmony)、同情(love)、权力(power)与至善(unity)。和这理想价值相对的，有六个人格类型：理论的(the theoretical, 指科学与哲学)、经济的(the economic)、审美的(the esthetic)、社会的(the social, 指慈善与教育)、政治的(the political)和宗教的(the religious)。个人在发展中，看他追求的是哪一种的理想价值，便获得哪一个人格类型的完整。

阅读

马凌诺斯基〔马林诺夫斯基〕著，费孝通译：《文化论》，商务。
乌格朋〔奥格本〕著，费孝通、王同惠译：《社会变迁》，商务。
孙本文：《社会学原理》，商务。
林惠祥：《文化人类学》，商务。
陶孟和：《社会与教育》，商务。

---

[1] Spranger 著，董兆孚译：《人生之型式》(*Type of Men*)，商务。此书优点，在说明人格与文化之关系。至其所谓精神科学方法论及人格类型说，能否成立，则为另一个问题。

问题

(一) 没有文化的传演,人类社会能否持续?

(二) 说明近代我国文化的演变对于教育的影响。

(三) 根据社会活动以决定教育目标,有没有批评?

(四) 讨论下列教育的意义与目的:

 (1) "教也者,长善而救其失者也。"(《礼记·学记》)

 (2) "处士必就闲燕,处农必就田野,处工必就官府,处商必就市井……旦昔从事于此,以教其子弟。少而习焉,其心安焉,不见异物而迁焉。是故其父兄之教不肃而成,其子弟之学不劳而能。"(《管子》)

 (3) "学者,所以反情治性,尽材成德也。"(王充)

 (4) "为学之大益,在能变化气质。"(张载)

 (5) "教育是使个人适应现代生活的环境;同时发展、组织和训练他的能力,使他有效地、正当地利用这环境。"(鲁迪格)

 (6) "教育是人类需要的充分的满足。"(桑代克)

第六章
国家的教育目的

一 政治与教化

教育是在国家里进行的。国家的政治型式，虽也为全部社会的组织和活动的型式所决定，但在决定了的政治权力之下，国家管理着它的教育文化的机关，规定了它的教育文化的目的。在这意义上，国家成了最高的教育者。

亚里士多德（Aristotle，前384—前322）的《政治学》，早就指出："一种政治，有一种政治之特性，在有国之初早已构成；能继续保存，则国命亦可因之而长存勿替。是以一国之人民，均须受一番训练陶冶之功，使适合于其国之政体。然后富于民主政治之特性者，足以维持其民主政治，优于阀阅政治之特性者，足以保障其阀阅政治。"我国自汉以后，政教的型式没有重大的变更；历二千年到清末才以政治的动因引起教育的改革（见上第一章"中国教育的演进"）。欧洲的政教，在中世纪一千年间也陈陈相因，到近世才以民主政治的展开，同时也以国家权力的扩大，工业革命后经济的繁荣，而有国民教育文化上空前的进步（见上第二章"各国教育的普及"）。

古代的政教合一 在古代社会里，政教是从来合一的。古人所谓"教化"，指民众（治于人者）礼俗的化成，也指贤能（治人者）人才的陶冶。这种教化不只是政治的一部门，而是它的大经大本。所以古人的教育思想常常就是他们的政治思想（见上第三章"大教育家的思想"第一、第二节）。

民俗的化成　《礼记·学记》说:"君子如欲化民成俗,其必由学乎。"根本上,儒家的理想就在于以教化为政治,以"礼"代"刑"。如孔子所谓:"道之以政,齐之以刑,民免而无耻;道之以德,齐之以礼,有耻且格。"战国之末,秦以法家的"信赏必罚"、"富国强兵"的刑政统一了中国,但不久就亡了。汉武帝起,用董仲舒"推明孔氏,抑黜百家"之说,始以儒家的教化为政治的中心,这是中国史上一件大事。从现代人看,董仲舒这主张像是十分保守的。但他自己说:"继治世者其道同,继乱世者其道变。"他的独尊儒家,在他是一种改革或他所谓"更化"。试读他的《贤良对策》:

> 道者,所由适于治之路也;仁义礼乐,皆其具也。……夫万民之从利也,如水之走下,不以教化堤防之,不能止也。是故教化立而奸邪皆止者,其堤防完也;教化废而奸邪并出,刑罚不能胜者,其堤防坏也。古之王者,明于此,是故南面而治天下,莫不以教化为大务。立大学以教于国,设庠序以化于邑,渐民以仁,摩民以义,节民以礼,故其刑罚甚轻而禁不犯者,教化行而习俗美也。……周之末世,大为无道。秦继其后,又益甚之,重禁文学,不得挟书,弃捐礼义而恶闻之,其心欲尽灭先圣之道,而专为自恣苟简之治,故立为天子,十四岁而国破亡矣。自古以来,未尝有以乱济乱,大败天下之民如秦者也。……汉继秦之后,如朽木粪墙矣,虽欲善治之,无可奈何;法出而奸生,令下而诈起,如以汤止沸,抱薪救火,愈甚无益也。窃尝譬之琴瑟不调,甚者必解而更张之,乃可鼓也;为政而不行,甚者必变而更化之,乃可理也。

人才的陶冶　政教的合一,不但要化民成俗,也要教养人才,而使得"贤者在位,能者在职"。从历史上看,每一代人才的消长直接影响它的政治的隆污。宋朝变法的宰相王安石,在他的政治改革以前,就先注意到人才的陶冶。他《上仁宗言事书》里这样说:

> 以方今之世揆之，虽欲改易更革天下之事，合于先王之意，其势必不能也。何也？以方今天下之人才不足故也。……人才何至于今而独不足乎？曰，陶冶而成之者非其道故也。……所谓陶冶而成之者，何也？亦教之、养之、取之、任之有其道而已。

他接着指陈：学者不习礼乐刑政，而只讲说章句，骛于课试之文章；学者以为文武异途，视执兵为耻，而不学骑射行陈之事；那是"教之非其道"。他说制禄太薄，食口稍众者，无不兼农商之利而能充其养；甚至交赂遗、营贵财、贩鬻乞丐，无所不为；廉耻已毁，人有偷惰取容之意，而无矜奋自强之心；那是"养之非其道"。他继续指责那时国家对于人才，如何的"取之非其道"、"任之非其道"，而得到这样的结论：

> 教之、养之、取之、任之，有一非其道，则足以败天下之人才。况兼此四者而有之，则在位之人才固不足矣，而闾巷草野之间，亦少可用之才，岂特行先王之政而不得也！

许多人评论过王安石新政的失败，说是由于他的不能得人才；看了这万言书，知道了他的教育设施，应该说，也由于他的教育设施，没有赶得上他的政治改革。

二　现代思潮*

古代国家的教化，如前节所述，是采取社会的观点的。教化是社会对于个人的范成，不注重个人自由的发展。欧洲近代史的开端是文艺复兴；文艺复兴同时就是个人的解放运动。18世纪以后，民主的革命要求的是个人自由的伸张；而民族的勃兴，又要求国家权力的扩大。从此个人与国家，自由（freedom）与权力（authority），在理论上常常需要重新的解释和折衷。杜威说现代民主主义的教育思想以前,欧洲有两大派代表的教育思想,就是:18世纪的个人主义与19世纪德意志的国家主义。[1]我们应该先略加叙述。

个人主义 法兰西革命之前,思想家愤恨那时君主政治压迫人民自由的弊害,鼓吹一种超轶政治的教育主张,最著名的是卢梭(J. J. Rousseau, 1712—1778)。他的《爱弥儿》(*Emile*),自称是柏拉图《理想国》(见上第三章第二节)以后第二部教育杰作。这部小说的确至今还和柏拉图那戏剧式的对话集相映成趣。他说,人是天生自由的,却到处落在人为的锁链之中。他的口号是"复归于自然"。他假想地把他的学生爱弥儿带到乡村,让他去受"自然"的教育,让他自由发展。他生动地描绘这孩子的身体、感觉、知识、品性,怎样一步步地长成;怎样使他愤怒社会与政治的虚伪、欺诈、压迫,而凭着自己纯洁、质朴、自由的生活,做一个"世界的公民"。这部书的魔力吸引过很多人,裴斯泰洛齐想把它的想象实行出来;德国大哲学家康德(Kant, 1724—1804)也深受它的感动。康德在大学里讲教育学,就说只有个人自由才能有教育改造。可是不论家庭、社会、国家,它们所施行的教育,各有它们的目的,哪里会容许个人的自由?所以这哲人悲观地认为人类教育的进步是十分的迂回、缓慢。

现在代表个人主义的教育思想的也还有人。像意大利儿童院的创始者蒙台梭利(Maria Montessori, 1874—)[2],便是完全依据儿童"自动"、"自由"的原则,创制她的有名的教具、教法的。她曾说:

> 一个儿童,如果没有学会独自一个人行动,自主的控制他的作为,自动的管理他的意志,到了成年以后,不但容易受别人指挥,并且非遇事依赖别人不可。一个学校里的儿童,如果不断的受教师干涉、禁止、呵斥,以至于诟骂,结果会变成一种性格上很复杂的可怜虫。就是一方面对自己的能力不但不认识,并且不信任;一方面对环境发生恐惧。此种内疑外惧的心理,在童年时代我们美其名曰羞缩,而一到成年便可以

---

[1] 见杜威著,邹恩润译:《民本主义与教育》,第七章。
[2] 蒙台梭利生卒年应为1870—1952。——编校者

成为颓丧,成为痿靡不振,成为逆来顺受;一遇危机,连最低限度的一些骨气,一些道德的抵抗力,都拿不出来。[1]

国家主义　19世纪德意志的国家主义,是费希特(J. G. Fichte, 1762—1814)和黑格尔(G. W. Hegel, 1770—1831)的唯心主义哲学的一部分。唯心主义者以为宇宙的本体是精神或理性,而不是死的物质。人在宇宙间,他的本体当然也是他的精神或理性,而不是他的形骸。这涵盖万有而包括"我"的宇宙,也像"我"一样,是有智慧、有感情的,有目的、有意志的;不过它的伟大不但不是"我"可以比拟,也不是"我"可以想象的罢了。我们称它为"大我",或"绝对的我";绝对,是全体而无对的意思。我之为"我",视其实现"大我"(宇宙)的目的的多少以为度。寻常所谓"自我的实现"(self-realization)即指个性的发展,而唯心主义者却说部分(个人)须能够实现全体(宇宙)的大目的、大理想,才能成为一个有意义、有价值的部分,一个真自我。我因认识了全体(宇宙)的理性之必然(包括人间道德的定律),而行其部分所行之当然,那才不是勉强,而是乐愿;不是被迫,而是自由。不认识这宇宙的理性的必然的人,也还是不能违背它的,不过那样遵守道德的规律,便不自由了。至于完全听受肉体物欲的驱使和奴役的人,竟想规避或违背道德的定律,其不自由是更可怜了。这里,自由指择善而行的自觉;不是通俗所谓"自然的权利",而是一种"道德的义务"。唯心主义的自由论大体上是这样。

1806年,普鲁士在耶拿(Jena)战役被拿破仑的军队击败了。以前耶拿大学的教授费希特痛心于他的祖国的耻辱,身历了战时的流离辛苦,挺身起来呼喊民族的复兴。他在柏林,于法国驻军监视下,作14次的《对德意志国民演讲》(*Addresses to the German Nation*)。那时德意志是一个地理上的名词,在政治上,它包括四分五裂各个独立的小邦。费希特要唤起一切德人,在普鲁士的领导下团结起来。他说,民族的构成,不以地理,不以种族,而以文化,即共同的语言文

---

[1] 转引自赫胥黎著,潘光旦译:《自由教育论》,商务,第8页。

学、共同的宗教信仰、共同的科学哲学思想。德意志的语言是最原初的、最纯粹的,不像欧洲其它语言的杂糅了外来成分;德意志的宗教是最有生力的,是德人路德所改革过的;德意志的哲学,是最有创造性的,是德人——他的业师——康德所建立的。

> 然德人之中,岂无贵外而贱内者?……苟其口中之语,半非德语,所农之衣,所行之俗,不出于德,而出于外国者,群且以漂亮称之。然则其胜利之高峰,在乎德人之不为德人耳!

要民族的复兴,先要恢复和加强人民对于固有文化的自爱和自信,而这就要靠教育了。费希特说:

> 新教育者,所以造成德意志人,使之成为一共同之全体,此全体中之各分子,感觉有同一大事在其心目之间。
>
> 教育之目的,在以真正的、万能的"祖国爱",以吾民族为人间永久之民族,与吾民族为永久性之保障者之观念,藉教学之力,植其根固其蒂于各人之心底。……培植此"祖国爱",使其基础阔大、根株深厚,且惟有于慎密与暗藏之中,加以锻炼之工,而后时机一至,可发泄其青年朝气之奋勇,以恢复其国家已失之独立也。[1]

民主主义 法兰西民主革命的口号是:"自由、平等、博爱"。后美国总统林肯(A. Lincoln)有"民有、民治、民享"的名言。这是民主主义在政治上的含义。

依照杜威的民主教育思想,民主不只是一个政治的名词,而指社会生活的一种型式。民主的标准,也不是抽象的理论可以预先决定的,而要从社会生活里发展出来。任何社会,要成为一个社会,必须多少具有下列两个条件:(1)分子与

---

[1] 菲希德〔费希特〕著,张君劢译:《对德意志国民演讲》,中国国民经济研究所。

分子间目的的共同、利益的分享;(2)团体与团体间交接的自由、关系的相互。随着社会生活的演进,这两个条件扩充了,应该逐渐达到:(1)人人的平等互助,而阶级能够消除;(2)国际的亲善合作,而战争可以废止。那就是"大同"的理想了。一个社会,能够把这两个条件扩充到什么程度,便是民主到什么程度。现在的民主社会,既还在发展生长之中,它所施行的教育距离民主的理想还很远。杜威一生所致力的,是要以儿童教育先作一个起点。他的教育思想详见上第三章第十节。[1]

近年英美教育家关于民主教育的论文和专集刊出的很多。其中,美国全国教育会等的教育政策委员会于1938年所出《民主教育的目的》,是值得注意的,因为它代表多数人意见的集中。它把具体的教育目标,归纳为下列四项:[2]

一、自我的实现(self-realization);

二、人群的关系(human relationship);

三、经济的效能(economic efficiency);

四、国民的责任(civic responsibility)。

朱经农说:"民治主义的教育,一方面维持个人的发展,一方面注重社会的秩序;对于国家的自由和民族的平等十分尊重,同时希望大同之治;修己之后,进而爱人;治国之后,进而平天下。此种学说,不偏不倚,或可供吾人建立教育政策之参考。"[3]

社会主义 社会主义的思想也在演变发展中;它的派别也不一。它争取工农群众的自由平等,所以欧洲19世纪的社会主义,也称为"社会民主主义"(social democracy)。它的创始者之一欧文(R. Owen,1771—1858),同时也是一个慈善的教育家。他在苏格兰开始设立幼稚学校,和福禄培尔、蒙台梭利有同样的功绩。他于1818年访问裴斯泰洛齐,也有过儿童自由发展的同样的主张。即使是现在苏联的社会主义国家,其初期的教育也曾采取与蒙台梭利和杜威大略

---

[1] 阅杜威:《民本主义与教育》。
[2] Educational Policies Commission, *The Purposes of Education in American Democracy*, N. E. A, 1938.
[3] 朱经农:《教育思想》,第20页。

相同的原则,这从 1928 年杜威的《苏俄印象记》可以看出来。苏联教育家平克维奇(A. Pinkevitch, 1884—)他说过:

> 凡不顾儿童发展的特性,而强制施行政治的训练,只会发生有害的结果。一方面,政治的目的不能达到;它方面,儿童的正常发展却被牺牲了。……政治训练的目标必须与儿童的能力与兴趣相调和;每一目标,既预经从儿童心理的观点评量过,当然也不会和儿童的发展相矛盾。[1]

但是 1933 年以后,情形便不同。苏联教育配合着几次的"五年计划",显然进入了一个严格管制的阶段。1935 年有划一课程、严密管训的《学校改革令》,1937 年又有加强 8 岁以上儿童的军事训练的命令。这样,教育的目的完全被支配于生产与国防的迫切要求;它的内容也变成十分刻板而划一了。

三 三民主义

国父遗教 国父的《三民主义》、《建国方略》、《建国大纲》等遗著,是中华民国的政治典范,也包含他的教育文化方策。《民族主义》第六讲,告诉国人:要恢复我们民族固有的道德、知识和能力,也要迎头赶上去,学外人之所长,尤其如科学,才能和欧美并驾齐驱。关于我们固有的道德智能,国父特别提出"忠孝仁爱信义和平";与《大学》"格物、致知、诚意、正心、修身、齐家、治国、平天下"的条目。他说:"'大学'上那一段话,把一个人从内发扬到外,从一个人的内部做起,推到平天下。照这样的精微开展的理论,无论是甚么政治哲学家,都没见到,都没有说出。"《民权主义》第二讲,指示我们自由的真义,说:"从前欧洲在民权初萌芽的时代,便主张自由。到了目的已达,各人都扩充自己的自由,于是由于自由

---

[1] Pinkevitch, *New Education in the Soviet Republic*, p. 240.

太过,便发生许多流弊。所以英国有一个学者叫做穆勒的,便说一个人的自由,以不侵犯他人的自由为范围,才是真自由。"中国革命的目的,不是为个人争自由,乃为国家争自由。国家要得到完全自由,便要大家牺牲个人自由,结成很坚固的团体,像把士敏土搀加到散沙里,而结成一块坚固的石头一样。

三民主义与哲学 国父的"知难行易"的哲学,见于所著《孙文学说》,这是一个极大的创见。他也提到和杜威晤谈,以资印证,说:"当此书第一版付梓之夕,适杜威博士至沪,余特以此言询之,博士曰,吾欧美之人,只知知之为难耳,未闻行之为难也。"后蒋介石于领导抗战中讲《行的道理》,更主张"以阳明'知行合一'动的精神,加上国父'知难行易'行的哲学来阐明,融会贯通为一种新的民族精神"。

贺麟曾说:"在中国兴起的新哲学,可以说是中国的民族哲学。……因为三民主义是中国近几十年来提倡纯正学术,容许学术自由的开明力量;中山先生说他的思想,是承尧、舜、文、武、周公、孔、孟而来的正统思想。我们的新哲学,亦必承此历史的传统,所以其内容必能与三民主义的内容相合流。"[1]

三民主义与教育思潮 邱椿讲《三民主义的教育思潮》,曾有如下的结论:

> 三民主义教育学的范畴,即是三民主义的范畴——博爱。总理说过:"三民主义的出发点是爱。因为爱人类,所以才用三民主义去救他们,去解除他们的痛苦。"总理为人书横额,也常题"博爱"二字。博爱是三民主义的出发点,是它的最后根源与最高范畴。所谓博爱,即是一己的精神人格和全人类的精神互相渗透、完全融合,而全无人我畛域之私见的一种精神态度。它不仅是一种单纯的情绪,而包涵理性和道德意志的因素;它透入精神人格的最深一层;它能融化一切畛域私见,调和一切对立性,综合一切矛盾性,所以对于人类一视同仁,而产生平等的观念。民族主义的目的,在实现国际上的平等;民权主义,在实现政治上的平等;民生主义,在实现经济上的平等。

---

[1] 贺麟:《当代中国哲学》,胜利出版公司,第82页。

三民主义教育学的目的,在培养个人必需的态度和智能,使其能担负这建设和谐的、平等的新社会关系的神圣任务。它应是能够调和综合种种互相冲突的陶冶价值之教育学。博爱是三民主义教育学的范畴,综合性或调和性是其本质。一、从民族主义的立场,它要调和国家主义和世界主义的教育价值;二、从民权主义的立场,它要调和自由主义和权力主义的教育价值;三、从民生主义的立场,它要调和实用主义和人文主义的教育价值。

……[1]

四 三民主义的教育宗旨

民国十八年(1929),中国国民党第三次全国代表大会通过的《确定教育宗旨及其实施方针案》说:"过去教育之弊害:一为学校教育与人民之实际生活分离,教育之设计不为大多数不能升学之青年着想,徒提高其生活之欲望,而无实际能力之培养以应之,结果使受教育之国民增加个人之痛苦,以酿社会之不安。二为教育功用,不能养成身心健全之分子,使在国家社会之集合体中,发挥健全分子之功用,以扶植社会之生存。三为各级教育偏注于高玄无薄之理论,未能以实用科学促生产之发达,以裕国民之生计。四为教育制度与设施缺乏中心主义,只模袭流行之学说,随人流转,不知教育之真义应为绵延民族之生命。……今后彻底更始之谋,自非明定三民主义教育之宗旨,并就最急需之点,确立实施之方针不为功。"所定《中华民国教育宗旨及其实施方针》全文如下:

甲、教育宗旨 中华民国之教育,根据三民主义,以充实人民生活,扶植社会生存,发展国民生计,延续民族生命为目的;务期民族独立,民权普遍,民生发展,以促进世界大同。

---

[1] 邱椿:《现代中国教育思潮》。

乙、实施方针　前项教育宗旨之实施,应遵守下列之方针:

(一)各级学校之三民主义之教育,应与全体课程及课外作业相贯连。以史地教材,阐明民族主义之真谛;以集团生活,训练民权主义之运用;以各种生产劳动之实习,培养实行民生主义之基础。务使知识、道德,融会贯通于三民主义之下,以收笃信、力行之效。

(二)普通教育,须根据总理遗教,以陶融儿童及青年"忠、孝、仁、爱、信、义、和平"之国民道德,并养成国民之生活技能,增进国民之生产能力为主要目的。

(三)社会教育,必须使人民认识国际情况,了解民族意义,并具备都市及农村生活之常识,家庭经济改善之技能,公民自治必备之资格,保护公共事业及森林园地之习惯,养老、恤贫、防灾、互助之美德。

(四)大学及专门教育,必须注重实用科学,充实学科内容,养成专门知识、技能,并切实陶融为国家社会服务之健全品格。

(五)师范教育,为实现三民主义的国民教育之本源,必须以最适宜之科学教育,及最严格之身心训练,养成一般国民道德上、学术上最健全之师资为主要任务。于可能范围内,使其独立设置,并尽量发展乡村师范教育。

(六)男女教育机会平等。女子教育并须注重陶冶健全之德性,保持母性之特质,并建设良好之家庭生活及社会生活。

(七)各级学校及社会教育,应一体注重发展国民之体育。中等学校及大学专科,须受相当之军事训练。发展体育之目的,固在增进民族之体力,尤须以锻炼强健之精神,养成规律之习惯为主要任务。

(八)农业推广,须由农业教育机关积极设施。凡农业生产方法之改进,农民技能之增高,农村组织与农民生活之改善,农业科学知识之普及,以及农民生产、消费、合作之促进,须以全力推行;并应与产业界取得切实联络,俾有实用。

民国二十七年(1928),教育部遵照中央《抗战建国纲领》,订定《战时各级教育实施方案纲要》,开端说:

教育为立国之本;整个国力之构成,有赖于教育在平时然,在战时亦然。国家教育在平时若健全充实,在战时即立著其功能。其有缺点,则一至战时,即全部暴露,而有待于急速之补救与改正。所贵乎战时教育之设施者,即针对教育上之缺点,以谋根本之挽救而已,非战时教育之必大有异于平时也。

今后教育之设施,其方针有可得而言者:一曰,三育并进。二曰,文武合一。三曰,农村需要与工业需要并重。四曰,教育目的与政治目的一贯。五曰,家庭教育与学校教育密切联系。六曰,对于吾国固有文化精粹所寄之文史哲艺,以科学方法加以整理发扬,以立民族之自信。七曰,对于自然科学,依据需要,迎头赶上,以应国防与生产之急需。八曰,对于社会科学,取人之长,补己之短;对其原则,应加整理;对于制度,应谋创造,以求一切适合于国情。九曰,对于各级学校教育,力求目标之明显,并谋各地平均之发展;对于义务教育,依照原定期限,以达普及;对于社会教育,力求有计划之实施。

五 教育文化的基本国策

民国三十五年(1946),国民大会"依据孙中山先生创立中华民国之遗教,为巩固国权,保障民权,奠定社会安宁,增进人民福利,制定《宪法》,颁行全国"。按《中华民国宪法》第十三章"基本国策",第五节"教育文化",凡十条,录如次:

第一五八条 教育文化,应发展国民之民族精神、自治精神、国民道德、健全体格、科学及生活智能。

第一五九条 国民受教育之机会一律平等。

第一六〇条　六岁至十二岁学龄儿童，一律受基本教育，免纳学费。其贫苦者，由政府供给书籍。

已逾学龄未受基本教育之国民，一律受补习教育，免纳学费，其书籍亦由政府供给。

第一六一条　各级政府应广设奖学金名额，以扶助学行俱优无力升学之学生。

第一六二条　全国公私立之教育文化机关，依法律受国家之监督。

第一六三条　国家应注重各地区教育之均衡发展，并推行社会教育，以提高一般国民之文化水准。边远及贫瘠地区之教育文化经费，由国库补助之。其重要之教育文化事业，得由中央办理或补助之。

第一六四条　教育、科学、文化之经费，在中央不得少于其预算总额百分之十五；在省不得少于其预算总额百分之二十五；在市县不得少于其预算总额百分之三十五。其依法设置之教育文化基金及产业，应予以保障。

第一六五条　国家应保障教育、科学、艺术工作者之生活，并依国民经济之进展，随时提高其待遇。

第一六六条　国家应奖励科学之发明与创造，并保护有关历史文化艺术之古迹、古物。

第一六七条　国家对于下列事业或个人，予以奖励或补助：

一　国内私人经营之教育事业成绩优良者；

二　侨居国外国民之教育事业成绩优良者；

三　于学术或技术有发明者；

四　从事教育久于其职而成绩优良者。

阅读

杜威著，邹恩润译：《民本主义与教育》，商务，第七章。

吴俊升：《教育哲学大纲》，商务，第七章。

菲希德〔费希特〕著，张君劢译：《对德意志国民演讲》。

朱经农：《教育思想》，商务。

问题

（一）试述董仲舒的教化理想。

（二）所谓个人主义，有没有它的社会理想？

（三）民主主义的教育，对于个人与社会如何调和？

（四）唯心主义的国家与自由观念如何？

（五）国父关于民族文化有何种指示？

（六）三民主义的教育思想有什么特质？

第七章
国民学校

一　国民教育的沿革

我国普及教育运动,从二十八年(1939)以后,步入一个新时代。随着新县制的推行,各县市分别设立保国民学校和乡(镇)中心国民学校。新设立的国民学校和以前的小学不同;因为它的施教对象,同时包括学龄儿童和失学民众。除了实施义务教育以外,兼办成人补习教育。

我们追溯国民教育制度的产生,可能有下面几个来源:远在宋、明时代,就有地方自治组织;如乡约、社学、社仓和保甲,举办地方的"管、教、养、卫"事业。清末兴学迄今,义务教育与民众教育运动相继发生。二十二年(1933)以后,江西创立的保学和广西推行的国民基础教育,对于国民教育的规制尤其有深切的影响。

乡约社学社仓保甲　乡约、社仓和保甲,都创自宋代,由当时的许多大儒积极提倡。程颐为晋城令,立保伍法;王安石执政以后,改为保甲法。朱熹创立社仓,各地先后仿行。乡约由吕大钧依据了古人所说的"出入相友,守望相助,疾病相扶持"意思,约集了邻里族党发起,后代称作《吕氏乡约》。它的发起辞说:"人之所赖于邻里乡党者,犹身有手足,家有兄弟,善恶利害,皆与之同,不可一日而无之。不然则秦越其视,何与于我哉！大钧(原作大忠)素病于此,且不能勉,愿与乡人共行斯道。惧德未信,动或取咎,敢举其目,先求同志,苟以为可,愿书其诺！成里仁之美，有望于众君子焉。"相约共勉为善，共有四大纲目：一、德业相劝，偏于修身齐家的事情；二、过失相规，注重戒烟酒、赌博、游惰、斗殴的事情；三、礼俗相交，包括长幼之序和相亲相敬之礼；四、患难相恤，包括水火、盗贼、疾病、死丧、孤弱、诬枉和贫乏。朱熹修改《吕氏乡约》后，宋末流行很广。

元代推行社制，把宋代的乡约、保甲，都包括在内。每社五十家，由人民公选社长一人。社长管理乡村自治，劝课农桑，负责教化，又立社学与义仓。明初洪武年间，令全国设立社学，最先规定每五十家，设立社学一所；后改里制，每里创办社学一所，很像现在的国民学校。当时的大教育家王守仁，在江西，一面推行南赣乡约，一面也提倡设立社学，又有吕新吾则主张"寓教育于乡约保甲之中"，创立"乡甲约"。清代顺治、康熙年间，亦曾竭力提倡乡约、保甲与社仓。

义务教育的推行 清末，朝野人士已注意到教育的普及，他们最先的对象，便是儿童的义务教育。光绪三十二年(1907)，学部咨行各省筹施强迫教育，同时还颁布了《强迫教育章程》十条，规定：幼童至7岁须令入学，及岁不入学者，罪其父兄，这是我国义务教育的开始。民国四年(1915)，教育部又颁布《义务教育施行程序》，规定国民学校分为多级、单级和半日各种，4年毕业，为义务就学期限。民国七年(1918)，山西省厉行义务教育，以半年为一期，分七期进行，先从城市实行，逐渐推及乡村。到九年(1920)，教育部又订定分期筹办义务教育清单，限8年内全国普及。十年(1921)，袁希涛在江苏组织义务教育期成会，努力鼓吹义务教育，照那时的调查，除山西省、广州市以外，各省很少实施的成绩。

国民政府成立以后，积极实施义务教育。二十一年(1932)，就颁布《第一期实施义务教育办法大纲》和《短期义务教育实施办法大纲》，可惜没有什么成效。到了二十四年(1935)，重行颁布《实施义务教育暂行办法大纲和施行细则》，规定从二十四年(1935)到三十三年(1944)的十年中，分三期实施义务教育。由于战事的影响，这计划又没有能够充分实现。

民众教育的提倡 关于失学成人的补习教育清末也已经注意。宣统元年(1909)颁行《简易识字学塾章程》，在北平、南京、天津等处也曾设立过简易识字学塾和简字学堂。民国十九年(1930)，通过《实施成年补习教育初步计划》，令各省、市、县普设民众学校。二十五年(1936),订定《实施失学民众补习教育办法大纲》,规定在6年以内肃清全国文盲,又没有达到预期的效果。

五四运动以后,"平民主义"盛倡一时。热心教育的人,创办"平民学校"。晏阳初等组织"中华平民教育促进会",最先注重平民的识字。以后在定县设立实验区,便推行文艺、生计、卫生、公民四大教育了。其实施方式,分"学校式"、"社会式"和"家庭式"。施教的对象是整个乡村的平民:儿童、成人、妇女等。十五年(1926),陶行知倡导以乡村教育改造乡村社会;以学校为社会之中心。他设立晓庄试验乡村师范,以实现他的理想。他以为"要从乡村实际生活,产生活的中心学校;从活的中心学校,产生活的乡村师范;从活的乡村师范,产生活的教师,……活的乡村教师,要有农夫的身手,科学的头脑,改造社会的精神"[1]。后来他的试验虽然中断了,他的学生却散布到广西、安徽、江西等省。各省教育,多受他的影响。梁漱溟从二十年(1931)起,也在山东邹平设立试验区,注重"政"、"教"、"富"、"卫"的合一,以村学与乡学为中心。村学和乡学设立的用意和《吕氏乡约》相仿。他说:"中国古有《吕氏乡约》,总其用意,正和我们现在要成立村学、乡学的意思相仿。亦可以说我们正是要师法古人。""乡约是大家自动的相勉于人生向上之途,在此相勉向上之时,即含有互相照顾之义。为我们生活的方便计,种种活动,如防卫匪患,组织仓库,……有必要时,即进行合作。自卫就是政治组织,仓库就是经济组织;无论政治或经济均行放在乡约的组织里,此组织只好叫它为'教学的组织'。政治、经济、教化三者合一炉而共治之。"不过他更补充地说:"但今日世界不同于古,我们于师法古人相勉为善之外,还须注意求进步。"[2]村学和乡学以全村的民众,作为教育对象;社会式教育工作,注重社会改良和建设;学校式教育工作包括儿童部、成人部和妇女部。此外像中华职业教育社,在昆山徐公桥,也试办实验区;标揭"自治治群"、"自养养人"、"自卫卫国"三大目的。江苏省立教育学校的黄巷、北夏实验区,亦有相当成绩。

江西的保学和广西的国民基础学校 二十二年(1933)后,江西推行保学。

---

[1] 陶行知:《中国教育改造》,泰东。
[2] 梁漱溟:《乡村建设文集》(第一集),山东乡建研究院。

规定每保设保立小学一所；联合数保，可设保联中心小学，区设区中心小学，乡镇设乡镇中心小学。每校都分设儿童班和成人班。保学有保学委员会，以本保保长为主席委员。

广西的国民基础教育，与保学的组织相似。村(街)设立村街基础学校，乡镇设立乡镇中心基础学校。每校分设托儿班、幼稚班、初级班、高级班、短期班和成人班；实行军政教合一，校长由乡(镇)长或村长兼任。

以上这些办法，直接或间接决定了国民教育的性质和范围。它的基本精神，是"管"、"教"、"养"、"卫"的合一。它的范围，是义务教育和民众教育的兼施。

二　国民教育的实施

推行国民教育的计划　政府为了实施国民教育，二十九年(1940)以后，订定两次五年计划。第一次五年计划，规定自三十年(1941)起至三十四年(1945)止；第二次五年计划，自三十五年(1946)起至三十九年(1950)止。

第一次五年计划，又分成三个时期。按照预定的计划，到了第三期(三十四年(1945))结束的时候，每保应该都能设立国民学校1所。入学的儿童，要达学龄儿童总数90%以上；入学的民众，要达失学民众总数60%以上。在这期间，因为抗战，沦陷区虽无法实施，而大后方各省的国民教育却有了显著的进步。

第二次五年计划，规定逐步整理和充实已经设立了的国民学校，同时注重各校教师的专业训练。现正在进行之中。

实施国民教育的成绩　二十九年(1940)，教育部指定后方的四川、云南、贵州、广西、广东、湖南、福建、浙江、江西、陕西、甘肃、河南、湖北、重庆等14省市，实施国民教育。三十一年(1942)，又令安徽、宁夏、西康、青海、新疆五省，推行国民教育。依据统计，这19省市入学儿童占学龄儿童的百分比，在二十九学年度(1940)是42%；到了三十三学年度(1944)，已经增加到76%。[1] 虽然还不

---

[1]《中国的基本教育》，第46页统计。

能符合预定的计划,这成绩也已差强人意了。

三 国民学校的目标与功能

国民学校的名称 清末,小学分为初等小学堂和高等小学堂。民国元年(1912)的《学校系统》,改称初等小学校和高等小学校。民国四年(1915),教育部曾令切实筹办义务教育,又改初等教育为二种:一名国民学校,含有国民义务教育的意思;一名预备学校,专为升学的预备。国民学校的名称从这时才开始通用。不过到了十一年(1922),公布《学校系统改革令》,名称又改变了;称作初级小学校和高级小学校。国民政府成立以后,就称初级小学与高级小学[1];并增设简易小学及短期小学。同时江苏嘉定从十七年(1928)起,施行中心小学区制。以中心小学,主持区内教育的行政;辅导区内教育的活动;还办理区内的社会教育和合作事业。无锡、金山等县和浙江等省,也都先后仿行,这是中心小学名称的由来。二十二年(1933)后,江西有保联中心小学、区中心小学和乡镇中心小学。广西也有乡镇中心基础学校。三十年(1941)政府颁行《国民教育实施纲领》,规定每乡镇设六年制的中心国民学校,每保设四年制国民学校;各校除招收学龄儿童以外,还收容失学成人。

国民学校的目标与功能 国民学校是实施基本教育的场所。它的施教对象是6岁到12岁的学龄儿童和已逾学龄的失学民众。按照《中华民国宪法·教育文化》一节里面的规定:"国民受教育之机会,一律平等。"(第一五九条)"六岁至十二岁学龄儿童,一律受基本教育,免纳学费。其贫苦者,由政府供给书籍。已逾学龄未受基本教育之国民,一律受补习教育,免纳学费,其书籍亦由政府供给。"(第一六○条)

什么是基本教育?第一,是包括儿童与成人的教育;第二,如郑宗海的解释:

---

[1] 一般为初级小学4年,高级小学2年,合称完全小学6年。——编校者

基本教育应是包括做人的基本态度、基本知识、基本技能、基本习惯。何所本？曰人本。一切知能、兴味、理想，都应以人生为枢纽，为转轴。离却人生，所谓"教育"便无足道，便非"教育"，必明此义，然后基本一名词，方有正当的附丽与正确的诠释。既以做人为出发点，则基本之涵义，弥见其广大与深厚。健康人生也，经济人生也，求知人生也，审美人生也——而尤要者，为人与人间最适宜最美好的关系之维持、培养与发展。孔曰仁，耶曰爱——此则实为人类教育基本之基本。[1]

国民学校的职能，便在引导儿童的发展，使获得基本的知识、技能和理想，以满足共同的健康、职业、公民、休闲生活的需要。《国民学校法》第一条便规定："国民学校实施国民教育，应注重国民道德之培养及身心健康之训练，并授以生活必需之基本知识技能。"

国民学校与国家建设 为了建设新国家，政治上实施新县制，唤起民众，发动民力，加强地方组织，促进地方事业；教育上推行国民教育，设立国民学校。政治的刷新和教育的改革，有密切的联系。

新县制规定以10户为甲，10甲为保，10保为乡镇，集15至30乡为区，隶属于县政府。保甲是地方基层的自治单位，国民学校是推动地方自治的中心机关。

地方从事政治、文化、经济、军事等建设；举办"管"、"教"、"养"、"卫"各种事业；训练每一个国民具有生存、自卫和行使公权的能力，都以国民学校为枢纽。

四　国民学校的组织与课程

学校的设置 国民学校是全国人民所受最低限度的教育机关。现制，照《国民学校法》的规定："国民学校，应每保设置一所，但地方有特殊情形者，得增设之，或联合数保共设一所。"（第三条）"一乡（镇）内之国民学校，应以一校为中心

---

[1] 郑宗海：《"天都""基本教育"之展望》，载《基本教育》第1期。

国民学校,设于乡(镇)适当地点,兼负辅导各保国民学校之责。乡镇区域辽阔或国民学校校数较多者,得增设中心国民学校。"(第四条)

"国民学校及中心国民学校,均分设儿童教育、失学民众补习教育两部:国民学校之儿童教育,以仅设初级——自一年级起至四年级止——四个学级为原则,必要时得增设高级——五年级及六年级——两个学级,分别收受保内六足岁至十二足岁之学龄儿童,施以四年或六年之基本教育。中心国民学校之儿童教育,设高初两级——自一年级起至六年级止计六个学级——除收受学校所在保及附近未设有国民学校各保之学龄儿童,施以四年或六年之基本教育外,并得收受本乡(镇)内各保国民学校初级毕业生,施以基本教育。国民学校及中心国民学校之办理失学民众补习教育,得分高初两级。各级均分为成人班及妇女班,应在儿童班上课时间外,按季节选择适应时间(如晨间、下午或晚间)上课;初级班收受已逾学龄至四十五足岁之失学民众,施以四个月至六个月之补习教育;高级班收受已受初级补习教育之男女,施以六个月至一年之补习教育。"(《国民学校及中心国民学校规则》第四条)此外,"国民学校及中心国民学校,均得附设幼稚园"(《国民学校法》第八条)。

中心国民学校对于保国民学校又负有教育辅导的责任,是地方教育的辅导机关。中心国民学校一方面是保国民学校的模范;同时在教学设施上,又负实际辅导的责任。

学级的编制 清末的普及教育运动,一度注重推广乡村小学。乡村小学设备简陋、学生不多,适于复式编制法。所以在宣统年间,江苏省教育会曾派俞子夷、杨保恒、周维城赴日本考察单级教学法。归国以后,并开办"单级教授练习所"。江苏各县都派员听讲,其他各省也派人学习。民国初年,各地乡村小学逐渐增加,师资很感缺乏,就纷设师范讲习所,讲授复式教学。五四运动以后,道尔顿制(Dalton Plan)等传入中国,许多小学都加试验,很是风行,如南京高等师范学校附属小学和杭州第一师范的附属小学。二十一年(1932),开始实行义务教育,乡村学校因校舍、经费、设备、教师各种关系,大多采取复式编制。复式教学的问题,才重行引起了大家的注意。现在国民学校的学级编制,照教育部规定:

"国民学校及中心国民学校之学级编制,以用单式为原则;但有特殊情形者得用复式及单级或二部编制。每学级学额以五十人为度,至少二十五人。"

单式和复式编制 学生人数多的学校,以一学年作一学级,这叫做单式的学级编制。但遇到学生人数不多,或教室数也不敷分配。那末经济一点,把相近的两学年,例如第一学年和第二学年,或第二学年和第三学年,合并在一个教室,这就称为复式的学级编制。假使学生人数更多,设备更简,那就只有把第一、二、三、四各学年的学生,都合在一个教室里上课,这通称"单级学校"。但其实,它只是一个"单室学校";若以学级编制言,则是复式之复式了。

二部编制 二部编制是单为谋教师的经济或校舍的经济的教学组织。有全日二部制和半日二部制之分。全日二部制是单级学校的变例,使一部儿童受课时,另一部儿童自习,隔时互换。半日二部制,则是半日学校的复合,一部儿童上午就学,另一部儿童下午就学。

课程与教导 我国以前儿童在私塾里学习的课程,包括识字、书法、读经、作文等(见上第一章)。新式学校创立以后,小学堂有了新式的课程,如修身、读经、中国文学、算术、历史、地理、格致、体操;此外,视地方情形,加授图画、手工。民国元年改革课程,废止读经,增加手工、音乐。十一年(1922),课程又有变更,小学校课程分为:国语、算术、卫生、公民、历史、地理、自然、园艺、工用艺术、形象艺术、音乐和体育。国民政府成立以后,这些科目又有合并,或改名。现行国民学校儿童部课程,低年级(一、二年级)和中年级(三、四年级)有:团体训练、音乐、体育、国语、算术、常识、图画、劳作。高年级有:团体训练、音乐、体育、国语、算术、社会(包括公民、历史、地理)、自然、图画和劳作。成人班与妇女班课程有:国语、公民、常识、算术、音乐、职业常识。[1]

以前儿童和成人分别入小学与民众学校,教学与训导的事情比较简单。在小学方面,自杜威来华以后,曾试验设计教学法。陶行知也提倡"教学做合一"。陈鹤琴的"活教育",更反对旧日的教学方法,主张"做中教"、"做中学"和"做中

---

[1] 教育部:《国民学校及中心国民学校规划》及民国三十一年(1942)《小学课程标准》。

求进步"。在民众学校方面,也有人依据成人学习心理来改进识字教学。自从国民学校成立,同一学校要容纳儿童、成人和妇女,教学训导是很困难的问题了("教学"与"训导"原则,见下第八及第九章)。而且教师除了教学以外,还要协助乡镇公所和保办公处训练民众,推进地方自治,举办社会服务事业,职务也是繁重得很("教师",见下第十章)。

五 研究与实验

联合国教育科学文化组织 联合国教育科学文化组织(United Nations Educational, Scientific, and Cultural Organization or UNESCO)是国际间教育科学和文化合作的一个中心机构。1946年11月在巴黎举行首届大会,正式成立,我国简称为联教组织。

联教组织的宗旨:"在促进各民族间教育科学与文化之合作,以推进对于正义法治及人权与基本自由之普遍的尊重,不分种族、性别、语言或宗教,以期有所贡献于和平与安全。"它包括教育、科学和文化方面的一切重要的活动:设有教育、民众传播、图书馆及博物院、自然科学、社会及人文科学和艺术及文学等六组。

联教组织成立以后,就发起基本教育(Fundamental Education)运动。对于基本教育的推行,注重四个方面:一、设立基本教育评议会(Panel on Fundamental Education)。二、编辑基本教育报告书——叙述世界各国基本教育现状,并讨论基本教育原理[1]。三、举办基本教育"示范设计"(Pilot Project)——在中国和海地(Haiti)试办"示范设计",从事研究和实验。四、举行基本教育分区研究会议(Regional Study Conference)——探讨各区域的基本教育问题,明了当地的实况,寻求解决的方法。

第一次基本教育分区研究会议,已于1947年9月在南京举行。参加的有澳

---

[1] 王承绪译:《基本教育问题》,商务。

大利亚、缅甸、中国、香港(地区)、印度、马来西亚、尼泊尔、新西兰、萨拉瓦克、泰国、新加坡和联教组织等12单位。会中讨论了基本教育目的、内容、方法和技术等问题;并拟议示范设计。

关于示范设计,通过在中国设立实验区,采用最新方法,实验基本教育。实验的项目包括:基本字汇和语文教学方法的研究、教科书和读物的研究、教育方法的研究、教育经费的研究,和师资训练的问题等。

国民教育实验区 很早以前,像中华平民教育促进会、山东乡村建设研究院、中华职业教育社等团体,便设立乡村教育实验区。民国三十年(1941)以后,为了推行国民教育,教育部又指定了师范学院和师范学校设立国民教育实验区。设立得最早的,像国立社会教育学院、国立幼稚师范学校、国立西北师范学院,和国立丽江师范学校的国民教育实验区。最近才举办的像济南市、南京市和杭州市的国民教育实验区。

国民教育实验区里面的行政事项,归地方教育主管机关负责;学术上的实验、研究、辅导等事项,则由主持的学校负责。最近实验和研究的问题,多偏重在语言文字的教材和教学方法。

现在推行国民教育的困难,概括地说,有经费、师资、语文教学和边疆教育等问题。如果基层的地方行政机构不能改进;教育经费没有保障;语文不能便利人民大众的学习;则虽有各种教材和教法的新实验,依然不会得到根本的解决。以前我们曾叙述现代几个国家普及教育的情形。看了苏联的扫除文盲、土耳其的文字改革和墨西哥的乡村学校,对于我国国民教育的推行有怎样的启示呢?

阅读

联合国教科文组织编,王承绪译:《基本教育》,商务。

教育部:《中国的基本教育》,商务。

程其保:《小学教育》,商务。

俞子夷:《一个小学十年努力记》,中华。

教育部：《国民教育法规辑要》，正中。

问题

（一）国民教育制度是怎样产生的？

（二）什么是基本教育的涵义？

（三）保国民学校和乡(镇)中心国民学校的关系如何？

（四）国民学校里儿童班与成人班、妇女班，课程有什么不同？

（五）参观国民教育实验区的实验学校，记载实验和研究的工作。

第八章
教　学

一　教材和学习

教法和教材　我们先要说明的,是教法和教材的关系。没有教材,教师不能凭空教学;没有教法,教材也不能充分发生它的功用。所以杜威说:"教材与教法是彼此联络贯穿的。"这话说来像是简单,其实人们因为常常忽视了这简单事实,而有两种不同的误解:一是离开教材而虚构教法,徒使方法、技术、名目纷繁,而实际上并无教材的准备。我们要想试行设计教法,而设计教材至今还很缺乏,便是一个例子。一是离开教法而专重教材,以为教师只须熟习各科教材,便什么方法都不必要。殊不知教师并不能替代儿童学习;不以适当的方法,给予刺激,指导反应,则书本只是书本,并不能成为真的教材。偏重教材和偏重教法一样地犯着错误。

教法和学习　其次,我们要说明教法和学习的关系。所谓教学,只不过用刺激以引起反应,或者说只不过指导学习。"教的法子,要根据学的法子"的。旧时称为"教授法"而现在改称"教学法"[1]用意也就在此。所以我们在列述教学方法以前,还应该回忆第四章里学习历程的性质,而能够举出几条最主要的学习的

---

[1] 近年来,美国所出教学法的书籍,都称"学习指导法"。如 Monroe, *Directing Learning in the High School*; Burton, *Nature and Direction of Learning*; Palmer, *Progressive Practices in Directing Learning*.

原则。

二 学习的原则＊

我们曾说：一切学习都是行为的变化，都是儿童对于情境的自动和有效的反应。下列几个原则是多数心理学者所承认的。

学习是反应 第一，即学习是反应。读者幸勿以为这是无谓的烦絮。这是肯定学习是自动的历程，而不是被动的吸收或接受；也称为"自动的原则"[1]。

儿童对于教材没有自动的反应，则即使教师十分努力，或愿意为之代劳，也是得不到真正的学习的。以前学校的教法注重教师的活动；怎样发问、怎样讲解、怎样示例、怎样概括，虽然循循善诱，但以缺乏儿童的活动，到底劳而少功。儿童的自动，是学习的第一条件。

所谓"由行而知"[2]，所谓"在做上学"，都不过是自动的注解。传遍一时的"教学做合一"的原则是："教的法子，根据学的法子；学的法子，根据做的法子。"[3]

学习要有动机 学习要有需欲的感觉，或动机的引起，才能经济而有效。通常除了用需欲或动机以外，教育书里有时也用心向（set）、诱因（incentive）和兴趣（interest）等名词。动机对于学习的影响有两方面：第一，它是发动力，它引起各种学习的活动。其次，它准对着目的（goal），决定活动的方向：使对于学习的情境有所取舍，对于学习的反应有所选择。[4]

教学不只是提示教材，尤其紧要的，在教师布置适当的学习情境，引起儿童的学习动机；如选择适合兴趣的教材，明确说明教材的目的，显示学习成绩的进步，或利用实物、图画、设计和实验，增加儿童的兴趣。至于奖赏、惩罚、比赛、竞

---

[1] 自动的原则（Principle of Self-activity）为福禄培尔所倡。
[2] Learning by doing 是欧美新教学法的口号，"在做上学"，是陶行知的原则。
[3] 见陶行知：《中国教育改造》。
[4] 见 D. G. Ryans, Motivation in Learning, 载《美国教育学会年鉴》第 41 册第二部分, *The Psychology of Learning*, 1942。

争等,教师应用时要非常慎重,倘使徒以诱诳、娱悦为事,则兴趣反而会减低学习的效能。以前教育上有所谓兴趣和努力的论争,现在已没有多少意义了。因为,照现在的解释:所谓兴趣,不外乎行为的动机;而努力则指行为的坚持、困难的克服。克伯屈(Kilpatrick)说得好:"兴趣与努力,皆为应付困难之健全活动中所同具。自对于目的之情绪的热忱言之,谓之兴趣;自困难当前,自我之坚忍前进言之,谓之努力。兴趣与努力,为同一进行的活动之二面。"[1]凡是能够引起动机的活动,没有不能够持续的。

学习要有组织 儿童的学习,是对于整个学习情境的反应。所以学习愈注重整个组织或全体结构,便愈有成功。儿童最先对于整个学习情境,只是模糊的适应。由于不断的试探(动作、观察和想象等),他逐渐能够辨别整个情境中各部分的特点;以后他能了解各部分在整个情境中的相互关系;也能洞悉整个情境的组织或结构了;然后依照学习目的,选择适当的反应,淘汰不适当的反应,对于整个情境,便能适应,而学习就成功了。[2]

因此在教学方面,便应该注重儿童的完整学习。教师在必要时还得提示儿童学习的紧要关键,使他能够了解整个学习情境;对于教材,也不该注重零星枝节而要着重完整组织。

学习律的问题 学习的行为本来非常复杂。我们故意把它简单化了,又把相关的若干原则类归为上述几条,以便初学的了解。又恐读者将误以为在今日教育心理学上,学习的问题就是这样简单地解决了,所以不得不对于学习律再加一点说明。

学习的历程,我们指出有三种(见上第四章),即:制约反射的学习、尝试成功的学习和领悟的学习。因此在学习律方面也有三派的学说:称为制约学说、联结学说和完形学说;各以华生(Waston)、桑代克(Thorndike)和苛勒(Köhler)为代表。其中对于教学方法影响最大的是桑代克的学习律。

华生提倡行为主义的心理学。他采取巴甫洛夫(Pavlov)的制约反射的解

---

[1] 见克伯屈:《教育方法原论》,第十章"兴趣"。
[2] 见 A. I. Gates and others, *Educational Psychology*, 1942, chaps. Ⅸ—Ⅹ。

释,而认一切学习只是反应的"制约"的历程(conditioning of responses),所以他完全注重练习。桑代克从动物心理的研究,于1913年发表他的学习律,主要的是练习律(Law of Exercise)和效果律(Law of Effect);至于准备律(Law of Readiness),不过是效果律的一个注解。他注重刺激和反应间的联结,以为神经原与神经原之间,可以构成一个绾结,称为感应结(S→R bonds)。近年来桑代克对于练习律和效果律,都有新的修正,提出了相属原则(principle of belongingness),以为刺激和反应必须彼此相属,才能发生联合。同时对于效果律,也偏重"满足"的效果了。苛勒等完形主义的心理学者,则以为学习是在整个情境中,遇着困难或问题。好比是一个完形发现了罅缺似的,而设法求其补足。学习是在造成一种新的组型,而学习成功的关键是领悟。除了上面所述的三种学说以外,像赫尔(C. L. Hull)的学习理论也很受心理学界的注意。[1]

其实各派学习理论的歧异,大部由于所实验的学习情境不同。他们的解释便只限于某一种的学习情境。如果加以会通,也未始不可。例如完形学说的领悟,注重学习的整个情境和机体的整个活动;而制约学说的反复和联结学说的尝试,便常把学习情境和学习活动先剖析为最简单的部分。因此前者要说明如何从整个到化分;后者要说明如何从部分到凑合。但事实上,领悟与尝试并不冲突。在领悟以前,常有各种尝试;在尝试之中,有部分的和积渐的领悟(partial and gradual insight),最后才产生完全的和突然的领悟(complete and sudden insight)[2]。详细研究各派的学习理论,属于教育心理学的范围。我们这时仍只有以前述的几个原则作为讨论教学法的根据。

三 教学的分类

现在我们要进而叙述各种教学的方法了。

---

[1] 赫尔(C. L. Hull)为新行为主义者,其学习理论注重"加强"(Reinforcement)一概念,采取桑代克效果律,对于巴甫洛夫制约说有新修正,见所著 *Principles of Human Behavior*。
[2] 见 T. R. McConnell, Reconciliation of Learning Theories, in *The Psychology of Learning*, chap. Ⅶ。

我们所感困难的，是普通教育书里充满了各式各类的教学法，如"注入式"、启发式、讲演法、直观法、问题法、设计法等等；还有国语、算术、自然、社会等各科的教学法。分类的标准不同，主义自然十分混杂。怎样把它们一一说明而具有一些系统，倒也是一个难题呢。

依理，教法和教材不能分开，既有各科的教材，就按照着做教学法的分类，那是再适当也没有。因为"小学各科教学法"另有专书，我们在这"教育通论"里又不必那样深究。

其次，教法和学习也不能分开。我们既不照教材来分类，只有依学习的结果来分类了。让我们先看一看这分类是怎样。

心理学者常把学习的结果分为：动作的学习（如拿取、握取、直立、行走等），知觉的学习（如时间、空间、颜色、形状等），知动的学习（如写字、画图、唱歌、劳作、运动等），观念的学习（如记忆与思考）和情绪的学习（如好恶）五类。教育书里通用技能、知识与理想的分类。所谓技能，偏于知动的学习；所谓知识，大半是观念的学习；而理想便是情绪的学习了。我们为了说明方便起见，仍旧沿用技能、知识和理想的分类。

技能 第一类学习结果是技能。如说话、写字、画图、塑造、舞蹈、唱歌、各种器械球类的运动、各种劳作的技能，都属于这一类。它占着教材和活动中很重要的一个部分。当人们说"双手万能"、"手脑并用"的时候，他们是在说技能的重要。可是他们的通俗的说法是不大正确的，因为技能不限于手的动作，而包括各种筋肉的反应。

知识 第二类学习结果是知识和思考。凡事物和文字符号的认识、记忆，它们所留的"意象"或观念，各种观念所组成的事实和原则，都属于这一类。这些事实和原则是知识，获得知识的技能是思考。

理想与欣赏 第三类学习结果是理想和欣赏。伴随着感情和情绪的反应。一般以欣赏表示对于艺术价值的感觉，理想表示对于道德价值的感觉。这种价值的感觉，或情绪的反应，也会决定个人的外表的行为。学校里所谓"品格"、"操行"，就指理想的学习结果。

学习的结果是整个行为组织的变化,本不能严格地划分成技能、知识和理想。各类学习的结果互有密切的关系;一类学习,同时也可以影响其他各类的学习。克伯屈也说:学习有主学习、副学习和附学习三类。一项学习直接所得的技能知识为主学习;由此联络相关的技能知识为副学习;间接所得情绪的反应——理想和态度为附学习。例如学习缝衣;量度、剪裁、缝纫为主学习;由此附带学习材料的来源、颜色、制法等为副学习;于工作中所得正确、谨慎、整洁、美观等理想,则为附学习。[1]

为说明上的便利,以下我们分别叙述技能、知识和欣赏三类教学方法的要点(道德理想的教学,见下第九章"训导")。

四 技能的教学

引起动机 技能本来是生活必需的有效的反应。只要有实际生活的刺激,儿童自会感觉它的需要。所以,在教学技能的时候,教师并不难于引起儿童的动机,只要供备技能所应用的情境便好了。但忽视了这一点,而专重强制的学习,那就会减低学习的效能的。

示范 教学技能的主要部分,在于指导动作的练习。怎样练习,和练习要得到怎样结果,要让儿童先有明了的观察。例如教唱歌、游戏和劳作,教师得先表演正确的动作;教写字、图画,并须举示适当的范本,以为摹仿、试做的根据。关于动作的姿势或步骤,示范以外,自然还可加以口语或文字的说明。不过教师也不宜说得太多,做得太少;因为儿童听讲的反应,不及观察怎样做法的反应来得有效。

指导练习 示范以后,儿童应该自己摹仿和试做了。这里教学上紧要的有二点:一是错误动作的矫正,要使他知道错误的原因,同时还要知道怎样才是正

---

[1] Primary, associate, and concomitant learnings 前译为主学习、副学习、附学习。见克伯屈:《教育方法原论》,第八章"方法之广义问题"。这几个名词,如译为直接学习、相关学习、间接学习,或更显豁些。

确的动作。二是儿童自己的批评,要教他会自行矫正他的错误。

各种教学都要指导练习。关于指导练习的原则,我们趁此先说一说:

1. 时间分配 练习是反复的、单调的。时间过长儿童容易疲劳,而原来的动机也会消失。所以练习的次数要多,每次练习的时间要短。至于两次练习间隔的时间,在开始的时候也要短,以后则可逐渐地加长。

2. 全部练习 练习有全部、分部的二法。例如唱歌可以全首唱,也可以分段唱;写字可以整个写,也可以一点、一撇、一勾、一捺的分开练习。全部练习和分部练习,究竟哪一种方法是更经济呢?心理的实验和常识的判断不同,证明全部练习法更为经济。因为全体不只是部分的总和,一项技能,是各部动作组成的反应型的整体。先练习部分,而再练习整体,结果反是不经济的。

3. 练习测验 练习测验的用处,在于比较练习的结果;统计结果,画成图表,可以显示各个儿童每次练习的进步,或一组儿童与他组儿童练习的进步。这使儿童知道自己的成绩和进步,是教学上一个最有效的帮助。

五 知识的教学

因为在教学上知识曾经占有特重的地位,所以知识教学的方法也特别多。我们依着这些方法的历史的发展,举要如次:

(1) 讲演法;

(2) 观察法;

(3) 表现法;

(4) 启发法;

(5) 问题法;

(6) 设计法。

讲演法 明了言语在人类学习上的重要,则对于旧时教师的偏重讲演,原不足为异。而且在任何方法里,口语总是必要的。即如动机的引起、示范的说明、错误的矫正,哪一项能够不用口语呢?所谓讲演法,是指不用别种方法而只以口讲为事的教学。古代印刷没有发明,书籍非常稀罕,知识全靠口语传授,有如汉朝经师口授章句那样的"口耳之学"。现代的教师,明明有着无数的教科书和补充读物,供儿童的自己阅读,如果仍以讲演为唯一的教法,好像书籍是稀有的一样,仔细想来,就真的有些诧异了。

但是讲演法也有它的特长。如时间的经济、表达抽象观念的便利,没有别的方法可以比得上它。优于讲演技术的教师,确得到很好的结果。它的最大的缺点,在于偏重教师的活动,而默坐听讲的学生,不一定有何活动。这违犯了学习是反应的原则,所以又有"注入法"的恶名。

观察法 19世纪教学法上的第一改革,便是裴斯泰洛齐的观察教学法(旧译直观教学法)。这是用实物、标本、模型、图画等以替代文字符号,使儿童由自己的感官获得活泼真切的知识的。虽然抽象的观念,有许多不容易用实物来表示,而必须口语或文字的说明;但如物体的大小、轻重、长短、颜色、声音、形状,非有实物的观察,也终于不能得到真切的观念。科学的教学,是离不了观察的。例如我们在自然科里滔滔地讲花的定义、构造等,徒然使儿童感到枯燥,而仅仅得着一些模糊的观念;如果就在庭园里拈一朵花给儿童看了再讲,那便怎样生动有趣而且正确呢?

观察法当然也不能离开别的方法而独立。桑代克说的:"教$\frac{1}{3}$、$\frac{1}{4}$、$\frac{1}{5}$、$\frac{1}{8}$、$\frac{2}{3}$、$\frac{3}{4}$、$\frac{2}{5}$的意义时,若不用实物加以区分,使儿童自己观察,那是乖谬了。但在教0.6542的意义时,若也把实物区分为一万个相等的部分,然后把6542个部分合并起来,这种手续,不是更其乖谬么?"

表现法 为要引起儿童的自动,使他用模制、塑造、图画、歌唱、动作等表现所学习的知识的,是福禄培尔的表现教学法。动作表现在小学低年级的教学,应用得很广,因为它是一种游戏,包含身体活动、面部表情、姿态发音等,合于儿童的动机,而很容易使他感觉兴趣。图画、歌唱、手工的表现,则和技能的教学分不开;不过在彼以技能为学习的目标,在此是以技能为学习的方法罢了。

表现法也有它的限制:一则很费时间;二则过重技能,致儿童虽有知识和感情的反应而缺乏技能的,也无从表现;三则表现的许多细致的节目,不一定是重要和正确的知识[1]。

启发法 凡是事实和原则的认识、了解、联想、记忆,统是思维的作用。所谓思考,则特别指推论原则和解答问题的一种思维。讲演的教法,虽未尝不宜于联想和记忆,却不适于思考的训练。赫尔巴特因此倡启发的教学法。他的弟子推阐其意,制定所谓五段教学法,在欧美学校里,盛行几五十年。这方法的五个阶段是:(1)准备,以问答谈话,使儿童回忆已有的相关的知识,为学习新知识的准备。(2)提示,提出许多事例,给儿童观察和了解。(3)比较,使儿童比较和分析所提的事例。(4)总括,帮助儿童,求得一个可以解释这些事例的原则。(5)应用,供给习题,叫儿童试用已求得的原则。从第二至第四段,显然是论理学上归纳推论的程序。

五段教学法初行,教学上竟像发明了一种新的巧术;并且因为它的层次清晰,也给予编制教案者一个很好的格式。但是它的功用,也是有限制的。第一,这方法原是为比较复杂的原则的推论,并不是各种知识的教学都可适用的。可是复杂的原则,在低年级教材里既然很少;若拿来说明浅易的原则,又不免无谓地浪费时间。第二,这方法也是注重教师的活动的。第三,这方法以形式论理学上归纳推论的程序启发儿童的思考;但实际上,儿童的思考并不循着这样固定的程序。

问题法 杜威分析思考的过程为五步,即:(1)困难或问题的发现;(2)确定困难的所在和性质;(3)提出假设,为可能的解决方法;(4)演绎这假设所应适用的事例;(5)假设经试验证实而成立为结论。若使在第五步中,假设并不适合于所有的事例,则结论不能成立;思考依着尝试成功的原则,另换一个假设,往复试验,至得到结论而后已。[2] 这种步骤,包括向来论理学上演绎归纳的推论为一整个的心理过程。除困难或问题为思考的刺激以外,其第二、第三步是演绎;第四、第五步是归纳。但思考的成功,在于往复的尝试,并不按着论理的形

---

[1] 见 Thorndike and Gates, *Elementary Principles of Education*, chap. 12。
[2] 参见 Dewey, *How We Think*。孟宪承等译:《思维与教学》。

式,而是活动的心理的过程。杜威以为心理和论理并无截然的界限;若欲强为分划,也只可当作一始一终,而始终相联,并无间断。根据这种观点,他以为思考的教学,应该从儿童实际感觉的困难或问题出发。教师的任务,即在从儿童生活中提出实际的问题,而帮助他分析问题、寻求假设、进行试验,以得到满足的解答。

问题本来是学校教材——如算术科的教材——所常用的。杜威的问题的教学法,决不指把固定的教材改成问题的形式,而是要从儿童生活里去找教材的问题。这点是我们得辨别清楚的。因为只有儿童感觉的困难或问题,才能引起动机,而会自己去寻求解答。

设计法 设计原是美国农业教育上的一个名词。关于农艺、牧畜等,学校有时不易供备实验的情境,乃由教师指定学生各在自己家里,做选种、栽培、饲养、制造等问题,每个问题包含许多参考阅读和试验,谓之"家庭设计"。[1] 这种方法,渐为别的部门的职业教育所采用;到1920年左右,遂成为普通教学法上一流行的名词。照查特斯的定义:"设计是在实际情境中完成的含有问题的动作。"霍西克则以为设计偏于动作,问题偏于思维,要兼顾思维和动作,不如称为"问题设计"[2]。克伯屈始确定设计的最广义,而说"设计是自愿的活动"(见第七章),并不限于实际的动作。他分设计为(1)决定目的,(2)计划,(3)实行,(4)批评四个步骤。从此,凡是打破科目的界限,以儿童自发活动为中心的学习单元,都称为设计了。

六 欣赏的教学

学校里面,通常对于欣赏教学非常忽略。教育书籍,关于欣赏教学的原则和方法也很少讨论。欣赏教学的目标,在发展儿童爱美的情操,培养他们的艺术的

---

[1] 见 Burton, *The Nature and Direction of Learning*, Unit Ⅲ, problem 4 B。
[2] 转引自 Burton, *The Nature and Direction of Learning*。查特斯的定义如下:The project is *a problematic act* carried to completion in its natural setting. 克伯屈的定义如下:The project is any unit of purposeful activity, where the dominating purpose fixes the aim of the action, guides the process, and furnishes its drive. 霍西克(J. F. Hosic),美国设计教学法研究者,著 *Brief Guide to the Project Method*。

趣味。

一切艺术,最重要的特质是"节奏"(rhythm)与"和谐"(harmony)。自然现象有节奏,如昼夜的交替,寒暑的往来。人类的需欲和行为也有节奏,如呼吸循环的起伏,与注意的张弛。艺术返照自然,所以音乐、图画、诗歌和舞蹈,都离不了节奏。如音乐靠抑扬、高下和疾徐,构成音调的和谐;图画靠长短、大小的错杂,和深浅、浓淡的配合,形成形体与颜色的和谐。诗歌和舞蹈,也有音调、姿态的节奏与和谐。幼小的儿童,便喜欢节奏的游戏和舞蹈;爱唱重复和节奏的歌谣曲调;喜听情节重复的故事。节奏是欣赏教学最根本的原则。

美的欣赏,最重要的成分,是移情作用(empathy)和内摹仿作用(inner imitation)。朱光潜说:"凝神观照之际,心中只有一个完整的孤立的意象(image);无比较、无分析、无旁涉,结果常致物我由两忘而同一。我的情趣(feeling)与物的意象遂往复交流,不知不觉之中,人情与物理互相渗透。比如注视一座高山,我们仿佛觉得它从平地耸立起,挺着一个雄伟峭拔的身躯,在那里很镇静地庄严地俯视一切。同时,我们也不知不觉肃然起敬,竖起头脑、挺起腰干,仿佛在摹仿山的那副雄伟峭拔的神气。前一种现象,是以人情衡物理,称为移情作用;后一种现象,是以物理移人情,称为内摹仿作用。"[1]举欣赏音乐来说,高而缓的曲调容易引起欢欣鼓舞的心情;低而急的曲调,容易引起抑郁凄恻的心情;便因为音乐曲调,引起了全部心境的同调共鸣。

学校里面,教学欣赏最重要的步骤是引起动机、指导和习作。

引起动机 儿童对于各种节奏的游戏、曲调,本来就感觉兴趣,同时也喜欢用彩色涂画,用泥土塑造。所以在教学欣赏的时候,教师只要按照儿童的需要布置适当的环境,就很容易引起学习的动机。

指导 艺术的欣赏是一种完整的经验,例如一幅画的美丽,在完整的图形;一首歌的和谐,在完整的曲调。所以教师应该指导儿童凝神欣赏完整的艺术作

---

[1] 见朱光潜:《诗论》,第69页。又《文艺心理学》第三及第四章。关于艺术欣赏的理论,可参考:C. K. Ogden, *Foundation of Aesthetics*;J. Dewey, *Art as Experience*;R. M. Ogden, *The Psychology of Art*。

品。除了事先用简短生动的说明,介绍艺术家的生平和艺术品创造的经过,来增加儿童欣赏兴趣以外,应该竭力避免繁琐的解释。欣赏以后,教师和儿童可以共同讨论艺术品的价值。

习作 音乐的歌唱、图画的摹绘和诗歌的习作,都可以帮助欣赏。教师应该鼓励儿童自由想象,练习创作。关于练习的问题,在技能教学里已经讨论过了。

七 教学结果的测量*

成绩考查的必要 学习的结果是旧的行为的变化,或新的行为的获得。我们于实施教学以后,要问儿童的行为变化或获得的怎样和多少,就不能不有考查的方法了。

这种考查有许多事实上的必要。从儿童方面说,要知道自己学业的进步,便须看所得的成绩;成绩好的可以得到鼓励同时引起他的更加努力。至于升级、留级的办法,更是以成绩考查来决定的。从教师方面说,要知道自己教学的成功,也便须看儿童的造诣。就是教材、教法的合不合也可以从儿童成绩上看出来,而得到将来改进的依据。从教育行政方面说,要考核教育事业的成效也须比较各个学校的效能,而儿童的成绩便是教育效能的最显著的表证。

考试方法的困难 成绩考查既有这么大的关系。那么,它的方法当然是教育上的一个重要问题了。可是向来所用的考试法却暴露着许多缺点,举要地说:

1. 不客观 我们量物体的轻重、长短,是有斤两、尺寸的一定的单位,大家有一定的估计法,不能搀入个人的意见的。我们量儿童的学业成绩,却没有这样的单位。在考试的时候,题目的多少、难易,答案的正误,分数的宽严,没有两个教师能够相同;同一教师,也没有两次考试能够一律。

2. 不概括 考试的题材,本来只是学习的一极小部分;我们是假定它可以代表全部的学习的。要是这样,则题目愈多,取样的范围愈广,愈有代表的价值。但普通考试的少数题目,取样只限于很小的范围。

3. 不准确 批定成绩的分数,也没有一定的标准。有人调查:以一本算学考卷,请160位有经验的教师评阅,所定分数有从28至92分之差,平均数为69.9。假使以70分为及格,则这本考卷的及格不及格,有同等的机遇了。

4. 不经济　考试又是很费时费力的一桩工作,无论主试者和被试者都要浪费很多时间和气力,而只得到那样不准确的结果。

测验和量表　纠正以上各种缺点的,有测验和量表的使用。1897年,赖斯(Rice)首先发表一种拼字的测验。1908年后,斯通(Stone)的算术测验、桑代克的书法测验告成。从此各科测验渐次编造成功了。为别于第四章里所说的智慧测验,这种测验称为学力测验或教育测验。

凡测验所用的题材、应占的时间、施行的手续、记分的方法,都有已经求得的标准的,谓之标准测验。照题材的难度,用统计方法制成单位相等的分数的排列,以核算测验的结果的,谓之量表。有了标准测验和量表,我们不但可以比较个别儿童的成绩,也可以比较一校和他校的成绩,在教学上和行政上都得到很多的便利。

我国小学各科标准测验,是在民国十一年(1922)顷编造的。已成的,有陈鹤琴的《小学默读测验》,俞子夷的《书法量表》、《算术测验》等若干种。最近有艾伟所编的各种《小学学科测验》。

除了标准测验以外,教师平时考查儿童的成绩,也可以用一种测验式的考试,或称为"非正式测验"。它的优点,就在比旧时的考试,题材较概括、记分较准确、时力较经济。像"是非"、"选择"、"填充"等几个格式,已经为各校所通用了。

阅读

杜威著,孟宪承、俞庆棠译:《思维与教学》,商务。

波特著,孟宪承、张楷译:《教育心理辨歧》,正中。

克伯屈著,孟宪承、俞庆棠译:《教育方法原论》,商务。

桑代克著,赵演译:《人类的学习》,商务。

赵廷为:《小学教学法通论》,商务。

俞子夷、朱最旸：《新小学教材和教学法》，儿童。

问题

（一）你知道教学法有什么别样的分类？

（二）试以写字为例，说明教学方面应该注意的要点。

（三）举例说明杜威的思考的步骤。

（四）关于欣赏教学，除本章所述以外，有没有别的原则？

（五）参观教学，做报告和批评。

第九章
训　导

一　道德行为的发展

道德是社会的　动物因为利害的趋避,经过训练,能够有合于规律的行为。群居的动物,还能够有为群而牺牲个体的表现。但这种习惯或本能,不称为道德。人类原始的社会为保持种族的生存,有共同遵守的严格的习俗和礼仪(mores);不论托于神的启示、先知的预言,或知道是祖先的成规,这种习俗礼仪,是种族的祸福的所系,渐成为尊严而不可侵犯的道德规律(moral code)。个人的行为,就依照这规律来"褒贬",来判断它的好不好;其更加重大的,便以部落或国家的刑赏来制裁。到社会进化了,人会以自己的智慧思考道德的问题。这个智慧的发展,同时就是宗教或礼教所维持的道德规律的开始演变、动摇。规律失掉了它的尊严性。有许多规律不仅违反个人的欲求,也不是他的理智所赞许。到这时,道德规律要人遵守,也得说出个理由来。《礼记》说,"礼也者,理也";"理之不可易者也"[1]。到智慧再发展,连这个"理"的自身也要检讨了。于是,赏罚"褒贬"以外,别有个人良心上的"是非";他律以外,别有自律。进化到这阶段,社会权力的道德变成个人"意志自由"的道德了。

---

[1]《礼记·仲尼燕居》,又《乐记》。

儿童的道德行为　婴儿生下来,有他的遗传,同时也就有这个社会环境。他的行为开始是完全主观的、自我中心的(egocentric)。他只向环境索取他的所欲求,环境好像是为他一个人而存在的。他要喂奶、要睡眠、要便溺、要抓、要爬、要啼笑发声;要怎么样就怎么样,不知道有习俗礼仪,最初也不理会别人的褒贬。可是自然的利害制裁是严厉的。他伸手去弄火,烫痛了,便不敢再尝试了;他抓着玻璃要玩,伤了皮肤,也不敢再玩弄了。到稍长大一点,他就要得到母亲的欢心;"褒贬"起了作用,他渐渐以成人的褒贬,来分别行为的是非;他渐渐学会遵守成人的规律。瑞士儿童心理学家皮亚杰(Piaget)研究小孩子的道德判断,做过许多实验。例如:他问孩子们为什么不好说谎。6岁的孩子说,"说谎要受罚的"。8岁到10岁的孩子便说,"说了谎,以后没人相信你的话";"说谎是对不住被你欺骗的人"。皮亚杰看孩子们玩石弹的游戏,问他们有没有规则,规则从哪里来的。孩子们顶小的,没有规则。稍大一些,规则有的,但是随便的。再大一些,竞赛必须遵守规则;没有规则,便玩不来。"规则是父亲做出来的","规则是我们约定的,只要好玩,规则也可以更改的",他们说。这样,他们的看法渐变为客观的(objective)了。再进一步的发展,便是"褒贬"以外,别有良心上的"是非"了。看黄翼这样写:

> 最高级的行为,是以道德的理想为标准,相对地不受他人意见的直接影响的行为。我们从所受的训练熏陶,以及实地参加群的生活经验,对于别人的善意同情,可以有高度的发达;可以对于美德,养成爱好景仰;对于恶行,养成厌恶鄙视的态度。我们可以自爱、自重,以正人君子自许;觉得高尚的行为才是"我"的行为。不道德的行为,是堂堂的"我"所不屑自污的。假使不能实行,也要觉得内疚,要受良心的谴责。这样的态度,是一种不能自已的好恶的情感,可以称为道德的情感(moral sentiments)。道德的情感,可以直接决定我们的行止,无须假借外来毁誉的力量。所以成德的君子,不因为"暮夜无知"就变节;甚至可以"举世誉之而不加劝,举世非之而不加沮"。这是品格教育最后的目标。当

然，我们不是说，一般儿童都能够有这样的造就；事实上，全人类中恐怕只有极少数人能完全达到这种境界。[1]

品格的意义　上引黄先生的一段文字里，所有"理想"(ideals)、"态度"(attitudes)、"情感"(sentiments)、"我"(self, ego)、"品格"(character)等名词，都还需要解释。

先说，什么是品格？在心理学上，这指每个人对于环境而特有的习惯(habits)与情操(sentiments,黄译情感)的一个相当确定的组织(organization)；习惯受智慧的改变，而情操受理想的转移。既然是一个组织，那么，一个人即使没有发生外表的行为，却是一个决定的倾向，决定他的有所为，有所不为。既然是一个组织，那么，他的行为不会前后判若两人，也不会同时有人格的分裂。这组织，只是相当确定的，不是不随环境的变化而有改变和转移；否则品格就没有了发展。品格和人格(personality)，在通俗语言里当作同义的名词。但在心理学里，人格是一个中立性的，不涉道德判断的名词。人格经过道德评价的，谓之品格[2]。以下再解释习惯、情操、智慧、理想这些品格的成分。

1. 习惯　对于环境的反应，经多次的练习便成为习惯。社会的习俗、礼仪，或其道德规律，在儿童的发展中渐渐成为他的习惯；成为不思而得、不勉而能的行为；成为他的第二天性。古代教育注重"幼仪"，注重"洒扫应对进退之节"，虽有过分拘谨的地方，而用意在于确定儿童的优良的习惯；就是确定他们品性构成的基础。

2. 情操　在习惯的养成中，伴随着情绪的态度。情操就指一个人对环境中的人、物或事的相当确定的爱或憎、好或恶的态度。至于爱好自己的态度，也称为"自爱的情操"。没有一个人不自爱；品格的高下，要看他爱的是怎样的一个"我"。这就涉到理想的问题了。英国心理学家香德(Shand)和麦独孤(MacDougall)，都以这个情操的培养为品格教育的中心。要有了一个爱好而渴

---

[1] Piaget, *The Moral Judgment of the Child*, 1932. 又黄翼：《儿童心理学》，第 125 页。
[2] Allport, *Personality: A Psychological Interpretation*, 1937.

慕的理想的"我",才会如黄翼所说:"觉得高尚的行为,才是'我'的行为。不道德的行为,是堂堂的'我'所不屑自污的。"[1]

3. 智慧 怎样说习惯受智慧的改变呢? 就是,遇到疑难的情境,旧习惯不够应付,或者两种反应互相冲突的时候,一个人便必须踌躇、思虑、改变、抉择,才能有决定的行为发生。如其遇到孟子所说"可以取,可以无取,取伤廉;可以与,可以无与,与伤惠";或"生我所欲,义亦我所欲,二者不可得兼"的情境,那是道德上最紧急的时机、最庄严的智慧抉择的关头了。越是"意志自由"的道德,智慧的抉择越重要。

我们一再用过意志这名词。什么是"意志"? 旧时心理学把智慧、情绪、意志,看作三个各别的"心能"。现在心理学,不把它们当作名物词,而只当作形容词,用以形容行为的品质。这样,意志就指上述的智慧的抉择与努力的执行。哲学上所谓"意志自由",就指这种"择善而固执"的行为(参阅上第六章第二节),另外,没有一个超越行为的意志。勒温(Lewin)说:"意志的历程是冲突、抉择、执行,而抉择是它的关键。"[2]

4. 理想 怎样说情操受理想的转移呢? 人在环境中的行为,有他所要达的目的(goal);或者说,有他所追求的价值(value)。爱憎好恶的情操,是目的——人、物、事——所引起的。想象中的目的,谓之理想。由于品格的发展,儿童从爱父母、爱玩具、爱朋友、爱游戏、爱这种"经验的"目的,转移到爱"理想"的目的,如爱社会,爱民族,爱科学、艺术。他的自爱的情操,也从爱经验的"我"转移到爱一个理想的"我":他要照这想象的远景,来塑造他自己的模型,写出他自己的传记。待到这理想的"我"占有他的全生命,成为他所追求的最高价值时,他的这个自爱的情操能够决定他的全部行为。为了这个"我",他不肯再为任何偶然的刺激或外诱,而在品格上作一毫的让步、牺牲。

自我的完成 这个理想的"我"的实现,谓之自我或品格的完成——这是我之成为"我"(self)。道德是我对人的行为,它的唯一标准是克己为人。自我完成

---

[1] Shand, *The Foundations of Character*; McDougall, *An Introduction to Social Psychology*, 1915.
[2] Lewin, *A Dynamic Theory of Personality*; Dewey, *Human Nature and Conduct*, 1922.

的唯一途程,也就是通过自我克服达到自我实现(self realization through self conquest)。哪一个人不为自己、不自爱？但在发展的历程中,受了理想的转移,最初以自爱而自恣,最后乃以自爱而自克;觉得克己为人才是真的自爱。为了理想的"我"的追求,而忘掉了我;如巴斯特的尽瘁科学,如文西的潜神美术,如夸美纽斯的教育儿童,如苏格拉底的牺牲殉道,这些人愈是舍弃自己,愈是完成自己。孔子说:"克己复礼为仁"(见上第三章第一节、第三节);"礼也者,理也"。这是人类所能够有的最高的道德的智慧。

"当然我们不是说,一般儿童都能够有这样的造就。事实上,全人类中恐怕只有极少数人能完全达到这种境界。"然而我们用不着一点灰心。因为一则品格是各人特有的行为倾向的组织;这组织,因年龄、智慧、遗传、环境、教养的个别差异,而万有不齐：虽然不齐,各人都可以实现他的一个理想的"我"。二则《中庸》说过了:"或安而行之,或利而行之,或勉强而行之;及其成功一也。"品格的成功,是一件难事;或许圣人能够安而行之,我们大家是只有勉强而行之的。

二　道德的教学[*]

关于道德的教学,从来有几个相反而实在相成的学说。

权力与自由　第一,是权力(authority)说与自由(freedom)说。前者注重他律,即礼仪的训练、道德规律的遵行。后者注重自律,即意志的自由、"良知"的培养。在古代,各可以荀子和孟子的学说为代表。荀子说"性恶",以为：

> 今人之性,生而有好利焉;顺是,故争夺生而辞让亡焉。生而有疾恶焉;顺是,故残贼生而忠信亡焉。生而有耳目之欲,好声色焉;顺是,故淫乱生而礼义文理亡焉。(《性恶篇》)
>
> 礼起于何也？曰,人生而有欲,欲而不得则不能无求,求而无度量分界则不能不争,争则乱,乱则穷。先王恶其乱也,故制礼义以分之,以养人之欲,给人之求。使欲必不穷乎物,物必不屈于欲,两者相持而长,

是礼之所起也。(《礼论篇》)

孟子说"性善",却以为:

> 恻隐之心,仁之端也;羞恶之心,义之端也;辞让之心,礼之端也;是非之心,智之端也。人之有是四端也,犹其有四体也。有是四端而自谓不能者,自贼者也。(《公孙丑》上)
>
> 仁义礼智,非由外铄我也,我固有之也。(《告子》上)

因此,荀子的教学,重在"隆礼尊师";孟子的教学,重在"存心养性"。现代心理学和伦理学以为,自然界无所谓善不善;性,如果指人遗传的行为,也可以为善,可以为不善。道德是人在社会文化中的成就。权力与自由,只是发展上阶程的不同,而没有原则上的冲突。

按照前节所述发展的历程,道德教学应该由权力而到自由。儿童行为的指导,是从权力开始;先养成确定的道德习惯,学会生活的规律和礼仪,再渐进于智慧的自由的启发。不论父母怎样慈爱,教师怎样温情,怎样愿意尊重别人的自由,也不能放下他们的道德上的权力!

直接与间接 第二是直接说和间接说。前者注重道德的知识;后者注重环境里实际的道德的行动,而从行动中求知。这可以康德(Kant)与杜威(Dewey)的学说为代表。康德生平所惊奇赞美的,他自己说,是天空里灿烂的星光;心里,道德的森严无比的律令。道德的知识,像自然科学知识一样引起人的好奇。他要青年系统地学习这知识,要他们思考、讨论这问题。批评他的人,说他这独身主义者,既然不曾有过小孩子,自然也不懂得小孩子不像他老人家,受过十分严格的天文学和伦理学的训练,而感到这种知识的惊奇。这样的批评当然只是笑话,而与哲学不相干。倒是杜威的笑话说到了问题的深处。他说:"某处,有一个游泳学校。学生们不必下水而可以学游泳;他们把游水的各部动作,练习得非常熟了。一天,有一个学生真的入水去游泳,却淹没了。

这是一个真的故事;否则听者还以为是捏造出来,以讽刺学校里的道德教学的。"[1]

按照前节所述发展的历程,道德教学应该由间接而到直接。旧时学校颠倒了这次序,在小学里就有"道德"、"修身"一类的科目。这也并没有害处。害处在于学校和社会生活的分离;一到成人社会,道德、修身,好像随童年而逝去,被看成童话样的东西。成人"世故"深了,他们的立身处世另有一套法术和权谋。一切圣经贤传、嘉言懿行,好像是童话,专给孩子们读的、讲的。这样的风气,是品格教育的整个毁灭。现在我们要倒过来。在儿童的环境中,做他们会做的诚实、勤劳、礼貌、秩序、服从、互助的活动,以确定他们的习惯;再从国语、社会、自然、劳作、音乐、体育等各科的"附学习"中,转移他们的情操;到青年初期,智慧发展,想象活泼,情绪增强,才可以形成他们的理想的"我",而对于道德的理想,会有意识地追求。至于圣经贤传,是我们成人终身所读而还怕读不好的道德教科书,怎么好当它们是童话?

三 教学的原则

以下,我们单就儿童期的一个阶段,试举家庭与学校关于道德教学所必须采取的几个普通原则。就是:一、制驭环境;二、注重示范;三、引发动机;四、促起努力。让我们来逐一说明。

环境 读者学习到这里,应该早已知道,环境的控制是教育的第一个条件。儿童的行为是环境的刺激所引起的反应;或者如杜威的说法,是他和环境交互而不可分的行动。改变了环境,就改变了行为。即使我们用语言文字来劝导他、阻止他、命令他,这语言文字,也只是他的环境里的一部分刺激而已。环境对于婴儿,一开始就影响他的情操,再看黄翼怎样说:

---

[1] Dewey, *Moral Principles in Education*.

第九章 训 导

儿童从很小开始,就渐渐对于环境中的人、物,养成种种情感。许多情感,是由具体的经验获得的。慈母的乳哺爱护,使他发生恋赖的态度。奶瓶、玩具、兄弟、姊妹,给他各种快意不快意的经验,早晚都成了某种具体情感的对象。假使父亲教训太严,他就不免产生畏惧的情感。假使学校生活太枯燥无味,他就厌恶学校。别人的榜样暗示,又是造成情绪的态度的大原因。儿童对于黑暗大概起先是不怕的。后来看见别人对于黑暗总是疑鬼疑神,也就害怕起来。大多数儿童对鱼肝油的气味并不厌恶。因为大人说起鱼肝油总是皱眉缩鼻,也就不肯吃了。同样地,儿童常常听见适当的鼓励,就养成自重自尊之心;常常受人责骂讥笑,就养成自卑之感。[1]

我们知道,欧美所行顽劣儿童的感化教育,大部分是靠环境的转变,便知道一般正常儿童的早期环境要十分注意了。

示范 上引一段话里说到"别人的榜样暗示,是造成情绪的态度的大原因"。寻常所谓"人格感动"、"潜移默化",实在就指这榜样暗示。这包括在环境作用里面;为了它的重要,特别提出来说一说。每个父母或教师,不管他自觉不自觉,愿意不愿意,有名或无名,都在做着儿童的训导员。他在言语、笑貌、工作、游戏中间,给予儿童有力的榜样暗示。若使自己没有优良的习惯情操,怎样会于儿童有优良的影响呢?《三字经》里说什么"养不教,父之过;教不严,师之惰";虽是老生常谈,却也是教育警语。不过,所谓严,不应专指严以责儿童,尤应指严以律自己。陈鹤琴自述训导儿童的经验说:

> 他早晨起来,就吹洋号。我低着声对他说:"不要吹,妈妈、妹妹还睡着呢。"他一听见我的话,就不吹了。你要叫他不吹洋号,你自己须先要低着声同他说话,所谓正己而后正人。倘使你亢喉高声同他说,那

---
[1] 黄翼:《儿童心理学》,第107页。

末,他也不肯听你的话而不吹洋号的。一天,我吃中饭后,在客厅里打盹。他进来对他母亲说话,一看见了我睡觉,他低着声对母亲说:"爸爸睡了",就不作声了。这种顾虑别人安宁的动作,是逐渐养成功的。平常,他妹妹在房里熟睡的时候,我们进去必定颠着脚步走的,说话也是低着声音说的。而且常常对他说:"妹妹睡了,不要作声。"我们常常以顾虑别人安宁的话,说给他听,而且做给他看,所以他今天也能够顾虑我的安宁了。[1]

儿童的品格,就是在这样动静语默的细微之间长成的。到稍大一点,要直接说到道德的事情,更加要"先行其言"、"以身作则"。古人说:"言教者讼,身教者从。"千言的说教,是抵不上一行的示范的效力的。

动机 再大一点,理想的引导也更加重要了。引起动机,是教学的一个大原则。儿童要从权力的道德进于意志自由的道德;要为了一个理想的"我",而能够克己为人,先须有一个强烈的行为倾向。勒温说:

> 被动的服从,引不起儿童自动的克制。只有在心理动力触发而流注的时候,才能够改变它的倾向。所以教育的目的,在发掘、汲引这个动力的泉源(to tap the genuine drives and sources of energy),使它从他律渐移到自律。[2]

故事、传记、音乐、诗歌、庄严的仪式、恳挚的谈话,都是引起动机的帮助。

努力 在环境中,养成了健全的习惯和情操,有了理想的动机,以后便只要鼓励,同情的鼓励,以促起儿童的努力了。从前人虽然过信"意志"的单独作用,而有"锻炼意志"等的说法,但也有一点真理;就是,道德是一件难事,必须勉强而行,努力不懈。董仲舒说,"事在强勉而已矣"。

---

[1] 陈鹤琴:《家庭教育》。
[2] Ellis, *A Source Book of Gestalt Psychology*, 1939.

詹姆士(James)的《心理学原理》,常常给读者一点道德的教训。他有这样一段妙文,当然他不晓得我们陶侃运甓的故事:

要在小事情上,先有一点苦行和英勇的练习。每一两天,要做些不为什么而单为自己所不乐做而做的事。人要应付艰难,须得事先磨炼。好比保险,平时看似虚糜,付出些保险小费,但真的遇到大灾,你就得到补偿了。有了坚忍不拔的锻炼,真的临到艰危,看着你的软弱的伙友们一齐像给狂飚吹得发抖的时候,你会蠢然屹立得像一座不可动摇之塔。[1]

四 国民学校的训育

现行国民学校课程,不设"修身"或"公民"科,而改为"团体训练",每天以20分钟为度。部颁《小学训育标准》,详列目标和训练要项。其实施方法规定:

(一)全校的行政设施、环境布置,应按照训育《目标》,直接间接以改进儿童全部生活为鹄的。

(二)各科的教材和教法,应尽量根据《训练要项》,以谋培育儿童的公民观念,养成儿童的公民习惯。

(三)全校的教职员,共负训练的责任,应随时随地注意儿童的活动,直接间接引用"训练细目",指导儿童切实遵守。

(四)训练用的材料,各校得根据情境,酌量活用。

(五)训练儿童的方法,应注重间接的和积极的指导,并注意实践和考查。教员须以身作则,常和儿童的家庭密切联络。

目标 国民学校的训育,以"根据建国需要,发扬我国固有道德及民族精神,训练儿童,以养成奉行三民主义的健全公民"为总目标。《训练要项》的第一部

---

[1] James, *Principles of Psychology*, chap. X.

分，即依"忠勇、孝顺、仁爱、信义、和平、礼节、服从、勤俭、整洁、助人、学问、有恒"十二守则，分析每项应有的习惯、观念、能力，订定200条的"训练细目"，作为训练儿童整个生活的方针，建立修己善群爱国的基础。[1]

礼仪作法 《训练要项》的第二部分，注重作法演习，要使儿童"适合规矩和礼节，养成习惯"。订定"起居规律"和"社交礼仪"各18节，与"训练细目"相辅而行。起居规律自早起、盥洗，以至洒扫、进膳、正立、端坐。社交礼仪、自敬礼、相见，以至应对、进退、庆吊、祭祀。训练用的材料，有挂图和图说，有歌词。歌词如早起歌为："每天清晨，应当早起。练习运动，呼吸空气。"祭祀歌为："逢时过节，纪念祖先，举行祭祀，必敬必虔。"略如吕坤《小儿语》，陈淳《小学诗礼》之例。

教学时，先揭示挂图，使儿童观察。次由教师参照图说，说明作法，使儿童演习；最后在中高年级，可教歌词，使儿童吟唱。这些规律和礼仪是"行为的规范。要使儿童行为合于规范，必须在实际情境中施行训练。细目中，有些指明情境的，如在某时某地应有某种行为，教师可利用这些情境，随时指导。有些未曾标明情境的，就应提示各种常有的情境，以指导实践的方法。有些或许不容易遇到实际情境的，亦应时常假设情境而施以必需的训练"。

团体活动 教职员也要辅导儿童，组织他们自己的自治团体。"每学期的开始，各级级任教员应指导儿童成立级会；全校的级会联合成立校会。级会得分总务、学艺、健康、娱乐等组。校会得分设巡察团、卫生队、图书馆、演讲会、体育会、合作社等机关。都须切合实际环境，适应儿童需要，并且要有具体工作可做。组织开始不妨简单，逐渐扩充、改进。级会、校会，也可仿照地方自治组织，以每一儿童为一户，每十人为一甲，设甲长；每级为一保，设保长；合全校为一乡或一镇，设乡长或镇长，以试练学校的自治。"

"团体训练的时间，利用每天举行的晨会或夕会，每周举行的周会，每月一日的国民月会，以及每学期的各种纪念会和其它集会。各种集团训练要分别规定训练的事项，务使变化多、效力大。不可常用一个方式，陷于呆板机械。"

---

[1] 教育部：《小学课程标准》。

以上我们节述了《小学训育标准》的大意。

褒奖惩罚 在训育上,当然还有一个褒贬奖惩的重要问题。近年心理学家关于这问题的实验研究做得很多。大概说来:(1)鼓励胜于责罚;(2)褒奖要按照儿童努力的程度,而不要失之于滥;(3)惩罚要使儿童了解受罚的原因,感觉它的羞耻,而不要失之于苛。对于妨碍秩序、欺侮同学、损坏公物的"顽劣儿童",也应该采取这样的两种态度:一是同情。我们知道决定行为的因素很多,犯过的儿童有时需要改变一个环境,另受一种教育;有时更需要医学的处理、心理的治疗,决非仅仅责罚所能感化。这些过失儿童,教师视为不可救药的,往往因为环境的改变、行为的重组,而能长成为社会的有用之材。这待下节再说。二是客观。儿童的过失,是对社会的,不应当作是对任何教师个人的。教师不应专凭个人的爱憎,以责罚为报复。夸美纽斯说:"一个乐师,方要演奏而遇着乐器不能应手的时候,只有耐着心重理琴弦,轻拢细捻,使它发出和谐的音调来。决不会暴躁得把乐器摔在地上,或挥拳把它击成粉碎的。教师对于儿童,不也应该有这样同情的了解和爱惜吗?"我们的诗人说:"载色载笑,匪怒伊教。"这是我们训导儿童的箴言了。塾师书斋里挂着一副楹联:

惟天生材皆有用,
他人爱子亦如予。

编者幼年不懂得他的意思。到自己当了数十年的教师,回忆起来,才觉得那老师的蔼然仁者之言,有无穷的教育意义。

五 问题的儿童

心理的冲突 儿童要满足他的原始的需欲,同时要遵守社会的规律和礼仪,不能不有"抑压"(repression)。假使家庭或学校训导不得当,常引起儿童心理的冲突。心理冲突可分为两类:一是人格内部的冲突;例如欲求的冲动,和自己的道德情操不能相容,而发生畏缩、疑虑、梦幻、恐怖等行为。二是人格和社会环境的冲突;例如儿童的欲求和学校规章、社会礼俗不能相容,而发生说谎、诈欺、嫉妒、仇恨,乃至结党(gang)、争斗等行为。儿童期的行为失常大都起于后一类的冲突。这种顽童,心理学上称为"问题的儿童"。

问题儿童的善导 逃学、说谎、私自谈笑、涂抹墙壁、毁损公物这些行为,是国民学校里所常见的。处理这些顽劣行为,先须了解它们发生的原因,才能施以适当的指导。例如私相戏笑,也许因为教材太困难,或儿童智慧太低而不发生兴趣,也许由于"自卑之感",故意做出顽皮,以博取同学们的注意。《训育标准》规定:"探究错误行为发生的原因,先用调查法,分别研究儿童产生前后的家庭环境、特殊的习惯和兴趣、父母的健康状态、家庭教育和经济,以及邻里的情形。用体格检查法,研究儿童的身长、体重、体力、发育状况,以及各种缺陷或疾病。用心理检查法,研究儿童智慧、听觉、视觉,以及精神平衡等状态。次考察校内情形及当时情境,有无影响于儿童错误的行为。明白了原因,才可予以适当的矫正。"

心理诊疗 应用心理学的方法,检查和治疗儿童的变态行为,是本世纪才开始的。1909年,美国最早成立芝加哥少年心理诊疗所(Juvenile Psychological Clinic)。1925年以后,各国相继设立"儿童心理诊疗所"(child guidance clinic),以增进儿童的心理康健,协助学校矫正学童的变态行为。这种诊疗所的工作,不外两个部分:(1) 诊断,从心理和精神病理方面,诊察变态行为发生的原因;(2) 治疗,改变儿童的环境施行感化教育[1]。

感化教育 儿童顽劣问题到青年期便更严重,变成了青年犯罪问题。对这问题,心理学家、医学家、教育家、法律家,也已经尽过最大努力。可惜这次大战[2]以后,青年犯罪的事件又见增加了。青年感化教育也是本世纪才开始的。最著名的试验,是美国成立的一个乔治少年民主国(George Junior Republic)。1908年,英国制定《儿童法案》(*Children Act*)以后,伦敦街头的游浪儿童、逃学青年,以及工人和贫民窟里的"少年党与"(gangsters),一齐交托一位教育家雷恩

---

[1] Burbury and others, *An Introduction to Child Guidance*, 1945.
[2] 即第二次世界大战。——编校者

（Homer Lane）去感化。这个责任真不轻！雷恩效法乔治，带了这群青年到多塞特郡（Dorsetshire）的乡村开创一个小理想国（Little Commonwealth）。几年以后，这小国勤劳廉洁、风教肃然，道不拾遗、夜不闭户，竟是一个礼义之邦。请柏拉图去参观，他也要赞美不置。每次，再把一个犯过青年送到陶夏去，他入境问俗，看那些小国民，以前原是同道人；"英雄惜英雄"，一见如相识。可是除非他愿意觍颜吃他们的饭，靠他们的慈善基金过日子，否则只有努力参加他们的农业劳动，领得他的一份工资；除非他愿意孤立无依，否则只有遵守他们的道德规律，和他们做工作、游戏的伴侣。原来，青年因"抑压"而起心理冲突，因心理冲突而行为失常。改变了他的环境，就改变了他的目标，转移了他的情操；使他的蓬勃的生活力，重复坦然地发泄出来。他的行为倾向改组了，他的品格改造了。这种目的和情操的转移，变态心理学上，谓之"升华"（sublimation）。若问雷恩有何秘诀，他也不过说，"升华代抑压"。旧式感化院的失败，就在于"以抑压代抑压"而已。[1]

以前大家对于变态心理学上心理冲突、抑压升华诸说，虽感到新奇，却疑为怪诞。经过很多心理学家的严正工作，近年才有一个科学的说明。像伯特（Burt）的《过失青年》，便是这类的科学名著。[2]

心理学家和教育家的研究这一类问题的，实在有很大的功劳。因为他们想"改造人"。他们能够真的改造多少人，就能够给这苦难的人群增添多少幸福。

阅读

陈鹤琴：《家庭教育》，华华书店。

黄翼：《儿童心理学》，正中。

吴俊升：《德育原理》，商务。

杜威著，元尚仁译：《德育原理》，中华。

---

[1] Nunn, *Education: Its Data and First Principles*, 3rd edition, 1945, chap. Ⅷ.
[2] Burt, *The Young Delinquent*, 1925.

冯友兰:《新世训》,商务。

朱光潜:《谈修养》,大东。

问题

(1) 说明品格和人格的意义。

(2) 何谓理想？何谓情操？

(3) 孟子和荀子,哪一个人的学说近于间接说?

(4) 朱子和王阳明,哪一个人的学说近于自由说?

(5) 顽童训导的重要原则是什么?

(6) 为什么"勉强而行"就是"意志自由"？会不会引起"心理冲突"?

第十章

教　师

一　为什么做教师

"他们能的,干;不能的,教。"惯于讽刺的戏剧家萧伯纳这样说。我们不一定自认是"不能",那么,我们为什么预备做教师呢?

我们选择一种职业,当然有个人和环境的种种复杂的原因;而了解和喜欢那种职业,必是许多原因之一。教育是引导儿童的发展,传衍社会的文化的事业。我们要从事于这种事业,则对于儿童和社会必有我们惓惓的所在。

儿童的爱　已往的伟大的教师,如裴斯泰洛齐、福禄培尔,都以白首穷年和小孩子们在一块儿玩耍、生活。如其不是为着他们对儿童的爱,那是决乎做不到的。原来,对于幼儿的爱抚,看着他们活泼泼地生长,像草木的萌芽、发荣一样;而加以辛勤的将护,几是人类所同有的行为。教师们又特别懂得儿童生长、发展的原则,以及指导辅助的方法,和园工懂得花木的灌溉、栽培一样。所以教育的事情,在别人或许看作麻烦,而他们却毫不厌倦。教师爱着儿童,其最大的报酬也就是儿童的爱。"社会上没有比我们享受着更多的爱的人:我们不论到哪里,都遇着儿童的笑脸。"[1]

儿童的生长也刺激教师的生长。生活在小孩子的队伍里的教师们,也像孩

---

[1] 引自 Palmer, *The Ideal Teacher*。

子似的活泼;常感觉生趣的盎然,而忘记了自己的迟暮。随着服务的年份,他的年龄是一年一年地大了,但他的兴趣和态度,可以说还是年青的。福禄培尔的墓碑上,素朴地镌刻着"来,让我们和儿童生活"一句话,——这是他的遗言。教育者的梦、儿童的爱、游戏和儿歌的欢娱,充满了他的一生,留得他的青春的长在!

社会的服务 学校是一个社会组织,或者说,是社会为教育而特有的一个组织。它的活动,和社会的经济、政治、文化诸般的活动息息相关。教师以教学服务于社会,为了忠于他的专业,不可见异思迁,纷心旁骛于其他种种的活动——并不一定是萧伯纳所说的"不能"。教学是他的所能、他所能的、他干的:这在他是一点也不愧怍。

和萧伯纳的讥刺相反的,是欧洲史上民族战争中教师所受的礼赞。1815年滑铁卢之役,惠灵顿说"是在英国伊顿学校的球场上战胜的"。1870年普法战后,毛奇也归功于普鲁士的小学教师。现在中国民族正遭遇着空前的危难和灾害。有人甚至于恐惧说,我们的民族许会由衰老而趋于灭亡。我们不信民族衰老之说:因为一个民族能够延续它的生命,便一定有新陈代谢的作用。我们的儿童和青年,和别的民族的儿童和青年一样,是活泼、壮健,而旺盛地生长发展着的。怎样培养和引导他们的发展,系着民族的前途。这不是教师的夸张,而是他应该认识的使命。

二 专业的准备

师范教育 教师的专业教育,是近百年间才有的。它起因于小学教育普及后,国家需要大量的师资;而小学新教学方法试验成功后,师资又需要特殊的训练。1880年的前后,欧美各国已都有义务教育的法律,义务教育初行、师资不够分配,乃不得不赶紧培养。同时,从裴斯泰洛齐教学法盛行以后,人们已认识教师的必须特殊训练。瑞士而外,德、英、美各国最早的师范学校,多有他的弟子直接的参加,或受着他们间接的影响。若在教育落后的国家里,小学教育既不普及,自不需很多的教师;若使任何人都可以当教师,那便根本上不需专业的训练了(见上第二章)。

现在各国对于小学教师的专业训练都非常重视。尤其像苏联、土耳其和墨西哥等国家,因为积极普及教育,小学师资的需要异常急迫,近年正大量扩充师范学校,同时还想提高专业训练的程度。我国清末兴学的时候,就很注重师范教育。但民国十一年(1922),学制变更,高级中学得设师范科,师范学校便逐渐和中学合并。十八年(1929)公布《中华民国教育宗旨及其实施方针》规定师范教育在可能范围内独立设置,并尽量发展乡村师范教育。二十一年(1932)的《师范学校法》,又确定师范学校的独立地位。二十七年(1938)教育部拟订"第一次师范教育方案",设立师范区,扩充男女师范和简易师范。二十八年(1939)推行国民教育以后,师资的需求更迫切了。三十一年(1942)便实施"第二次师范教育方案";每一师范区需有师范学校二所;每县需有简易师范一所。三十五年(1946)又拟订了"战后各省市五年师范教育实施方案"。据三十四年(1945)统计全国共有师范学校662所,学生180 344人。现制师范学校和附设的幼稚师范科,以初级中学毕业为入学资格。其附设的一年的特别师范科则须高级中学或高级职业学校毕业生才能入学。此外各地方为造就师资起见,也得设简易师范与简易师范科,和国民教育师资短期训练班。[1]

基本训练 师范学校的课程,包括基本训练和专业训练两部。基本训练的科目,照三十三年(1944)教育部修正颁行的《师范学校课程标准》,有国文、数学、地理、历史、博物、化学、物理、体育、卫生、公民、美术、音乐、军事训练和童子军教育等;占全部课程的大半。"教师自己先要是一个有教育的人"[2],这些普通科目,是他自己教育上所不可缺的。即以专业的准备而言,和这些科目也有密切的关系。第一,国民学校教材,虽是浅易,却决不是简陋。尤其现在除了教育儿童以外,还须兼教成人,教师所需要的技能、知识,几乎没有限量。教师对于人类的文化,愈有丰富的了解和深切的体验,则对于教材的运用,愈可以左右逢源。第二,教师服务以后,要有不断的进修,也先要有普通学问的工具和门径。

---

[1] 见《师范学校法》及《修正师范学校规程》。
[2] 引法国 P. Lapie 的话。

专业训练　这可以分技能、知识、理想三个目标来说：

（1）**技能**　这如"教材及教学法"和"实习"以及"实用技艺"等。不熟练这些技能，教学是不会胜任愉快的。

（2）**知识**　教育的学科，有"教育通论"、"教育行政"、"教育心理"、"测验及统计"。这几种科目，都是关于教育学的最低限的知识。

（3）**理想**　最后，教师应有同情、客观、忠实、负责的理想和态度。他们在保或乡镇服务，也必定要能够节约、自制、刻苦、勤劳。同时要协助乡镇公所和保办公处训练民众，推进地方自治，举办社会服务事业更须有社会服务的志愿。

三　服务后的进修

进修的重要　教师在教学的时候，常常会发现新的困难或问题，要求新的解答。他自己的学习，在服务中是不断地进行着的。古代的教育者早说过了："虽有佳肴，弗食不知其旨也；虽有至道，弗学不知其善也。是故学然后知不足，教然后知困。知不足然后能自反也，知困然后能自强也。故曰，'教''学'相长也。"[1]

有人譬喻，儿童如初栽的树苗，教师如立在树苗旁边的枯木；没有那枯朽的木桩的支住，则树苗会被风吹雨折而得不到它的正常的生长。这虽然是妙喻，却不免揶揄了教师。今日在师范学校训练中的青年，自身哪一个不是蓬勃生长的幼苗呢？如果一旦服务，即变成枯槁的朽木，那是人生的怎样一个悲剧？词人屈原有这样的叹息：

何昔日之芳草兮，
今直为此萧艾也。
岂其有他故兮？

---

[1] 见《礼记·学记》。

莫好修之害也。

所以教师服务以后的进修是出于自己发展的强烈的要求,并不待任何人的奖诱或督促——虽然外国教育行政机关,常有以增高待遇鼓励进修的办法。

而且教师进修的机会是很多的。在日常准备教材、改进教法,处理事务中一面做、一面学,这种机会,无待于"他求"。此外,行政方面的视导,如其是能够体认实际困难,指示具体方法的,那末,视导也就是教师进修的机会了。以下所介绍的,是几种有组织的进修的活动。

讲习 第一种是系统的讲习,这如暑期学校、暑期讲习会的活动。讲习的内容不必以教育学科为限。凡最近自然与社会科学的知识、工业技术和美术的欣赏,都是教师所要补充。讲习的方法更不可独重讲演,而应该包含许多示范和实习。暑期学校,大概是大学和师范学校的推广事业。暑期讲习会,则可以由各县市分别举行。不过因为交通不便,所费太多;延请讲师、远道赴会,都不容易。而且为期只短短的一个月或数星期,来去匆匆,所得无几。所以又有函授学校、通信研究等办法。

现在各省市有中心学校和国民学校教员假期训练班,和通信研究办法。师范学院附设进修班与函授学校。教育部也办理国民教育通信研究。

讨论 其次,在同一校或同一地方的教师们,可以有"研究会"[1]或讨论会的组织。因为研究另有严格的意义,讨论是更妥当的名词。集会讨论,要有结果。会前应该预定讨论的问题,各自阅读和搜集有关的材料;会后也应该有记录的发表。倘使漫无计划,随意闲谈,那不如组织一个"读书会",各自阅读一种刊物,于集会时提出报告,倒可以交换新知了。教师的工作,本来很是紧张,除必要的集会以外,除非真的能够帮助进修,总以节省开会谈话的时间为是。

观察 复次,观察也是进修的一种方法,这包括教学参观和成绩展览。教师在训练中,已经有很多的指导的参观。服务以后,一校内和一地方的教师可以相

---

[1] 教育部规定设乡(镇)国民教育研究会、县(市)国民教育研究会及省师范教育区国民教育研究会。

互参观。新进者参观经验丰富的教师,可以得到熟练技术的示范;老成者参观新近训练的教师,也可以供给改变方法的参考。至于外地有特殊优良的学校和教法,也可以组织旅行参观团,以扩充观察的范围。

儿童成绩展览,也可供教师的观察;成绩是表示教学的效能的。但寻常学校举行一次成绩展览,有一次特制的作品;而儿童平时的成绩品,却往往忽于保存。如其不是整个设计的一部分,则临时特制的成绩展览有多少功用,很是问题,而教学时间却耗费了。教师所要观察的,是实际教学的成绩,这种成绩最好由各校或行政机关取样搜集,常设展览。

研究 在学术上所谓研究,是根据客观的材料或事实,发现其因果的关系,以解决问题、控制情境的。怎样观察和搜集事实,怎样探求它们的关系,怎样试验证明而获得可靠的结论,都应该有严密的方法。因为这种方法是一切自然和社会科学所共同,所以称为科学的研究方法。教育的科学的研究,是我们最后所要陈述的了。

四 教育的研究

教育学的地位 教育的活动可以说和人类生活同时开始的;但把教育当作一种学问来研究,却是很近的事情。学者于运用严密的方法,发现自然,控制自然,得到相当的成功以后,才想用同样的方法,以发现和控制社会。可是关于经济、政治、教育一类的问题,能够放弃偏见和信仰,而一律以客观的方法来解决,这希望恐怕还很辽远,并且也有许多学者,并不承认这些问题是可以用客观的方法解决的。以教育来说,就有许多科学专家,只以它为简单的教授技术,而不能和化学、生理学等同"科"。可是人类的进步,必然地会以科学的方法控制自己的社会,决不会永远把教育的事情,当作超于自然的定律以外。任何科学无不起源于人生实际的活动,在没有成立以前,总是只有技术而没有原则的。化学最初只是炼金的法术,生理学起于疾病的医疗。今日教育的研究,至少已不是炼金术时代的化学可比吧。

教育曾为哲学的附庸　古代哲人，早就思考着教育的问题。他们既综合自然与人生的事实,而创造成他们的理论的体系,要指示人们怎样实现他们的理论，便注视着教育了。我们试一翻教育史，即知道孔子、苏格拉底、柏拉图、朱熹辈的教育理论，都是包含在他们的哲学之中的。因为这历史的原因，欧洲故旧的大学里，向来以教育学属于哲学的部门，而不另设讲座。

现代教育的研究，已经应用科学的方法——同时，哲学也当然已经从科学取得它的基本材料——而以"附庸蔚为大国"，渐渐成长为独立的学科，那末，是不是要和哲学完全分离呢？不，在教育上科学和哲学的兼容，和一般学术上科学和哲学并立是一样。史密斯(H. B. Smith)说："教育科学的目的，在事实的发现和原则的范成。教育哲学则从人生经验的全体上，检讨这些事实和原则，而估定它们的意义。"[1]努力于教育科学的人，并不菲薄教育的哲学的理解。

教育科学的演进　近代教育的研究和试验，是150年前裴斯泰洛齐所开始。在他以前，卢梭已有新的儿童教育的理论，但是没有实际的试验的。裴斯泰洛齐本着他对儿童的深爱和社会改造的弘愿，穷毕生之力于他的教育的实验，书中已一再提到他的伟绩了。福禄培尔跟着创立了他的幼稚园。赫尔巴特(Herbart, 1776—1841)则主讲于大学而经营他的教育研究所和实验学校；他想从心理学与伦理学的基础，建造一个教育科学的体系出来。可是在他的时代，心理学与伦理学本身还没有很多的科学的材料。所以他的教学法虽风靡一时，他的教育理论，依然没有脱掉思辨哲学的窠臼。

然而赫尔巴特到底是教育科学的前驱了。他的弟子分成两派：一派如斯托伊(Stoy)、莱因(Rein)、齐勒(Ziller)等，继续着教学法的阐发；一派如冯特(Wundt)，却开了实验心理学的纪元[2]。美国心理学家卡特尔(Cattell)就是在冯特的实验室里受他的训练，回到美国以后，在各大学建立实验室，引起了美国人对于实验心理的兴趣。同时美国心理学巨擘霍尔(G. S. Hall)，为青年心理与

---

[1] 见 Waston, *Encyclopedia and Dictionary of Education*，其中 Waston 所著专文。
[2] 冯特1879年在莱比锡(Leipzig)大学创立心理实验室。有人说詹姆斯(James)1875年在哈佛大学医学院，早就设立心理实验室了。Seashore 在 *Pioneering in Psychology*(1942)中有详细考证。

儿童心理学,开辟了新的途径。桑代克先后发表了《教育心理学》(*Educational Psychology*)、《成人的学习》(*Adult Learning*)和《成人的兴趣》(*Adult Interests*)几部大著,研究的领域又扩展到成人了。

最近数十年间,教育科学及其相关的研究已有不少的收获。先从心理学方面说。现代心理学者,从研究静的实体(static entities)——如记忆力、观察力、想象力,转变到探究动的历程(dynamic processes)——如改变人类行为的方法。他们的生理和生物的观点也已转变到社会和文化的观点。从学习心理的研究扩展到学科心理的研究。从智慧的测量扩展到性格、兴趣和态度的测量。从儿童心理的研究引伸到青年和成人心理的研究。举例来讲：如桑代克、巴甫洛夫、苛勒之于学习心理。桑代克、盖茨(Gates)、格雷(Gray)、巴拉德(Ballard)等之于学科心理。高尔顿(Galton)、皮尔逊(Pearson)、卡特尔(Gattell)之于统计方法。比纳、推孟、伯特、古迪纳夫(Goodenough)、麦柯尔(McCall)之于智慧测验。伍德沃思、朋路透、罗夏之于性格测验。斯皮尔曼、伯特、汤姆森(G. H. Thomson)、凯利(Kelley)之于因素分析(factor analysis)。艾尔斯、桑代克之于教育测验。施特恩(W. Stern)、格塞尔(A. Gesell)、皮亚杰(Piaget)、比勒(C. Bühler)及爱萨克斯(Susan Isaacs)之于儿童心理。伯特之于迟钝儿童。霍尔、斯普朗格、柯尔(L. Cole)之于青年心理。伯特、海雷(W. Healy)之于过失青年。桑代克之于成人心理。此外弗洛伊德(Freud)、艾德勒(Adler)和他们的徒众,对于问题儿童和变态行为的研究,最近霍妮(K. Horney)、卡迪纳(A. Kardiner)、弗罗姆(E. Fromm)等从精神分析来研究个人人格与文化组型的适应问题,也是值得重视的。[1]

其次,从社会学方面来说。现代文化人类学者也从研究各文化区域的器物、社会组织、和艺术、宗教、语言等,转变到研究个人的社会化历程,探讨文化组型对于个人人格发展的影响;如米德(M. Mead)、贝特森(G. Bateson)、杜波依斯(C. Dubois)等。[2]这样说来,最近心理学和文化人类学研究的趋向几乎是异途

---

[1] 详见 F. N. Freeman (ed.), The Scientific Movement in Education, *37th Yearbook of the National Society for the Study of Education*, 1938, Part II。
[2] 详见 M. Mead, Research on Primitive Children, in *Manual of Child Psychology*, 1946, chap. 13。

同归：它们研究的主题，便是人格与文化的关系。

上面所列举科学研究的成果，都应用到实际的教育问题。例如：学习心理的决定教学原则；学科心理的影响各科教学法，注重事先的预断（diagnosis）和事后的补救教学（remedial teaching）；测验与统计方法的应用于教育调查、视导和行政；智慧和性格测验的应用于学级编制、教育与职业指导、特殊儿童的教学；儿童心理的应用于儿童训导；变态心理的应用于感化教育；成人心理的应用于社会教育。

教育科学的研究者不限于哪一国人，上述诸人中，已经是美、英、法、苏、德、瑞士各国人都有。教育科学研究的内容，也不限于教育事业的哪一部门。在历史上，这种研究是从儿童教育发生，结果也以在儿童教育上为最繁茂。可是青年教育和成人教育的科学的研究也早在展开了。徒因人们对于儿童生长发展的原则和培养引导的方法，容易得到客观的认识；又以父母爱护子女的切挚，也愿意放弃他们的偏见和信仰，来受科学真理的指示；所以幼稚园小学教育的方法，不难于改弦更张，而一涉中学或大学，则传统的信仰竟还是牢不可破。

教师和研究　教育研究的花果，虽仅繁荣于儿童教育的小小的园地，而在做着园工的小学教师们，却正是莫大的安慰。教师不是人人能够希望做一个科学研究者，但至少能够跟着研究的专家，继续自己的学习，而不厌倦。有人问孔子是不是圣者，孔子答："圣，则吾不能，我学不厌而教不倦也。"凡人的我们，怎样倒可以厌且倦呢？编者已兢兢致意于教师的进修，却深感自己的言不尽意。在结束这最后的一章，最好引用梁启超的几句话：

> 教育这门职业，一面诲人，一面便是学；一面学，一面便拿来教诲人：两件事并作一件做，形成一种自利利他不可分的活动。对于人生目标的实现，再没有比这种职业更为接近，更为直捷的了。[1]

---

[1]　见梁任公：《学术演讲集》（第二辑），第115页。

阅读

杜威著,丘瑾璋译:《教育科学之资源》,商务。

施勃朗格〔斯普朗格〕著,童德禧译:《五十年来德国之教育学》,商务。

波特著,孟宪承译:《教育哲学大意》,商务。

罗廷光:《教育科学研究大纲》,中华。

问题

(一) 你为什么喜欢做教师?

(二) 师范学校何以应该独立设置?

(三) 调查本省或本县小学教师进修的设施。

(四) 列举若干种教师进修用的教育书报。

(五) 何谓教育哲学? 今日欧美教育哲学的权威是谁?

(六) 何谓教育科学? 举例说明。

参考书要目

一　通论

J. Dewey, *Democracy and Education*, Macmillan, 1916. 邹恩润译:《民本主义与教育》,商务。

H. C. Morrison, *Basic Principles in Education*, Houghton, 1934.

T. P. Nunn, *Education: Its Data and First Principles*, 3rd ed., Edward Arnold, 1945.

W. G. Reeder, *A First Course in Education*, Rev. ed., Macmillan, 1943.

B. Russell, *On Education* (美国版名: *Education and Good Life*), Allen, 1926. 柳其伟译:《罗素教育论》,商务。

二　思想与制度

W. C. Bagley, *A Century of the Universal School*, Macmillan, 1937.

W. Boyd, *History of Western Education*, 3rd ed., A. & C. Black, 1932.

I. L. Kandel, *Comparative Education*, Houghton, 1933. 韦悫、罗廷光译:《比较教育》,商务。

R. R. Rusk, *Doctrines of Great Educators*, Macmillan, 1918.

R. Ulich, *History of Educational Thought*, Amer. Book Co., 1945.

三　意义与目的

G. W. Allport, *Personality: A Psychological Interpretation*, Holt, 1937.

G. S. Counts and others, *The Social Foundations of Education*, Scribner, 1934.

J. Dewey, *Human Nature and Conduct: An Intrduction to Social Psychology*, Holt, 1922.

A. I. Gates and others, *Educational Psychology*, Macmillan, 1942.

A. Gesell and others, *Infant and Child in the Culture of Today*, Harper, 1943.

H. H. Horne, *Syllabus in the Philosophy of Education*, 5th ed., New York Univ. Press, 1934.

W. James, *Psychology*, Holt, 1923. 唐擘黄译：《论情绪,论思想,论习惯》,商务。

W. H. Kilpatrick, *Selfhood and Civilization: A Study of the Self-other Process*, Macmillan, 1941.

K. Koffka, *The Growth of the Mind*, Kegan Paul, 1924. 高觉敷译：《儿童心理学新论》,商务。

T. R. McConell (ed.), *The Psychology of Learning*, the 41st Yearbook of the National Society for the Study of Education, Univ. of Chic. Press, 1942.

R. M. MacIver, *Society*, Farrar and Rinehart, 1937.

B. Malinowski, *A Scientific Theory of Culture, and other Essays*, Univ. of North Carolina Press, 1944. 费孝通译：《文化论》,商务。（内容略有不同）

K. Mannheim, *Man and Society in an Age of Reconstruction*, Kegan Paul, 1940.

W. Stern, *Psychology of Early Childhood*, 2nd ed., rev. Holt, 1930.

E. L. Thorndike, *Educational Psychology (Briefer Course)*, Teachers College, Columbia Univ., 1925. 陆志韦译：《教育心理学概论》,商务。

J. Ward, *Psychology Applied to Education*, Cambridge Univ. Press, 1926.

四 教学与训导

W. M. Burbury and others, *Child Guidance*, Macmillan, 1945.

J. Dewey, *How We Think*, New ed., Heath, 1933. 孟宪承、俞庆棠译：《思维与教学》,商务。

W. H. Kilpatrick, *Foundation of Method*, Macmillan, 1925. 孟宪承、俞庆棠译：《教育方法原论》,商务。

D. A. Prescott, *Emotion and the Educative Process*, Amer. Council on Education, 1938.

名词对照表

A

Ability,	能力
Activity,	活动
Mass activity,	浑同活动
Self activity,	自动
Specific activity,	晰异活动
Activity analysis,	活动分析
Activity curriculum,	活动课程
Adaptation,	顺应
Adjustment,	适应
Administration,	行政
Adolescence,	青年期
Adult,	成人
Adulthood,	成人期
Aim,	目的
Annoyance,	烦恼
Appreciation,	欣赏
Apprenticeship,	徒弟制
Art,	艺术
Assignment,	指定(功课)
Association,	联想
Attainment,	成绩
Attention,	注意
Attitude,	态度
Authority,	权力

B

Behavior,	行为
Explicit behavior,	外表的行为
Implict behavior,	潜伏的行为
Behavior Pattern,	行为组型
Bond,	联纽,结
S→R bond,	刺激反应的联纽,感应结

C

Change,	变化

Character,	品格(品性)	Cultural traits,	文化品质
Child,	儿童	Culture,	文化
Problem child,	问题儿童	Curiosity,	好奇
Childhood,	儿童期	Curriculum,	课程
Church,	教会		

D

Citizen,	公民		
Civic education,	公民教育	Day nursery,	托儿所
Clan,	氏族	Democracy,	民主政治, 平民主义
Class,	学级	Demonstration,	示范
Class organization,	学级编制	Desire,	欲望
Clinic,	诊疗所	Development,	发展
Comparative education,	比较教育	Individual development,	个人的发展
Compulsory attendance,	强迫就学	Stages of development,	发展的阶段或顺序
Concept,	概念		
Conditioned reflex,	制约反射	Differentiation,	化分
Conditioning,	制约	Difficulty,	困难
Conduct,	行为(操行)	Diffusion,	传播
Consciousness,	意识	Diognosis,	诊断
Conscious processes,	意识作用	Direction of learning,	学习的指导
Content,	内容	Discipline,	训练
Continuation education,	补习教育	Formal discipline,	形式训练
Continuation school,	补习学校	Disintegration of personality,	人格分裂
Control,	控制	Distribution,	分配
Cultural change,	文化演变		

E

Cultural lag,	文化调应迟缓		
Cultural norms,	文化标准	Education,	教育
Cultural pattern,	文化组型	Efficiency,	效能

Effort,	努力	Exploration,	试探
Ego-centric,	自我中心	Extroversion,	外倾
Elementary education,	初等教育		
Elementary school,	小学,初等学级	**F**	
Emotion,	情绪	Fact,	事实
Affection,	爱慕	Family,	家庭
Anger,	忿怒	Feeling,	感情
Delight,	愉快	Pleasant,	快
Fear,	恐惧	Unpleasant,	不快
Distress,	苦恼	Five Formal Steps,	五段教学法
Love,	爱	Preparation,	准备
Excitement,	兴奋	Presentation,	提示
Hate,	恨	Comparison,	比较
Jealousy,	妒	Generalization,	总括
Joy,	欢乐	Application,	应用
Sorrow,	悲哀	Form,	形式
Empathy,	移情作用	Freedom,	自由
Environment,	环境	Function,	功能
Equilibrium,	平衡		
Equipment,	设备	**G**	
Evolution,	演变,进化	Goal,	目的
Social evolution,	社会的演变	Grade,	等第(分数),学级(美国用)
Examination,	考试	Group,	团体
Exchange,	交换	Group teaching,	团体教学
Executing,	执行	Growth,	生长
Experience,	经验	Guidance,	指导
Experiment,	试验,实验	Educational guidance,	教育指导

Vocational guidance,	职业指导

H

Habit,	习惯
Health,	健康
Health education,	健康教育
Heredity,	遗传
Higher education,	高等教育
History of education,	教育史
Home education,	家庭教育
Hypothesis,	假设

I

Idea,	观念
Ideal,	理想
Image,	意象
Imagination,	想象
Imitation,	摹仿
Impulse,	冲动
Incentive,	诱因
Individual,	个人
Individual differences,	个性差异
Individual teaching,	个别教学
Infancy,	婴儿期,幼稚期
Inference,	推论
Insight,	领悟
Partial insight,	积渐的领悟
Sudden insight,	突然的领悟
Inspection,	视察
Instinct,	本能
Instruction,	教学
Integration,	整合
Intelligence,	智慧
Intelligence quotient,	智慧商数
Interest,	兴趣
Introversion,	内倾

J

Judging,	批评

K

Kindergarten,	幼稚园
Knowledge,	知识

L

Law,	定律
Laws of learning,	学习律
Readiness,	准备
Exercise,	练习
Effect,	效果
Belongingness,	相属
Learning,	学习
Conditioned reflex learning,	制约反射的学习

Trial and error learning,	尝试成功的学习	Measurement,	测量
		Memory,	记忆
Observational learning,	观察的学习	Mental conflict,	心理冲突
Motor learning,	动作的学习	Mental hygiene,	心理卫生
Perceptual learning,	知觉的学习	Method,	方法
Perceptual-motor learning,	知动的学习	Scientific method,	科学的方法
Ideational learning,	观念的学习	Method of teaching,	教学法
Emotional learning,	情绪的学习	Lecture method,	讲演法
Primary learning,	主学习	Observational method,	观察法
Associate learning,	副学习	Method of expression,	表现法
Concomitant learning,	附学习	Developmental method,	启发法
Leisure,	休闲,闲暇	Problem method,	问题法
Education for leisure,	休闲教育	Project method,	设计法
Lesson,	功课	Direct teaching,	直接教学
Lesson plan,	教案	Indirect teaching,	间接教学
Library,	图书馆	Moral code,	道德规律
Life,	生活	Morals,	道德
Logic,	论理学	Mores,	礼仪
Deductive,	演绎	Motivation,	引起动机
Inductive,	归纳	Motive,	动机
Logical order,	论理的次序	Museum,	博物馆

M

N

Manipulation,	玩弄	Nation,	民族
Marks,	分数	Need,	需欲
Mastery,	制驭	Normal distribution,	常态分配
Maturation,	成熟	Normal school,	师范学校

Nursery school,	婴儿园
Nutrition,	营养

O

Objective,	目标
Observation,	观察
Organ,	器官
Organism,	有机体
Organization,	组织

P

Parent education,	父母教育
People's education,	民众教育
Perception,	知觉
Personality,	人格
Personality traits,	人格品质
Philosophy,	哲学
Philosophy of education,	教育哲学
Planning,	计划
Play,	游戏
Practice,	练习
Practice teaching,	教学实习
Preparation,	预备
Principles,	原则
Principles of education,	教育原理
Principles of learning,	学习的原则
Principles of teaching,	教学的原则
Problem,	问题
Process,	历程
Production,	生产
Profession,	专业
Professional training,	专业的训练
Program of studies,	课表
Progress,	进步
Project,	设计
Project curriculum,	设计课程
Project teaching,	设计教学
Psychological order,	心理的次序
Psychology,	心理学
Behaviorist psychology,	行为主义心理学
Connectionism,	联结主义心理学
Gestalt psychology,	完形主义心理学(格式塔心理学)
Abnormal psychology,	变态心理学
Child psychology,	儿童心理学
Educational psychology,	教育心理学
Punishment,	惩罚
Purpose,	目的,志愿
Purposing,	决定目的

Q

Question,	问语
Questioning,	发问

R

Reacting,	反应(动)
Reaction,	反应(名)
Reasoning,	思考
Reconstruction,	改造,改组
Reflective thinking,	思考
Reflex,	反射
Religion,	宗教
Reproduction,	生殖
Repression,	抑压
Research,	研究
Response,	反应
Motor response,	筋肉动作的反应
Emotional response,	情绪的反应
Result,	结果
Reward,	奖励
Rhythm,	节奏

S

Satisfaction,	满足
Scale,	量表
School,	学校
School finance,	教育经费
School survey,	教育调查
School system,	学校系统
Science,	科学
Science of education,	教育科学
Secondary education,	中等教育
Secondary school,	中等,中等学校
Selection,	选择
Self-assertion,	自炫
Self conquest,	自我克服
Self realization,	自我实现
Sensation,	感觉
Sentiments,	情操
Set,	心向
Situation,	情境
Skill,	技能
Social activities,	社会的活动
Economic activities,	经济的活动
Political activities,	政治的活动
Cultural activities,	文化的活动
Social organizations,	社会的组织
Society,	社会
Sociology,	社会学
Educational sociology,	教育社会学
State,	国家
Statistics,	统计学
Educational statistics,	教育统计学
Stimulus,	刺激
Structure,	结构
Subject,	科目
Subject matter,	教材

Sublimation,	升华	Thinking,	思维
Submission,	顺从	Thought,	思想(结果)
Success,	成功	Training,	训练
Supervision,	辅导	Transfer of learning,	学习的转移
		Transmission,	传递
		Type,	类型

T

U

Teacher, 教师

    Training of teachers, 教师的训练

    Improvement of teachers in service, 服务中教师的进修

University, 大学

V

Teachers institute, 教师讲习会

Teaching, 教学

Temperament, 性格

Tension, 紧张

Test, 测验

    Intelligence test, 智慧测验

    Educational test, 教育测验

    Individual test, 个别测验

    Temperament test, 性格测验

    Group test, 团体测验

    Personality test, 人格测验

    Standard test, 标准测验

    Informal test, 非正式测验

Textbook, 教科书

Verification, 证实

Vocation, 职业

Vocational education, 职业教育

W

Want, 需欲

Will, 意志

Work, 工作,作业

Y

Young delinquent, 过失青年

Youth, 青年,青年期

编校后记

本卷将孟宪承先生的《教育概论》和《教育通论》合辑。其实，不管是"概论"还是"通论"，其内容都为"教育学基础"。之所以有此名称上的差别，实由两书所根据的《师范学校课程标准》中的学科称谓不同。《教育概论》最初于1933年9月由商务印书馆出版，后依据1934年9月颁布的《师范学校课程标准》（设"教育概论"）进行修订。1935年7月经当时教育部审定为师范学校教科书，至1947年2月共刊行29次。其后，孟宪承与陈学恂[1]两先生依据1944年颁布的《师范学校课程标准》（设"教育通论"）[2]，以《教育概论》为基础进行增订，并改称《教育通论》，1948年8月由商务印书馆印行。

这两本书都属于师范学校教科书。提到教科书，它"发行量大，流通面广，但历来不被思想史或文化史专家关注"[3]。有些人不屑于教科书的编写，也不屑于别人编写的教科书；有些人有编写的热忱，却不愿下"苦功夫"，敷衍塞责；最糟糕的是，有些人为谋私利，滥竽充数，"制造"教科书。若干年前，我国教育学教科书风行坊间，形色各异，"有为评职称突击编写的所谓'复印式'教育学；有为热衷外延轻视内涵，套用新

---

[1] 陈学恂(1913—1991)，江苏江阴人。1935年毕业于浙江大学文理学院教育学系。历任浙江大学助教、讲师、副教授，浙江师范学院、杭州大学教授。除了《教育通论》外，还著有《民族性与教育》（与庄泽宣合著，1938），主编有《中国近代教育大事记》(1981)、《中国近代教育史教学参考资料》（人民教育出版社，1986）、《中国近代教育文选》（人民教育出版社，1993）等。
[2] 其中，《师范学校教育通论课程标准》是1941年7月公布的。
[3] 陈平原：《作为"文化工程"与"启蒙生意"的百科全书》，载《读书》2007年第10期。

概念叙述旧话语编写的所谓'装潢式'教育学;有为借权行事,利用行政手段与'红头'文件发行的所谓'树碑式'教育学;有为'跨校合股'自编自用短平快的所谓'同仁式'教育学;有为以实利为目的编写的所谓'创收式'教育学……"[1]这种"怪"现象流毒甚广,炮制了学术垃圾,污染了学术环境,最终受害的是那些教科书的使用者。

事实上,教科书的价值本不待言。曾任商务印书馆编译所所长的高梦旦先生就说:"教育之普及,常识之具备,教科书、辞书之功为多。"对于教育知识之"普及",教育常识之"具备",教育学教科书自是职责所在。因此,它与教育学专著有所分殊:不在"点"上大作功夫,而在"面"上着力用紧;不重"专深",而重"精要";不求"奥赜",而求"明易"。孟宪承先生就说:"教科书总不过是'最低限的教材'。教者固然应该有补充的引申阐发的可能,学者尤有按着自己能力补充阅读和讨论的必要。"[2]现在的不少教科书似乎总是希望"和盘托出",唯恐"教者"和"学者"知不能尽、思不能及,几未留待他们独立探究、自由思考的空间,从而失去了教科书作为"最低限的教材"的价值。

然而,这并不意味着教科书的编撰比专著的写作容易。编撰者若想将上述方面融贯在教科书中,就必须在教育学领域确有相当的造诣,要有"真"的学问、"通"的视界、"化"的功夫。当时教育部遴选孟宪承先生的《教育概论》和《教育通论》作为师范学校教科书,可谓是实至名归:他不仅有真学问,而且有统揽中西、兼取百科的闳阔视界,有化繁为简、深入浅出的细致功夫。这种学问、视界、功夫,特别是在《教育概论》中表现得相当淋漓,从中可以感受到作者"厚积薄发,言简意赅,且凉风潇洒,具有自己的风貌"[3]。这本《概论》虽只是师范学校的教材,但它却体现了作者运思的匠心。与早先的同类教材不同,该书以"受教的儿童"为起点,从"儿童的发展"与"社会的适应"两个角度对教育的意义作出了广义的阐释,进而分述了实施这种广义教育的社会机构与系统。在这些教育机构中,唯有学校是专事教育的机构,转而探讨学校内部的组织、课程、教学以及教师问

---

[1] 瞿葆奎编著:《教育学的探究》,人民教育出版社2004年版,第553页。
[2] 孟宪承编:《教育概论》,商务印书馆1935年版,编辑大意。
[3] 瞿葆奎主编:《元教育学研究》,浙江教育出版社1999年版,第378页。

题,似是必然。这种架构体现了从一般到特殊、从宏观到微观、从外在到内在的思维路向。综览其后的各种教科书,在观点和框架上参考这本《概论》的尤多。例如,吴俊升、王西征编著的《教育概论》(商务印书馆1935年版),是另一本具有影响的师范学校教材,也采用了类似的持论和框架。除了这种结构上的严整之外,该书在具体论述上重视"叙"与"评"的结合、"中"与"外"的结合。

比较而言,《教育通论》受1944年《师范学校课程标准》的限制,在体系上有了较大的调整,增加了中国教育的演进、各国教育的普及、大教育家的思想[1],删削了课程部分的内容,其他内容或直接从《概论》中析出,或由《概论》演变和拓展而来。在调整的过程中,也适当地增添了一些新的素材,如教育的意义部分就吸收了文化人类学的研究成果。但是,总体来说,《通论》给人有零落之感,同时具有较强的意识形态色彩。据瞿葆奎先生说,孟宪承先生后来在评述这两本书时,曾说《概论》"这本'小书'倒还反映他的一些'想法'",而《通论》乃是"凑合之作"[2]。道理似乎显而易见,《概论》先于1934年《师范学校课程标准》而出版,由于孟宪承先生直接参与这个课程标准的制定,而使这个课程标准具有《概论》的痕迹;而《通论》完全是依据1944年《师范学校课程标准》(他并未参与编制)对《概论》进行裁减的,因而《概论》原有的持论公允、框架严整,到了《通论》就受到了不小的影响。

显然,这两本书也是它们所处的时代的产物,折射的是那个时代心理与教育研究的成就,如桑代克的学习律、苛勒的顿悟说、杜威的教育哲学、克伯屈的设计教学法,等等。杜威说,"过去乃是现在的历史",而"关于过去的知识是了解现在的钥匙"[3]。对待前贤的智慧,我们应当审慎地发掘,历史地评说。至此,我们可以对这两本书做一论断:它们无愧于时代。

程 亮

2007年12月

---

[1] 据称,《通论》前三章,是陈学恂先生在他的毕业论文的基础上编著而成的(吴洪成:《怀念陈学恂先生》,载《教育史研究》1991年第3期)。
[2] 瞿葆奎编著:《教育学的探究》,第491页。
[3] 杜威著,王承绪译:《民主主义与教育》,人民教育出版社1990年版,第227页。

图书在版编目（CIP）数据

教育概论　教育通论/孟宪承等编.—上海：华东师范大学出版社,2010.1
（孟宪承文集;2）
ISBN 978-7-5617-7478-6

Ⅰ.①教… Ⅱ.①孟… Ⅲ.教育理论-研究 Ⅳ.①G40

中国版本图书馆 CIP 数据核字(2010)第 010618 号

孟宪承文集·卷二
教育概论　教育通论

主　　编	瞿葆奎
副 主 编	杜成宪
编　者	孟宪承等
项目编辑	陈锦文
审读编辑	朱妙津
责任校对	邱红穗
装帧设计	储　平

出版发行	华东师范大学出版社
社　　址	上海市中山北路 3663 号　邮编 200062
网　　址	www.ecnupress.com.cn
电　　话	021-60821666　行政传真 021-62572105
客服电话	021-62865537　门市(邮购)电话　021-62869887
地　　址	上海市中山北路 3663 号华东师范大学校内先锋路口
网　　店	http://ecnup.taobao.com/

印 刷 者	江苏常熟华通印刷有限公司
开　本	787×1092　16 开
印　张	19.5
字　数	275 千字
版　次	2010 年 12 月第 1 版
印　次	2010 年 12 月第 1 次
印　数	1—2 100
书　号	ISBN 978-7-5617-7478-6/G·4324
定　价	58.00 元

出 版 人　朱杰人

（如发现本版图书有印订质量问题，请寄回本社客服中心调换或电话 021-62865537 联系）